Lesebuch
Ausgabe A/B
für Gymnasien und Realschulen
8. Schuljahr

Siegfried Hein
Gerhard Kluge
Dieter Schrey
Dietrich Steinbach
Siegfried Weinmann
Hans Wetzel
Hildegard Wittenberg

Ernst Klett Verlag

Lesezeichen
Lesebuch A/B 8
für Gymnasien und Realschulen

Siegfried Hein · Gerhard Kluge · Dr. Dieter Schrey · Dr. Dietrich Steinbach · Siegfried Weinmann · Dr. Hans Wetzel · Hildegard Wittenberg
Graphik: Dr. Axel von Criegern
Unter Mitwirkung der Verlagsredaktion Deutsch
Mitarbeit an diesem Buch: Herbert Schnierle, Verlagsredakteur

Hinweise zur Benutzung:

Der vorliegende Schülerband wird ergänzt durch das Heft „Arbeitsvorschläge A/B 8" (Klettbuch-Nr. 30382).

* im Inhaltsverzeichnis = von den Herausgebern eingesetzte Überschrift.
* in den Texten = das betreffende Wort, bzw. der Sachverhalt, wird im Wort- und Sacherklärungsverzeichnis auf Seite 207 ff. erläutert.

ISBN 3-12-303800-9 (Linson-Ausgabe)

ISBN 3-12-303810-6 (kartonierte Ausgabe)

1. Auflage 1 6 5 4 3 2 | 1989 88 87 86 85

Alle Drucke dieser Auflage können im Unterricht nebeneinander benutzt werden. Die letzte Zahl bezeichnet das Jahr dieses Druckes.

Einbandentwurf: Axel von Criegern
Druck: Ernst Klett Druckerei

Inhalt

HORST JANSSEN
Abschied von der Kindheit
– Autobiographische Geschichten

Hermann Hesse

Der Kavalier auf dem Eise[1]

Hermann Hesse, zwölfeinhalb Jahre alt

Ich war zwölfeinhalb Jahre alt und noch mitten in der vielfarbigen, reichen Welt der Knabenschwärmereien. Nun dämmerte schüchtern und lüstern zum erstenmal das weiche Ferneblau der gemilderten, innigeren Jugendlichkeit in meine erstaunte Seele. Es war ein strenger, langer Winter und die Nagold wochenlang hart gefroren. Halbe Tage trieb ich mich mit meinen Kameraden auf dem Eise herum, das Herz von der starken, rhythmischen Bewegung des Schlittschuhlaufs energisch geschwellt, voll von der wunderbaren gedankenlosen Genußkraft der Knabenzeit. Die Mädchen, denen manche von meinen Kameraden nachliefen, waren für mich nicht vorhanden. Statt wie jene ihnen Ritterdienste zu tun oder sie doch auf der Eisbahn sehnsüchtig zu umkreisen, zog ich es vor, allein die freie Lust des fröhlichen Gleitens zu genießen. Zwei, drei Wochen hindurch war ich täglich auf der Bahn, rastlos laufend und die armen Mädchensklaven bemitleidend und verspottend. Ich wußte von mehreren unter ihnen, wie zweifelhaft ihre galanten Genüsse waren.

Da, schon gegen Winters Ende, kam mir die Schülerneuigkeit zu Ohren, der Nordkaffer hätte neulich abends die Emma Meier beim Schlittschuhausziehen geküßt. Die Nachricht trieb mir plötzlich das Blut zu Kopfe. Geküßt! Das war etwas anderes als die faden Gespräche und scheuen Berührungen, die sonst als höchste Wonnen des „Mädelführens“ gepriesen wurden. Geküßt! Das war ein Ton aus einer fremden, verschlossenen, scheu geahnten Welt, das hatte den leckeren Duft der verbotenen Frucht, das hatte etwas Heimliches, Poetisches, Unnennbares; das gehörte zu jenem dunkelsüßen, schaurig lockenden Gebiet, das von uns allen verschwiegen, aber ahnungsweise gekannt und streifweise durch sagenhafte Liebesabenteuer früherer, von der Schule verwiesener Mädchenhelden beleuchtet war. Der „Nordkaffer“ war ein vierzehnjähriger, Gott weiß wie zu uns verschlagener Hamburger Schuljunge, den ich sehr verehrte und dessen außerhalb der Schule blühender Ruhm mich oft nicht schlafen ließ. Und Emma Meier war zweifellos das schönste Mädchen von Calw; blond, flink, stolz und so alt wie ich.

Von diesem Tag an wälzte ich Pläne und Sorgen in meinem Sinn. Ein Mädchen zu küssen, das übertraf doch alle meine bisherigen Ideale. Es war mir sogleich klar, daß der solenne Minnedienst* der Eisbahn dazu die einzige Gelegenheit war. Zunächst suchte ich mein Äußeres nach Vermögen hoffähiger zu machen. Ich wandte Zeit und Sorgfalt an meine Frisur, wachte peinlich über die Sauberkeit meiner Kleider,

(1) Frühe Fassung der Erzählung „Auf dem Eise“

trug die Pelzmütze manierlich halb in der Stirn und erbettelte von meinen Schwestern ein rosenrot seidenes Foulard*. Zugleich begann ich auf dem Eise die etwa in Frage kommenden Mädchen höflich zu grüßen und glaubte zu sehen, daß diese ungewohnte Huldigung zwar mit Erstaunen, aber nicht ohne Wohlgefallen bemerkt werde.

Viel schwerer wurde mir die erste Anknüpfung, denn in meinem Leben hatte ich noch kein Mädchen „engagiert". Ich suchte meine Kameraden bei dieser ernsten Zeremonie zu belauschen. Manche machten nur einen Bückling, andere stotterten etwas Unverständliches hervor, weitaus die meisten aber bedienten sich der eleganten Formel: „Hab' ich die Ehre?" Die Formel gefiel mir, und ich übte sie ein, indem ich zu Hause auf meinem Zimmer mich vor dem Ofen verneigte und meine Anrede mit Bedacht und Ausdruck vorbrachte.

Nun war der Tag des schweren ersten Schrittes gekommen. Mit Herzklopfen und todbeklommen wie ein Verbrecher ging ich zur Eisbahn. Die Nagold wimmelte schon von Schlittschuhläufern. Ich glaube, meine Hände zitterten beim Anlegen der Stahlschuhe. Und dann stürzte ich mich in die Menge, in weiten Bogen ausholend und bemüht, meinem Gesicht einen Rest der gewohnten Sicherheit und Selbstverständlichkeit zu bewahren. Zweimal durchlief ich die ganze lange Bahn im eiligsten Tempo, die heftige Bewegung und die scharfe Luft taten mir wohl. Plötzlich, gerade unterhalb des Stegs, rannte ich mit voller Wucht gegen jemand an und taumelte bestürzt zur Seite. Auf dem Eise aber saß die schöne Emma und sah mich vorwurfsvoll aus großen, beleidigten Mädchenaugen an. Vor meinen Augen ging die Welt im Kreise.

„Helft mir doch auf!" sagte sie zu ihren Freundinnen. Da nahm ich, blutrot im ganzen Gesicht, meine Mütze ab, kniete neben sie auf die Bahn und half ihr aufstehen. Wir standen nun einander erschrocken und fassungslos gegenüber, und keiner sagte ein Wort. Der Pelz, das Gesicht und Haar des schönen Mädchens betäubten mich durch ihre fremde Nähe. Ich besann mich ohne Erfolg auf eine Entschuldigung und hatte noch immer die Mütze in der Faust. Plötzlich, während mir die Augen wie verschleiert waren, machte ich mechanisch einen tiefen Bückling und stammelte: „Hab' ich die Ehre?" Sie antwortete gar nichts, ergriff aber meine Hände mit ihren feinen Fingern, deren Wärme ich durch den Handschuh hindurch fühlte, und fuhr mit mir dahin. Mir war zumut wie in einem sonderbaren Traum, ein Gefühl von Glück, Scham, Wärme, Angst und Verlegenheit raubte mir fast den Atem. Wohl eine Viertelstunde liefen wir zusammen, dann machte sie an einem Halteplatz leise die kleinen Hände frei, sagte „Danke schön" und fuhr allein davon, während ich nachträglich die Mütze zog und noch lange an derselben Stelle stehenblieb. Erst später fiel mir ein, daß ich während der ganzen Zeit kein einziges Wort zu ihr gesprochen hatte.

Das war mein allererstes Liebesabenteuer. Aber es vergingen noch Jahre, ehe der Traum sich erfüllte und ein roter Mädchenmund den meinen traf. Und seither sind die märchenfarbenen Schleier von allen jenen dunkelsüßen Geheimnissen gefallen, so daß ich es heute mit scheuer Sorgfalt genieße, wenn noch einmal die Nähe von Frauen mir einen leisen Hauch jenes beklommen bangen Glückes gewährt. Die schöne Emma ist seit manchen Jahren verheiratet, ich weiß nicht, wo.

Hermann Hesse

Der kleine Mohr[1]

Er war kein Mohr, sondern hieß Mohr, Hermann Mohr, und sein Vater, der, glaube ich, Schlosser war, wohnte an der Ecke der Badgasse in einem räucherigen, alten, steiltreppigen Hause. Er war mehrere Jahre jünger als ich, ein feines, schmales Kind und, ebenso wie seine älteren Brüder, ein reger, begabter Kopf. In der Schule genoß er wie auch die wenigen andern gescheiten Geister viel neidische Bewunderung, denn unser schönes, gewerbefleißiges Nagoldtal ist und war im Hervorbringen von Talenten äußerst sparsam, ja geizig. Der kleine Mohr ragte namentlich als Zeichner hervor, freilich nicht in der Schule, deren uraltmodischer Betrieb nur den höheren Klassen den Luxus eines kümmerlichen Zeichenunterrichts gestattete. „Der Mohrle" zeichnete an freien Nachmittagen vor seines Vaters Werkstätte im Freien oder in der hellen Eckstube des ersten Stocks, meistens heroische und phantastische Gegenstände, unter welchen ich mich besonders der kühnen Gestalt einer gewappneten Germania und einer malerisch wilden Waldruine erinnere.

Mein Stolz verbot mir, mit dem so viel jüngeren Kleinen viel zu verkehren, dennoch liebte ich ihn und sah ihn gern mit Bewunderung von ferne an, wenn er so schmächtig und gebückt vor dem Hause saß und an einer Zeichnung strichelte oder irgendeine seiner erfinderischen Arbeiten auf den Knien liegen hatte, das Rad einer kleinen Mühle, den Rumpf eines Rindenschiffs oder die Teile einer Schlüsselbüchse. Er war meist zu Hause und meist allein. Während die andern in Haufen durch die Straßen sprangen, spielten, lachten und Schabernack trieben, führte der stille junge Künstler lächelnd Griffel, Hammer und Messer, zufrieden, fleißig und nachdenklich wie ein Meister. Zuweilen mochten seine Gedanken in die Zukunft gehen, vielleicht war der kleine Knabe schon der schwärmerischen Wonne teilhaftig, welche in jungen Zeiten dem Künstler seine noch unerprobten Kräfte schenken, jenes unsäglich süßen Schwelgens in unmöglichen Bildern einer rosenroten Zukunft. Ich selbst sah in ihm immer den zukünftigen großen Künstler oder Baumeister, während er zufrieden und träumerisch in der Sonne unsres weltfernen Tals vor dem ärmlichen Hauswesen seines Vaters zeichnend saß. Ich fühlte, daß dieser Knabe das Geheimnis einer fremden Welt besaß und aus dem Schatz eines besonders veranlagten inneren Lebens zu schöpfen hatte.

Der kleine Mohr umgab sich aber bald mit einem noch tieferen Geheimnis und entrückte sich unsrem Verständnis und Umgang noch völliger. Wir sollten von ihm nicht die Enttäuschungen und unzähligen Leiden und Kümmernisse des arm geborenen Talents erleben. Sondern eines Tags fehlte er in der Schule, anderntags fehlten auch seine Brüder, und am dritten Tag hörte ich, daß er gestorben sei.

Dann fragte mich einer seiner Brüder, ob ich ihn sehen wolle. Ich erschrak, denn ich hatte noch keinen Toten gesehen. Aber ich schämte mich und hielt es für unfreundlich, nicht zu kommen. So ging ich denn mit, das kleine Herz voll Grauen. Je mehr wir uns dem Schlosserhause näherten, desto ängstlicher und langsamer wurde mein Schritt, und auf der steilen, schmalen Stiege ging mir fast der Atem aus. Wir traten leise in die Stube, wo die kleine Leiche aufgebettet lag.

(1) Frühe Fassung der Erzählung „Mohrle"

Hermann Hesse (in der obersten Reihe, dritter von rechts) und seine Klasse in der Calwer Lateinschule im Jahr 1889

So stand ich nun zum erstenmal im Leben vor einem Toten. Das schmächtige Körperchen sah unscheinbar und dürftig aus, dagegen lag auf dem weißen, klugen Gesicht die ganze grausame Größe des Todes. Die feinen, alabasternen* Schläfen, bläulich unterlaufen, und die Höhe der Wangen hatten einen fremden, kühl metallenen Schimmer, und die Hände sahen so fremd und trostlos schwer aus, daß ich innerlich vor Grausen zitterte. Zugleich sah ich auf einem nahen Tisch einige Zeichnungen liegen, deren Striche diese selben Hände noch in den letzten Tagen gezogen hatten. Ich konnte diese Blätter nicht anfassen, welche die unheimliche Macht aus des Knaben Händen genommen hatte. Auch konnten meine knabenhaften Gedanken nicht die Rechnung ziehen, wie vielen Leiden und Entbehrungen dies Leben entnommen war. Ich sah nur den unbegreiflichen, harten Schnitt, der ein junges und lebenswertes Dasein zerstört hatte, und empfand die Zerstörung als etwas Böses, Schauerliches und aufregend Grausames. Ein kleiner Knabe hat noch keinen Blick in die Rechnung des Schicksals getan, in die Rätsel des Gleichgewichts, der Möglichkeiten und Ausgleichungen; noch weniger kann er sich den Tod als Erlöser denken. So erfüllte mich der Anblick meines toten Freundes mit einer bitteren, fast gehässigen Traurigkeit und einem verzweifelnden Staunen vor der unbegreiflichen Macht und Grausamkeit des Schicksals.

Immerhin war ich nun einmal Zuschauer dieses Schicksals gewesen und hatte ein Wesen mit Augen gesehen, dessen Ring geschlossen und dessen Leben der Form enthoben war, und ich ging nicht von jenem Totenbettlein, ohne von dem Anblick tief und unvergeßlich berührt zu sein. Unmerklich fiel an diesem Tage ein Stück Kindheit von mir ab und flog eine frühe trübe Wolke mir über den kristallenen Himmel des Lebens, der sich nie wieder so rein und selig über uns wölbt wie damals, da wir noch Kinder waren.

Gottfried Keller

Erinnerung an meine Teufelei

Ich saß einst hinter dem Tische, mit irgendeinem Spielzeuge beschäftigt, und sprach dazu einige unanständige, höchst rohe Worte vor mich hin, deren Bedeutung mir unbekannt war und die ich auf der Straße gehört haben mochte. Eine Frau saß bei meiner Mutter und plauderte mit ihr, als sie die Worte hörte und meine Mutter aufmerksam darauf machte. Sie fragte mich mit ernster Miene, wer mich diese Sachen gelehrt hätte, insbesondere die fremde Frau drang in mich, worüber ich mich verwunderte, einen Augenblick nachsinnend, und dann den Namen eines Knaben nannte, den ich in der Schule zu sehen pflegte. Sogleich fügte ich noch zwei oder drei andere hinzu, sämtlich Jungen von zwölf bis dreizehn Jahren, mit denen ich kaum noch ein Wort gesprochen hatte. Einige Tage darauf behielt mich der Lehrer zu meiner Verwunderung nach der Schule zurück, sowie jene vier angegebenen Knaben, welche mir wie halbe Männer vorkamen, da sie an Alter und Größe mir weit vorgeschritten waren. Ein geistlicher Herr erschien, welcher gewöhnlich den Religionsunterricht gab und sonst der Schule vorstand, setzte sich mit dem Lehrer an einen Tisch und hieß mich neben ihn sitzen. Die Knaben dagegen mußten sich vor dem Tische in eine Reihe stellen und harrten der Dinge, die da kommen sollten. Sie wurden nun mit feierlicher Stimme gefragt, ob sie gewisse Worte in meiner Gegenwart ausgesprochen hätten; sie wußten nichts zu antworten und waren ganz erstaunt. Hierauf sagte der Geistliche zu mir: „Wo hast du die bewußten Dinge gehört von diesen Buben?“ Ich war sogleich wieder im Zuge und antwortete mit trockener Bestimmtheit: „Im Brüderleinsholze!“ Dieses ist ein Gehölz, eine Stunde von der Stadt entfernt, wo ich in meinem Leben nie gewesen war, das ich aber oft nennen hörte. „Wie ist es dabei zugegangen, wie seid ihr dahin gekommen?“ fragte man weiter. Ich erzählte, wie mich die Knaben eines Tages zu einem Spaziergang überredet und in den Wald hinaus mitgenommen hätten, und ich beschrieb einläßlich die Art, wie etwa größere Knaben einen kleineren zu einem mutwilligen Streifzuge mitnehmen. Die Angeklagten gerieten außer sich und beteuerten mit Tränen, daß sie teils seit langer Zeit, teils gar nie in jenem Gehölze gewesen seien, am wenigsten mit mir! Dabei sahen sie mit erschrecktem Hasse auf mich, wie auf eine böse Schlange, und wollten mich mit Vorwürfen und Fragen bestürmen, wurden aber zur Ruhe gewiesen und ich aufgefordert, den Weg anzugeben, welchen wir gegangen. Sogleich lag derselbe deutlich vor meinen Augen, und angefeuert durch den Widerspruch und das Leugnen eines Märchens, an welches ich nun selbst glaubte, da ich mir sonst auf keine Weise den wirklichen Bestand der gegenwärtigen Szene erklären konnte, gab ich nun Weg und Steg an, die an den Ort führen. Ich kannte dieselben nur vom flüchtigen Hörensagen, und obgleich ich kaum darauf gemerkt hatte, stellte sich nun jedes Wort zur rechten Zeit ein. Ferner erzählte ich, wie wir unterwegs Nüsse heruntergeschlagen, Feuer gemacht und gestohlene Kartoffeln gebraten, auch einen Bauernjungen jämmerlich durchgebleut hätten, welcher uns hindern wollte. Im Walde angekommen, kletterten meine Gefährten auf hohe Tannen und jauchzten in der Höhe, den Geistlichen und den Lehrer mit Spitznamen benennend. Diese Spitz-

Zeichenskizze des jungen Gottfried Keller, 1836

namen hatte ich, über das Äußere der beiden Männer nachsinnend, längst im eigenen Herzen ausgeheckt, aber nie verlautbart, bei dieser Gelegenheit brachte ich sie zugleich an den Mann, und der Zorn der Herren war ebenso groß wie das Erstaunen der vorgeschobenen Knaben. Nachdem sie wieder von den Bäumen heruntergekommen, schnitten sie große Ruten und forderten mich auf, auch auf ein Bäumchen zu klettern und oben die Spottnamen auszurufen. Als ich mich weigerte, banden sie mich an einen Baum fest und schlugen mich so lange mit den Ruten, bis ich alles aussprach, was sie verlangten, auch jene unanständigen Worte. Indessen ich rief, schlichen sie sich hinter meinem Rükken davon, ein Bauer kam in demselben Augenblick heran, hörte meine unsittlichen Reden und packte mich bei den Ohren. „Wart', ihr bösen Buben!" rief er. „Diesen hab' ich!" — und hieb mir einige Streiche. Dann ging er ebenfalls weg und ließ mich stehen, während es schon dunkelte. Mit vieler Mühe riß ich mich los und suchte den Heimweg in dem dunklen Wald. Allein, ich verirrte mich, fiel in einen tiefen Bach, in welchem ich bis zum Ausgang des Waldes teils schwamm, teils watete und so, nach Bestehung mancher Gefahr, den rechten Weg fand. Doch wurde ich noch von einem großen Ziegenbocke angegriffen, bekämpfte denselben mit einem rasch ausgerissenen Zaunpfahl und schlug ihn in die Flucht.

Noch nie hatte man in der Schule eine solche Beredsamkeit an mir bemerkt, wie bei dieser Erzählung. Es kam niemand in den Sinn, etwa bei meiner Mutter anfragen zu lassen, ob ich eines Tages durchnäßt und nächtlich nach Hause gekommen sei. Dagegen brachte man mit meinem Abenteuer in Zusammenhang, daß der eine und andere der Knaben nachgewiesenermaßen die Schule geschwänzt hatte, gerade um die Zeit, welche ich angab. Man glaubte meiner großen Jugend sowohl wie meiner Erzählung; diese fiel ganz unerwartet und unbefangen aus dem blauen Himmel meines sonstigen Schweigens. Die Angeklagten wurden unschuldig verurteilt als verwilderte bösartige junge Leute, da ihr hartnäckiges und einstimmiges Leugnen und ihre gerechte Entrüstung und Verzweiflung die Sache noch verschlimmerten; sie erhielten die härtesten Schulstrafen, wurden auf die Schandbank gesetzt und überdies noch von ihren Eltern geprügelt und eingesperrt.

Soviel ich mich dunkel erinnere, war mir das angerichtete Unheil nicht nur gleichgültig, sondern ich fühlte eher noch eine Befriedigung in mir, daß die poetische Gerechtigkeit meine Erfindung so schön und sichtbarlich abrundete, daß etwas Auffallendes geschah, gehandelt und gelitten wurde, und das infolge meines schöpferischen Wortes. Ich begriff gar nicht, wie die mißhandelten Jungen so lamentieren und erbost sein konnten gegen mich, da der treffliche Verlauf der Geschichte sich von selbst verstand und ich hieran sowenig etwas ändern konnte als die alten Götter am Fatum*.

Die Betroffenen waren sämtlich, was man schon in der Kinderwelt rechtliche Leute nennen könnte, ruhige, gesetzte Knaben, welche bisher keinen Anlaß zu scharfem Tadel gegeben und aus denen seither stille und arbeitsame junge Bürger geworden. Um so tiefer wurzelte in ihnen die Erinnerung an meine Teufelei und das erlittene Unrecht, und als sie es jahrelang nachher mir vorhielten, erinnerte ich mich ganz genau wieder an die vergessene Geschichte, und fast jedes Wort ward wieder lebendig. Erst jetzt quälte mich der Vorfall mit verdoppelter nachhaltiger Wut, und sooft ich daran dachte, stieg mir das Blut zu Kopfe, und ich hätte mit aller Gewalt die Schuld auf jene leichtgläubigen Inquisitoren* schieben, ja sogar die plauderhafte Frau anklagen mögen, welche auf die verpönten Worte gemerkt und nicht geruht hatte, bis ein bestimmter Ursprung derselben nachgewiesen war. Drei der ehemaligen Schulgenossen verziehen mir und lachten, als sie sahen, wie mich die Sache nachträglich beunruhigte, und sie freuten sich, daß ich zu ihrer Genugtuung mich alles einzelnen so wohl erinnerte. Nur der vierte, der viel Mühe mit dem Leben hatte, konnte niemals einen Unterschied machen zwischen der Kinderzeit und dem späteren Alter und trug mir die angetane Unbilde so nach, als ob ich sie erst heute, mit dem Verstande des Erwachsenen, begangen hätte. Mit dem tiefsten Hasse ging er an mir vorüber, und wenn er mir beleidigende Blicke zuwarf, so vermochte ich sie nicht zu erwidern, weil das frühe Unrecht auf mir ruhte und keiner es vergessen konnte.

Heinrich Mann

Der Maskenball

Kindheitserinnerungen haben gewiß auch mein Leben beeinflußt, aber ich kann es nicht wissen, ich habe sie nicht in Form eines Katechismus* gesammelt. Wenn mir eine einfallen soll, fallen mir viele ein. Ich wähle eine.

Winternachmittag im Lübeck der siebziger Jahre. Ich sehe eine Straße steil abfallen. Sie ist glatt gefroren und fast dunkel. Jede Gaslaterne beleuchtet nur das Haus, vor dem sie steht. Eine entfernte Flurglocke verkündet klappernd, daß jemand jenes Haus betrat. Ein Mädchen führt den kleinen Jungen, der ich bin. Ich reiße mich aber los, die Straße ist so eine herrliche Schlitterbahn. Ich gleite sie hinab, ich gleite schneller. Die Querstraße naht. Den Augenblick, bevor ich dort bin, tritt eine ganz vermummte Frau heraus, unter ihrem Tuch trägt sie etwas. Ich kann mich im Lauf nicht halten, ich fahre gegen sie, sie war nicht gefaßt auf den Anprall. Da es glatt ist, fällt sie. Da es dunkel ist, entkomme ich.

Heinrich Mann (zweiter von rechts) im Alter von acht Jahren mit seiner Mutter, Schwester Julia und Bruder Thomas

Aber ich habe Geschirr zerbrechen gehört. Die Frau trug unter ihrem Tuch Geschirr. Was habe ich angerichtet! Ich stehe, mir klopft das Herz. Das Mädchen ist endlich nachgekommen, ich sage: „Ich kann nichts dafür."

„Die Frau hat nun kein Essen mehr", sagt das Mädchen. „Ihr kleiner Junge auch nicht."

„Kennst du sie, Stine?"

„Sie kennt dich", behauptet Stine.

„Wird sie kommen und es meinen Eltern sagen?"

Stine bejaht es drohend, ich erschrecke:

Wir machen unsere Besorgungen, denn morgen wird zu Hause ein Fest sein, außerordentlicher sogar als jedes andere Fest: ein Maskenball. Dennoch vergesse ich den Rest des Tages nie ganz die Drohung, die hinter mir ist. Noch in meinem Bett horche ich, ob es läutet, ob die Frau kommt. Sie hat nun kein Geschirr mehr, ihr Junge kein Essen. Aber auch mir ist nicht wohl.

Nächsten Tages, als Stine mich aus der Schule holt, ist das erste, daß ich nach der Frau frage. „War sie da?" Das Mädchen besinnt sich, sagt nein, verheißt mir aber, die Frau werde mich sicher finden ... Bis zum Abend fürchte ich es noch, dann ergreifen mich Leichtsinn und Eifer des Hauses, das den Ball erwartet. Es ist überhell, und es duftet nach Blumen, nach ungewöhnlichen Gerichten. Ich darf Mama bewundern. Schon kommen als erste Gäste ihre jungen Freundinnen samt dem Fräulein aus Bremen, das eigens herbeireiste, das bei uns wohnt und das ich nicht missen möchte. Später werden sie Larven* tragen, ich aber fühle mich eingeweiht, ich weiß, wer diese Zigeunerin und wer Cœurdame* ist.

Jetzt muß ich schlafen gehen, schleiche aber dann nochmals, wenig bekleidet, über die Treppe. Der Ball hat angefangen. Die vorderen Räume sind leer, dennoch erkenne ich sie kaum wieder, der Ball hat alles verändert. Tritt jemand ein, entweiche ich unhörbar in das nächste Zimmer. So mache ich die Runde, phantastisch angezogen von dem Fest im Saal, dem farbigen Glanz, der hervorströmt, von der Musik, dem Scharren auf Parkett, von Stimmengewirr und warmen Düften. Endlich gelange ich bis hinter die Tür des Saales, es ist gewagt, aber es lohnt. Nackte Schultern, mild vom Licht überzogen, Haare, schimmernd wie Schmuck und Juwelen, die blitzen vom Leben, wenden sich mühelos im Tanz. Mein Vater ist ein fremder Offizier, gepudert, mit Degen, ich bin durchaus stolz auf ihn. Mama Cœurdame schmeichelt ihm mehr als je. Aber mein Urteil erstirbt vor dem Fräulein aus Bremen, ich fühle nur, daß sie dahingleitet, an einen Herrn geschmiegt, der hoffentlich nicht weiß, wer sie ist. Ich weiß es. Ich stehe mit sieben Jahren hinter der Tür des Ballsaales, ratlos ergriffen von dem Glück, dem alle nachtanzen.

Der Saal hat einen zarten, hellen Geschmack, später werde ich wissen, daß dies Rokoko* heißt und gut zehn Jahre vor dieser Zeit sich von Paris aus verbreitet hat. Auch die Masken gingen von dort aus, auch die Tänze, die Quadrillen, der Galopp*. Jede Einzelheit ist nachträgliche Ausstrahlung des kaiserlichen Hofes Napoleons III. und der schönen Eugénie*. Ihr Hof ist verschwunden, aber ihre gesellschaftlichen Sitten haben Zeit gehabt, bis in nordische Kleinstädte zu dringen. Die Kultur des Salons war nie wichtiger als damals, Höflichkeit nie wieder so bekannt. Man spielte Scharaden*, gab Rätsel auf, die Damen bemalten die Fächer ihrer Freundinnen mit Aquarellen. Herren, die sie verehrten, schrieben ihre Namen darauf. Jene Welt unterhielt sich mit Schreibspielen, sonderbaren Erfindungen, ich habe sie erst verstanden, als ich las, daß in dem engsten Kreise Napoleons zuweilen jemand einen Aufsatz diktierte. Das Spiel war, zu entdecken, wer am wenigsten orthographische Fehler machte. Bürgerliche Spiele, sie paßten auch nach Lübeck.

Glanz und Höhe aber war der Maskenball. Die Sucht, sich zu verkleiden, lag nicht nur den glücklichen Abenteurern, die bisher in Paris geherrscht hatten, auch deutsche Honoratioren* waren von ihr gepackt. Zuletzt kamen immer „lebende Bilder", zur Schaustellung der eigenen Schönheit und Bedeutung in Situationen, die endlich ihrer würdig waren ... Der Knabe hinter seiner Tür wartete angstvoll, ob es ihm gelingen werde, auch noch die lebenden Bilder zu sehen.

Plötzlich wird die Tür von mir fortgezogen, jemand hat mich gefunden. Es ist einer der Lohndiener, er ruft mir zu, drunten frage nach mir eine Frau. Meines bleichen Schreckens achtet er nicht, seine Frackschöße eilen weiter. Ich bin allein und Herr meiner Entschlüsse. Bin ich es? Wenn ich nicht zu der Frau hinuntergehe, wer weiß, sie drängt vielleicht bis in den Ballsaal. Offene Katastrophe, lieber noch opfere ich mich.

Die Frau steht beim Hauseingang, wo wenig Licht ist. Hinter sich hat sie ein dunkles Zimmer. Sie ist vermummt wie gestern, sie rührt sich nicht. Sie ist die Statue des Gewissens, aufgestanden aus der Nacht. Ich nähere mich immer langsamer, ich will fragen, was sie von mir verlangt, aber die Stimme versagt mir. „Du hast mir mein Geschirr zerbrochen", sagt sie von selbst, und ganz dumpf: „Mein kleiner Junge hat nichts zu essen." Ich schluchze auf, ergriffen sowohl von dem Geschick des anderen Jungen wie von dem meinen, das mich hierherbrachte.

Wenn ich ihr aus der Küche zu essen holte?

Aber die Küche ist voll von Mädchen und Dienern, ich würde unerträgliches Aufsehen erregen. „Warten Sie", stammele ich und mache mich auf in das dunkle Zimmer hinter ihr. Dort lagen die Mäntel der Gäste. Ich wühle mich hindurch, ich gelange zu Dingen, die mein sind, Soldaten und Bücher. Ich nehme sie, gern nähme ich sogar die geliebte Vase, die ein Schwan mit ausgebreiteten Flügeln ist. Aber die Vase ist

nicht mein. Ich bringe alles der Frau, sie packt es in ihren Korb, sie geht. Schon bin ich gelaufen, schon in meinem Bett.
Ich schlafe ruhiger ein als am vorigen Abend ... Rätselhaft ist nur, daß bei meiner nächsten Rückkehr aus der Schule alle verschenkten Sachen wieder an ihrem Platze sind. Ich begreife es nicht. Auch Stine, die ich einweihe, ist scheinbar erstaunt. Aber sie muß lachen. Verdacht auf Stine ist mir erst lange nachher gekommen, und auch dann nur, weil sie gelacht hatte. Sie selbst war der nächtliche Besuch gewesen, die Statue des Gewissens, die unglückliche Mutter des durch meine Schuld hungernden Jungen.
Wahrscheinlich hat in Wirklichkeit niemand gehungert. Wer weiß, ob auch nur Geschirr zerbrochen war. Stine, als gute Schauspielerin, hat der von ihr geschaffenen Gestalt gesteigerte Tragik mitgegeben. Ich habe dennoch nicht vergessen, daß ich, sieben Jahre alt, aus glücklicher Versunkenheit in den äußeren Glanz des Lebens jäh gerissen wurde, um hinzutreten vor die Armut und meine eigene Schuld.
Ein Eindruck. Auch eine Lehre? Damals kaum, Armut ward nicht oft sichtbar im Lübeck der siebziger Jahre. Wenn ich mit meiner Großmutter spazierenging, saßen am Rande der Landstraße manchmal Steinklopfer oder ähnliche Männer und aßen aus einem Topf. „Guten Appetit, Leute!" sagte meine Großmutter herzlich und ermunternd. Die „Leute" stutzten kurz, dieser Ton war immerhin schon ungewohnt. Dann aber dankten sie.

Peter Härtling

Nachgetragene Liebe

Mein Vater hinterließ mir eine Nickelbrille, eine goldene Taschenuhr und ein Notizbuch, das er aus grauem Papier gefaltet und in das er nichts eingetragen hatte als ein Gedicht Eichendorffs, ein paar bissige Bemerkungen Nestroys und die Adressen von zwei mir Unbekannten. Er hinterließ mich mit einer Geschichte, die ich seit dreißig Jahren nicht zu Ende schreiben kann. Ich habe über ihn geschrieben, doch nie von ihm sprechen können.

Ich bin fünf und aufgebrochen zu einer großen Reise. Ich habe ein Ziel, wie ich es von den Erwachsenen kenne, die verreisen und schon wissen, wo sie ankommen werden. Sonst, wenn ich mit dem Dreirad unterwegs bin, folge ich Geräuschen, entdecke Gärten, Wege und Höfe, lasse mich von einem streunenden Hund führen und vergesse manchmal mein Vehikel, zwänge mich durch eine Hecke oder klettere über einen Zaun, um einen Truthahn zu reizen oder ein angepflocktes Lamm im Kreis zu treiben. Jetzt weiß ich, wohin ich will: mit dem Dreirad nach Burgstädt, auf der Straße, die an unserem Haus vorbeiführt und von Pappeln gesäumt ist, die, so weit ich sehen kann und sie schon ausprobiert habe, gerade wie ein Lineal auf Burgstädt zeigt, das bei klarem Wetter am Horizont sichtbar wird, vielleicht auch nur, weil ich weiß, daß es dort sein soll, wie ein Name, den Tante Ella, die sich überall auskennt, an den Himmelsrand gesteckt hat. Ich sorge vor, stopfe eine Semmel und einen Apfel in die Provianttasche, hänge sie mir um und fahre mit dem Dreirad los. Kein Ruf hält mich auf. Mutter ist nicht da.

Es ist heiß. Die Straße wird zur Straße, wirft Buckel gegen die Räder, droht mit Löchern und Rinnen, wehrt sich mit Staub, kein leuchtendes Band mehr, sondern eine kahle, schrundige Landschaft, viel zu brcit und immer zu nah. Der Staub verklebt die Nase, kitzelt im Hals. Wenn ein Auto mich überholt, halte ich an, stehe auf, hebe das Dreirad zwischen den gespreizten Beinen, weiche mit ein paar Schritten bis an den Rand des Straßengrabens aus, kneife die Augen, presse die Lippen zu, und wenn ich wieder atme, bäckt sich der Staub am Gaumen fest. Er schmeckt nicht nach Erde und nicht nach Luft. Ich schaue zu den Wipfeln der Pappeln hoch, wo der Wind die Blätter rauft, und wundere mich, daß hier unten sich nichts bewegt, der Wind nicht überall ist.

Bis zu der Abzweigung zum Gutshof und dem Ententeich in der Mulde sind wir an einem Sonntag zu Fuß gegangen, und es war mir schon zuviel gewesen. Hier könnte ich noch umkehren und auf der andern Straßenseite heimfahren.

Ich muß mich beeilen. Sonst komme ich zu spät und kann Vater nicht überraschen. Wenn er zum Gericht in Burgstädt fährt, holt er den Mantel aus dem Schrank, die Robe, die er nur einmal, zum Spaß, für mich angezogen und sich in einen schwarzen, faltigen Turm verwandelt hat, und sagt: Ich muß heute aufs Gericht. Ich stelle mir das Gericht vor als ein vieleckiges Haus, an dem zahllose Türme und Türmchen kleben, die Mauern voller Zierat, mit steinernen Bändern und Schleifen. Es steht auf einem großen Platz und flößt Furcht und Schrecken ein.

Ich bin fünf. Ich bin mit meinem Dreirad unterwegs zwischen Hartmannsdorf und Burgstädt, doch meine Phantasie traut sich die Ferne nicht mehr zu. Ich will gestreichelt und umarmt werden.

Ich höre das Auto, die Hupe stößt mich in den Rücken, scheucht mich an den Rand.

Meistens trug er graue Anzüge, wattierte Zweireiher, die seine Schultern auseinanderzogen, ihn noch schwerer erscheinen ließen, als er war. In einem grauen Anzug steigt er aus dem Auto, richtet sich auf, geht auf das Kind zu, das sich über den Lenker beugt, kein Wort über die Lippen bringt, packt es wie ein Karnickel, reißt es hoch, schleppt es, zusammen mit dem Dreirad, zum Wagen. Beides verstaut er im Fond, setzt sich neben den Fahrer, sagt kein Wort, schüttelt nicht den Kopf, murmelt nichts, schimpft nicht.

Als der Wagen vor dem Haus anhält, wendet er sich endlich um. Sein Gesicht ist noch größer und runder als sonst. Er sagt: Steig aus und entschuldige dich bei deiner Mutter. Er kehrt dem Kind schon wieder den Rücken zu, eine graue, vorwurfsvolle Falte unter dem braunen Nacken und dem schwarzen, glattgekämmten Haar.

Ich kann mir deine stumme Strenge nicht erklären, Vater. Warum hast du mich nicht ausgeschimpft? Warum hast du deinen Zorn nicht gezeigt oder die Freude, mich gefunden zu haben? Warum hast du nicht gesagt: Mutter und ich, wir haben uns sehr um dich gesorgt, und nicht gefragt: Wo wolltest du denn mit deinem Dreirad hin? Warum hast du damals dein Schweigen begonnen und es so gut wie nie gebrochen?

Ernst Glaeser

Die Turnstunde

„Stillgestanden!“ „Die Augen rechts!“ „Abzählen!“ „Eins-Zwei-Drei-Vier-Fünf-Sechs-Sieben-Acht-Neun-“

„Zehn!“ — das war Ferd.

„Elf!“ — das war ich.

„Dreizehn!...“

„Halt!“

Die Augen des Dr. Brosius, Klassenführer und Turnlehrer der Quarta*, suchen die Front ab. Er schiebt den Kopf etwas vor, macht den Hals, der immer ein wenig entzündet aus dem steifen Kragen herausschaut, lang wie ein Papagei, bevor er den Zucker schnappt; dann stampft er mit dem Fuß auf, daß der graublaue Steinschotter des Schulhofs hochspritzt. Sein scharfgeschliffener Zwicker wackelt bedenklich. Nur die silberne Kette über dem Ohr rettet ihn vor dem Absturz. Auf Dr. Brosius' Backen schwellen die Schmisse. Zwischen unseren starr nach vorne gerichteten Köpfen wird sein Gesicht feuerrot.

„Silberstein! Natürlich Herr Silberstein aus Firma David Silberstein u. Co., Tuche en gros, kann nicht auf zwölf zählen. Tritt vor!“

Und Leo Silberstein, der einzige Jude der Quarta, tritt vor.

„Zurück!“ brüllt Herr Dr. Brosius. „Mit welchem Fuß hast du anzutreten?!“

„Mit dem linken...“

„Was ist das wieder für eine unmilitärische Antwort?!“ schreit Brosius und gibt Silberstein einen Stoß, daß er in die Reihe zurückfliegt.

„Zu Befehl, mit dem linken Fuß, Herr Dr. Brosius“, schluckt der kleine Leo, der wie immer in solchen Szenen mit den Tränen kämpft.

„Tritt vor!“ Diesmal gelingt es.

„Wie ist das mit dem Abzählen?“

Leo steht stramm vor der Front, puterrot das Gesicht, und salutiert: „Zu Befehl, ich habe mich geirrt...“

„Geirrt?“ Herr Dr. Brosius bekommt einen seiner überlauten Lachanfälle.

„Geirrt? Beim Abzählen! Weiß nicht, welche Nummer er ist! Geschlafen hast du! In die Sonne geträumt...“

„Ich behalte so schlecht die Nummern“, sagt Leo leise und senkt den Kopf. Dabei kratzt er aus Verlegenheit den Boden mit seinem linken Fuß.

„Stillgestanden, wenn ich mit dir spreche!“

Leo zuckt zusammen und legt sofort Kopf, Fuß, Arme und Rücken in die befohlene Haltung. Über seine Backen laufen ein paar Tränen. Leo kann sie nicht wegwischen, weil er strammstehen muß.

Brosius grinst und schaukelt sich zweimal in den Hüften. Er geht um den armseligen Jungen herum und rümpft die Nase: „Na, zur Jarde* wirst de man och nich kommen...“ (Brosius berlinerte immer, wenn er jemand lächerlich machen wollte.) „Na, aber vielleicht langt's zum Train*...“, sagt er in ironischer Aufmunterung zu Leo, den ein stilles Weinen dauernd in seiner militärischen Haltung erschüttert. Für einen deutschen Jungen des Jahres 1914 war Train die größte Deklassierung. Dreimal geht Brosius um Silberstein herum und bewitzelt unter dem Grinsen der Front seine armselige Gestalt. Leo sah auch kläglich aus. In seinem abgeschabten Bleyleanzug* saß immer der Brustlatz schief, seine dürren Beine endeten in übergroßen Füßen, die nach außen standen. Seine Schultern waren ängstlich hochgezogen, links gingen sie tief. Um seinen Hals lief ein dunkler Kranz; denn Leo wusch sich ungern außerhalb des Gesichts. Nur seine Augen und besonders sein Haar waren schön. Es war schwarz und glänzte wie dunkler Achat.

Plötzlich wackelt Brosius mit dem Kopf. Er stellt sich breit vor die Front und näselt: „Silbernes Steinchen, was soll das werden, wenn Er nicht zählen kann? Was wird der Papa sagen, der doch den lieben langen Tag nichts als Geld zählt ... Nu ...?"

Und Herr Brosius verrenkt seine Gestalt, zieht das linke Bein hoch, mimt einen Buckel, rutscht den Zwicker weit vor auf die Nase und reibt den Zeigefinger am Daumen, als zählte er in die darunter geöffnete, hohle Hand blanke Dukaten.

Aus der Front schnauben ein paar geziemende Lacher.

Herr Brosius war in der ganzen Stadt als Spaßvogel bekannt. Seine Reden, die er als Vorsitzender des Flottenvereins* bei dessen Festen von sich gab, sprühten von Witz. Die Damen kamen aus dem Lachen gar nicht mehr heraus. Daneben war Brosius auch ein guter Tierstimmenimitator. Bei den Liebhabervorstellungen des Kasinos, wo man meistens ländlich-tirolische Stücke aufführte, war seine Mitarbeit hinter der Bühne unersetzlich. Am besten gefiel er jedoch bei den Landpartien. Da bannte seine naturgetreue Wiedergabe von Tierlauten manchen Ochsen zur Lust der Damen in eine lähmende Verwunderung. Brosius besaß die Gunst von Frl. Hainstadt, der reichsten Erbin unserer Stadt. Er war Reserveoffizier und hatte neben seiner Unschuld die unmännliche Glätte seiner Backen bei einer Verbindung in Heidelberg verloren. Mit Vornamen hieß er Heini. Der einzige in unserer Klasse, der es wagte, Brosius' Witze nicht zu belachen, war Ferd v. K. Dafür striezte ihn dieser, wo er nur konnte.

Vor der Front steht der kleine Leo Silberstein und heult in militärischer Haltung. Nur seine Hände bewegen sich wie aufgeregte Vögel, die nicht fliegen können. Brosius betrachtet ihn mit spöttischem Mitleid. Er freut sich an der zimperlichen Not des Knaben. Plötzlich wirft er sich in seine Amtshaltung zurück, klemmt den Zwikker in die normale Lage und diktiert: „Fünfundzwanzig Kniebeugen für Silberstein, weil er das drittemal beim Abzählen geschlafen hat."

„Rührt euch!" ruft er uns zu, dann stellt er sich scharf vor Silberstein und beginnt im Takt: „Eins, zwei, drei ... Eins, zwei, drei ..." Die ersten fünf Kniebeugen gelingen Leo korrekt. Danach bemerke ich, daß er zittert. Er wackelt mit den Knien. Sein Hals verliert die Spannung. Seine Fußspitzen, auf denen er in Tiefstellung hockt, bohren in kreiselnder Schwäche Löcher in den Boden.

Dr. Brosius lacht. „Hopp, hopp!" ruft er. „Kleines Silbersteinchen, zeig, daß du ein deutscher Junge bist ...!"

Leo bemüht sich verzweifelt darum. Es sieht sehr traurig aus, wie er das will, was er nicht kann.

Mit gespreizten Fingern greift er in den Sand. Sein Rücken krümmt sich. Aber Brosius boxt ihn ins Kreuz und ruft: „Haltung!"

Renzo Vespignani: Freiübung

„Schuft!" murmelt Ferd v. K. neben mir.

Brosius hat sich neben den schwankenden Leo gestellt und vollführt nach eigenem Kommando eine Serie exakter Kniebeugen. Sicherlich empfand er das als den Gipfelpunkt seines Witzes. Aber keiner lacht unter uns. Die Quarta steht stramm und schweigt.

Plötzlich spüre ich, wie Ferd v. K. über das ganze Gesicht grinst. Sein schmaler Mund zieht sich fast bis an die Ohren. Durch die Nase schnaubt er Luft. Seine Wimpern sind feucht und glänzen von unterdrücktem Lachen. Er stößt mich an und nickt mit dem Kopf nach Leo hin. Der macht plötzlich Kniebeugen, als wäre er ein Stehaufmännchen aus Gummi. Neben ihm kommandiert Brosius gerade zum einundzwanzigsten Male: „Eins, zwei, drei..." Aber Leo hüpft unverdrossen weiter.

Die Front der Quarta durchläuft ein gewaltiges Grinsen. Ich habe Mühe, vor Lachen nicht meine militärische Haltung zu verlieren. Denn kaum hatte Leo bemerkt, daß Brosius nicht mehr vor ihm stand und seine Übungen kontrollieren konnte, da konstruierte er sich schon eine Hilfsstellung. Er setzte sich einfach bei dem Kommando „Drei" auf seine Absätze und gewann dadurch eine Sicherheit in der Rumpfhaltung, überwand so die Schwierigkeit der Körperbalance und hatte zugleich einen guten Abstoß nach oben. Auf diese Art kann man 50 Kniebeugen machen, selbst wenn man Leo Silberstein heißt.

Brosius bemerkt nichts. Er ist viel zu verliebt in seine eigenen Übungen. Bei der fünfundzwanzigsten Kniebeuge springt er exakt hoch, klatscht in die Hände und sieht mit entsetzten Augen nach Leo, der rasch seine Hilfsstellung aufgibt und mit dem Einsatz seiner geschonten Kraft weiter auf und nieder geht. Brosius tut einen Schritt zurück und legt den flachen Handrücken vor die Augen.

„28...", keucht Leo, „... 29... 30!!...", dann fällt er triumphermattet um und schließt die Augen.

Brosius scheint erstarrt. Er räuspert sich dreimal und sagt „wie?" Er geht einen Halbkreis um den zusammengefallenen Leo und sagt nochmals „wie??"

Dann sagt er „Sapperlot!" und bleibt stehen. Er betrachtet Leo, der in der Ohnmacht seines Sieges auf dem Boden liegt, die Augen geschlossen, etwas Schweiß auf der Stirn. Herrn Brosius ist nicht wohl zumut. Vielleicht ist der Junge überanstrengt und hat einen Herzkrampf. Das kann böse Weiterungen geben, denkt der Dr. Brosius und fürchtet ein wenig für seine Karriere. Schließlich, man weiß es ja, wie solch ein harmloser Scherz mit einem jüdischen Schüler von einer gewissen Presse bereitwillig aufgegriffen und aufgebauscht wird. Nur keine Presse, denkt Herr Brosius, nur keinen Skandal! Denn wie alle Menschen seines Standes hatte er eine heillose Furcht vor der Öffentlichkeit.

Er steht da und räuspert sich. „Hm!" macht er. Dreimal macht er „Hm!" Dabei stößt er mit nervöser Handbewegung seine vorgerutschten, gestärkten Manschetten in die Ärmel zurück.

„Silberstein!" ruft er. „Was hast du? Steh auf!" Leo rührt sich nicht. Brosius' Stimme wird fast zärtlich. „Silberstein, das hast du gut gemacht. Bravo, lieber Leo! Aber jetzt steh auf... Sonst erkältest du dich vielleicht..."

Leos Gesicht ist grau wie der Boden, auf dem er liegt.

„Aber um Gottes willen, so war das doch nicht gemeint... Ich machte ja nur Scherz... Kannst du keinen Scherz vertragen? Komm, steh auf, Silberstein...!"

Und er faßt den armseligen Leo, den kleinen Juden und zukünftigen Trainsoldaten, unter den Rücken und will ihn hochheben. Der ist steif wie ein Stecken.

„Wasser! Holt Wasser!" Ich laufe zum Brunnen. Die anderen machen wichtige Gesichter.

„Daß mir das passieren muß!" murmelt Brosius und wackelt mit dem Kopf.

„Er hat sich überanstrengt", sagt plötzlich Ferd v. K., „er war immer schwach auf dem Herz und bekommt oft Anfälle..."

„Dann muß er von der Turnstunde dispensiert* werden!" schreit Brosius und springt erleichtert hoch. „Woher soll ich das wissen! Mich trifft keine Schuld! Ich begreife die Eltern nicht! Zum Donnerwetter noch einmal!"

„Sie fürchten den Spott für den Bub, wenn er sich dispensieren läßt", sagt Ferd. Aber er bekommt keine Antwort — denn alle starren auf Leo.

Der ist bei Brosius' lautem Fluch zusammengezuckt, seine Augen springen weit auseinander, mit taumelnden Gliedern geht er auf die Beine, und während sein Oberkörper dauernd hin und her schwankt, als stieße ihn eine unsichtbare Faust wider die Brust, schlägt er die Beine stramm, salutiert und sagt mit brüchiger Stimme: „Zu Befehl, Herr Dr. Brosius!"

Ferd v. K. ist herangesprungen und stützt ihn.

Brosius sieht auf den Jungen. Sein Gesicht beruhigt sich. Er wischt mit seinem Batisttuch die Stirn. Er schlägt sogar den Staub von den Knien und geht in gehobener Freundlichkeit auf Leo zu: „Ist dir nicht gut? Silberstein?"

Leo, dessen Gesicht käsebleich ist, unter dessen Augen dunkle Ringe hängen, Leo, der Held von dreißig Kniebeugen, der einzige Jude und Trainaspirant der Quarta, lächelt und antwortet fast heiter: „Zu Befehl, nein!" Dabei taumelt er.
„Na, also", sagt Brosius, „dann ist ja alles halb so schlimm. Das nächste Mal sagst du mir vorher, daß du etwas mit dem Herzen hast"... „Übrigens", setzt er hinzu, „rettet dich das sogar von dem Train..."
Leo hält den Kopf starr nach vorne, schluckt zweimal, dann spricht er breit und hell in das Gesicht seines lächelnden Lehrers: „Zu Befehl, ich weiß, daß ich nichts bin."
Brosius lacht. „Es braucht ja nicht jeder Soldat zu werden. Vielleicht wirst du ein guter Geschäftsmann. Silberstein AG ..." Leos Gesicht wird feuerrot. Sein Rücken krümmt sich, als habe man ihn geschlagen.
Da hebt Ferd den linken Arm: „Melde gehorsamst, der Leo zittert immer mehr."
„Dann führt ihn nach Hause", entscheidet Herr Dr. Brosius und winkt mich noch herbei.
Wir führen Leo an die Mauer und ziehen ihm die Sandalen aus. Ferd hält ihn, und ich helfe ihm in die Stiefel.
„Ach laßt doch", sagt Leo, aber Ferd meint, vor uns brauche er sich nicht zu genieren, wenn ihm nicht gut sei.
Da lächelt Leo und hält sich an Ferds starkem Haar.
Wir stützen ihn, und Ferd fragt: „Sollen wir dich tragen?"
„Nein", sagt Leo, aber er schwankt.
Gerade als wir durchs rechte Tor gehen und von der Mitte des Hofs die scharfen Kommandos des Dr. Brosius ungeschwächt die Luft durchschneiden und die Nummern der abzählenden Quarta exakt hochprasseln, fällt Leo steil vornüber und erbricht sich kurz vor der Zahl Dreizehn zweimal sehr heftig über den äußeren Zaun in den Vorgarten des Direktors.
Wir tragen ihn nach Hause. Seine Mutter schenkt jedem von uns einen breiten Mazzen*. Dann telefoniert sie dem Arzt.

Luise Rinser

Anlaß zur Klage

Unter den Papieren, die ich nach dem Tod meines Vaters bekam, ist ein Brief vom 9. März 1926, in dem meinem Vater mitgeteilt wird, daß ich aus dem kleinen Internat, dem „Heim Maria Treu", in dem meine Eltern mich, die Dreizehnjährige, untergebracht hatten, zu meinem und ihrem Unheil, hinausgeworfen wurde. Warum? „... daß das Betragen Ihrer Tochter auch in diesem Trimester* sehr häufig Anlaß zur Klage bietet. Sie äußerte sich wiederholt unzufrieden über die Verköstigung, wozu wirklich kein Grund vorliegt, ist streitsüchtig mit ihren Mitschülerinnen und kommt mir bei jeder geringsten Rüge dermaßen keck und ungezogen entgegen, daß ich mich veranlaßt sehe, ihr am 15. März zu kündigen. Auch sehe ich mich den andern Heimkindern gegenüber vepflichtet" (mein Vater, der Schulmeister, kreidete

Luise Rinser als Schülerin

mit einem Bleistiftstrich das fehlende r an), „derartige renitente Elemente* zu entfernen, da solche Beispiele doch auf die Umgebung abfärben. Hedwig Kölker, Vorsteherin."

Was war wirklich geschehen? Es stimmt, ich war aufsässig. Es stimmt, ich hatte mich über das schlechte Essen beschwert, das taten alle immerzu, ich tat es eines Tages offen. Wir zwanzig Mädchen zwischen dreizehn und siebzehn waren im Vorplatz versammelt vor dem täglichen Spaziergang nach Tisch (paarweise die Isar hinunter und wieder heimwärts). Das Essen war besonders schlecht gewesen, ich erinnere mich genau an diese Pfannkuchen aus Mehl, Salz und Wasser, mit Spinat gefüllt, die wie aus Sägemehl gemacht schmeckten. „Mehlpatzen" nannten wir sie. Wir bekamen sie nicht hinunter, wir durften sie nicht stehenlassen, wir versteckten sie in unsern Tischschubladen, um sie später heimlich herauszuholen und in den Hinterhof zu werfen, nicht in den Abfalleimer, denn dort konnten sie gefunden werden. Wir alle murrten. Aus meinen Kinderbriefen an meine Eltern lese ich, daß vorher schon einmal der Vater einer älteren Schülerin, ein Rosenheimer Oberstudiendirektor Abel, sich erlaubt hatte, eine Protestaktion gegen das Fräulein Kölker zu starten des schlechten Essens wegen. Sonderbarerweise hatte ich meinen Vater gebeten, sich nicht daran zu beteiligen, denn so schlecht sei das Essen nun auch wieder nicht. Warum aber nun die Szene im Vorplatz? Ich rief plötzlich: „Ja, wir müssen den Fraß essen, unsre Eltern zahlen für gutes Essen, und das Fräulein Kölker hat sich jetzt schon die zweite Zimmereinrichtung gekauft von diesem Geld."

„So?" sagte eine eisig wütende Stimme, und jemand schlug mir mit dem Metallbügel der Handtasche auf den Kopf. Die Vorsteherin. Keins der anderen Mädchen stellte sich auf meine Seite. Sie verließen sich auf den Herrn Abel. Nur ich nicht. Mir ging es ja auch gar nicht ums Essen. Ich kleine Asketin* konnte, bis auf die feuchten „Mehlpatzen", alles essen, auch wenn's mich würgte. Mir ging es um die Ungerechtigkeit, das war's. Sollten wir hungern, nun gut, wenn's nötig war. Aber daß *die* sich dafür ... nein, *das* ertrug ich nicht. Und daß ich das sah und sagte, das ertrug *die* nicht. So schrieb sie denn an meinen Vater jenen Brief, und ich flog aus dem „Heim Maria Treu". Ich, das renitente Element. Ich hatte auch vorher schon einmal zu rebellieren versucht, mit Recht: Jedes Jahr ein- oder zweimal erschien die Prinzessin

Pilar, unter deren Patronat* das Heim stand. Worin bestand dieses Patronat? Anscheinend nur darin, daß die Prinzessin im Reitanzug erschien, uns, die zur Begrüßung Aufgestellten, schneidig fragte, ob's uns gutgehe oder ob wir Beschwerden hätten, eine Frage, welche die Vorsteherin beantwortete, ehe wir ein Wort hätten sagen können: „Sehr gut geht's uns, Durchlaucht", worauf die Durchlaucht mit der Reitpeitsche an ihre Flanke klopfte und kehrtmachte. Einmal sagte ich halblaut: „Wenn die wüßte..." Ein eisiger Blick der Vorsteherin machte mich schweigen. Da war ich noch zu kurz erst im Heim.

Sonderbar zu denken, wie verängstigt wir waren: eine dumme eingebildete Person, diese Vorsteherin, nicht einmal psychologisch oder pädagogisch gebildet, keine Lehrerin, ohne jede Qualifikation für ihre Aufgabe, durfte junge Menschen terrorisieren, und wir wehrten uns nicht, wir fürchteten uns. Warum? Weil dieses Heim, wenn auch nicht juristisch-verwaltungsmäßig, aber sozusagen moralisch-erzieherisch unsrer Schule angegliedert war. Wer im Heim sich schlecht aufführte, kam in der Schule in Verruf. Daß mein Hinauswurf keine schulischen Folgen hatte, verdankte ich nur meiner Klassenlehrerin.

Ich lese jenen Brief der Vorsteherin an meinen Vater nach über einem halben Jahrhundert wieder. War ich denn streitsüchtig, war ich keck, war ich wirklich so schwierig?

Ich glaube, es stimmt. Ich ging immer auf die Barrikaden, wenn mir oder andern, gleichviel, Unrecht geschah. Das war für viele unbequem, für mich selber auch. Ich war sicher auch herrschsüchtig, das bin ich immer noch, wenn auch mit Maßen, und wenn's auch dafür eine Erklärung gibt, so doch keine rechte Entschuldigung: Ich bin sehr ungeduldig, und wenn andre nicht gleich begreifen oder handeln, reiße ich das Wort und die Sache an mich. Aber für die andern war ich gut dafür, die Kastanien aus dem Feuer zu holen und die heißen Schul-Eisen anzufassen: Vier Jahre lang war ich Klassensprecherin und schlug mich, soweit das damals möglich war, mit den Lehrern herum.

Peter Weiss

Der Ernst des Lebens

In der lethargischen* Stunde zwischen zwei und drei lag ich auf dem Sofa im Wohnzimmer, die Hände unterm Kopf verschränkt, hinüberstarrend auf den Farbdruck an der Wand, der Hannibals* Grab darstellte. Unter einem graubraunen, wuchtigen, weitverzweigten Baum erhob sich ein Steinhaufen, und daneben stand ein alter Schäfer, sinnend auf seinen Stab gestützt, und vor ihm, im wilden, trockenen Gras, weidete die Herde der Schafe. Das Fenster zur Straße stand offen, draußen staubte weißes Sonnenlicht, vom Tennisplatz an der gegenüberliegenden Straßenseite tönten träge, dumpfe Ballschläge. Zuweilen summte dicht unterm Fenster ein Auto vorbei, oder eine Radglocke klingelte. Der Gedanke an die Stadt draußen belebte mich, ich sah die langen breiten Straßenzüge vor mir, die riesigen, von ge-

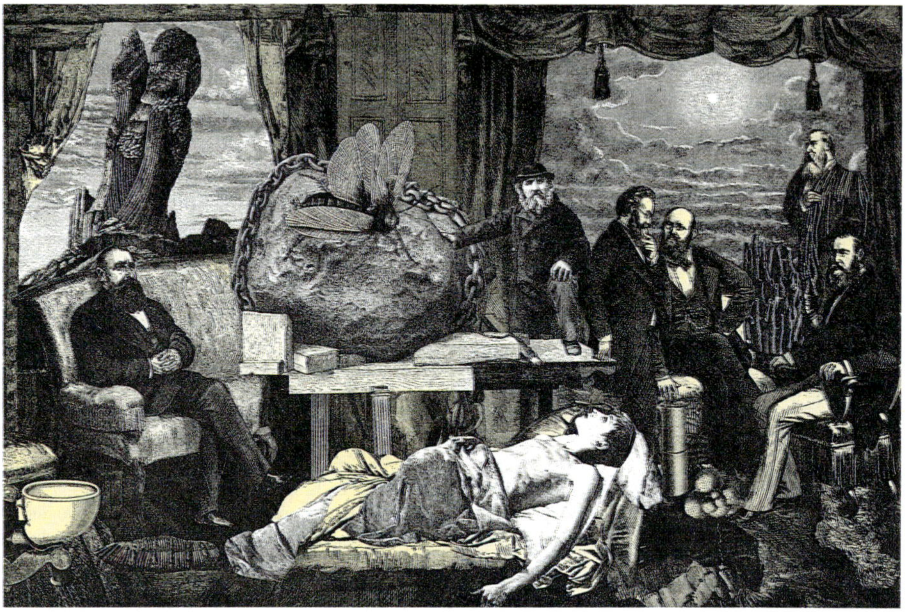

Collage von Peter Weiss zu seiner Autobiographie „Abschied von den Eltern“

beugten, steinernen Sklaven getragenen Häuser, die Schlösser, Museen, Monumente und Türme, die Hochbahnen auf ihren Brücken und die unterirdischen Bahnen, mit ihrem Gedränge und ihren klappernden Reklameschildern. Schon wollte ich aufstehen, da stand meine Mutter vor mir, nie merkte ich, wie sie ins Zimmer kam, immer erschien sie plötzlich mitten im Zimmer, wie aus dem Boden emporgewachsen, den Raum mit ihrer Allmacht beherrschend. Hast du deine Aufgaben gemacht, fragte sie, und ich sank zurück in meine Müdigkeit. Noch einmal fragte sie, bist du schon fertig mit deinen Aufgaben. Aus meiner dumpfen Lage heraus antwortete ich, ich mache sie später. Sie aber rief, du machst sie jetzt. Ich mache sie nachher, sagte ich, in einem schwachen Versuch des Widerspruchs. Da hob sie, wie in einem Wappenschild, die Faust und rief ihren Wappenspruch: Ich dulde keinen Widerspruch. Dicht trat sie an mich heran, und ihre Worte fielen wie Steine auf mich herab, du mußt büffeln und wieder büffeln, du hast noch ein paar Jahre, dann wirst du ins Leben hinaustreten, und dazu mußt du etwas können, sonst gehst du zugrunde. Sie zog mich an meinen Schreibtisch zu den Schulbüchern. Du darfst mir keine Schande machen, sagte sie. Ich leide schlaflose Nächte deinetwegen, ich bin verantwortlich für dich, wenn du nichts kannst, dann fällt das auf mich zurück, leben heißt arbeiten, arbeiten und arbeiten und immer wieder arbeiten. Dann ließ sie mich allein. Neben mir auf einem Brett stand das Modell einer Stadt, das ich mir aus Papier und Zellophan, aus Drähten und Stäben erbaut hatte. Nach meinen zerstörerischen Spielen war dies der erste konstruktive Versuch. Es war eine Zukunftsstadt, eine utopische Metropole*, doch sie war unvollendet, skeletthaft, ich wußte plötzlich, daß ich nicht daran weiterbauen würde, ich sah nur noch zerknittertes, leimdurchbröckeltes Papier, und alles war verbogen und zerbrechlich, man konnte es mit einem Atemzug umblasen. Ich mußte nach anderen Mitteln des Ausdrucks suchen. Während ich über meinem Tagebuch brütete, öffnete sich die Tür, und mein Vater trat ein. Er sah mich am Schreibtisch hocken, bei irgendwelchen Beschäftigungen, an denen er nie teilhaben durfte, er sah, wie hastig etwas in der Schublade verschwand. Was treibst du denn da, fragte er. Ich mache meine Schulaufgaben, sagte ich. Ja, darüber wollte ich gern mit dir sprechen, sagte er. Eine peinliche Spannung trat ein, wie immer bei solchen Gesprächen. Du bist jetzt alt genug, sagte er, daß ich einmal mit dir über Berufsfragen sprechen muß. Wie denkst du dir eigentlich deine Zukunft. Ich konnte auf diese quälende Frage nichts antworten. Mit einer Stimme, die verständnisvoll sein wollte und die etwas von einem Gespräch von Mann zu Mann hatte, sagte er, ich schlage vor, daß du in die Handelsschule eintrittst und dann in mein Kontor* kommst. Ich murmelte etwas davon, daß ich erst noch die Schule absolvieren wollte, damit konnte ich immerhin Zeit gewinnen. Mein Vater sagte, jetzt mit wachsender Ungeduld, dazu scheinst du doch kaum zu taugen, ich glaube nicht, daß du begabt genug dazu bist, und zum Studieren fehlt dir jede Ausdauer, du gehörst ins praktische Berufsleben. Sein Gesicht war grau und vergrämt. Wenn man vom Leben sprach, mußte man grau und vergrämt sein. Leben war Ernst, Mühe, Verantwortung. Mein Gesicht, das Gesicht eines Nichtskönners und Tagediebs, verzog sich zu einem verlegenen, stereotypen* Grinsen. Gekränkt sagte mein Vater, du brauchst gar nicht zu lachen, das Leben ist kein Spaß, es wird Zeit, daß du einmal wirklich arbeiten lernst. Vielleicht spürte er eine Regung von Zärtlichkeit für mich, doch als er meinen schiefen, feindlichen Blick sah, mußte er sich hart machen und seinen festen Willen zeigen. Mit der flachen Hand schlug er auf den Tisch und rief, wenn dieses Schuljahr zu Ende ist, dann ist es Schluß mit den Träumereien, dann wirst du dich endlich der Realität des Daseins widmen.

Doris Lessing

Marthas Rebellion

Als Martha allein in diesem Zimmer stand und sich vergewissert hatte, daß die Türen geschlossen waren, ging sie vorsichtig zu dem kleinen eckigen Spiegel, der über dem Frisiertisch ans Fensterkreuz genagelt war. Sie schaute die Sachen [ihrer Mutter] auf dem Frisiertisch nicht an, weil sie sie nicht mochte. Viele Jahre lang hatte Mrs. Quest Frauen, die Kosmetika benutzten, als frivol* bezeichnet; dann sah sie, daß alle das machten, und kaufte sich auch Lippenstift und Nagellack. Sie hatte kein Gefühl dafür, und es waren die falschen Farben. Ihr Puder roch muffig, mehlig, wie ein süßer, altbackener Kuchen. Martha legte hastig den Deckel auf die Dose und ließ sie in eine Schublade gleiten, als wollte sie den Geruch beseitigen. Dann schaute sie sich prüfend im Spiegel an, wobei sie sich auf die Zehen stellte, denn er hing zu hoch; Mrs. Quest war eine große Frau. Sie hatte sich keineswegs mit dem Aussehen abgefunden, das ihre Mutter für passend hielt. Nachts beschäftigte sie sich lange damit, sich mit einem Handspiegel zu erforschen; manchmal lehnte sie den Spiegel

an ihr Kissen und murmelte, während sie danebenlag, wie ein Liebhaber: „Schön bist du, so wunderschön.“ Das geschah, wenn Mrs. Quest eine ihrer scherzhaften Bemerkungen über Marthas Plumpheit gemacht hatte oder wenn Mr. Quest darüber klagte, daß die Mädchen in diesem Land so früh heranreiften.
Sie hatte ein breites, doch wohlgeformtes Gesicht mit einem spitzen Kinn, ernsten nußbraunen Augen, einem üppigen Mund, klar gezeichneten, geraden, dunklen Brauen. Manchmal nahm sie den Spiegel ins elterliche Schlafzimmer mit, hielt ihn in einem bestimmten Winkel zu dem andern am Fenster und betrachtete sich in dieser doppelten Distanzierung im Profil; denn aus diesem Blickwinkel war ihr Gesicht von einer Zartheit, die es von vorn gesehen nicht besaß. Das Kinn nach oben gereckt, die offenen blonden Haare zurückgeworfen, die Lippen halb geöffnet in einem Ausdruck brennender Erwartung, besaß sie eine gewisse Schönheit. Aber es schien ihr, als wären ihr Gesicht, ihr Kopf etwas, das völlig losgelöst war von ihrem Körper, sie konnte immer nur bestimmte Partien von sich sehen, weil der Spiegel so klein war. Die Kleider, die ihre Mutter genäht hatte, sahen häßlich, ja obszön* aus, da ihre Brüste gut entwickelt waren, und die Passe* betonte sie noch, da sich die plattgedrückten Rundungen unter dem engen Stoffstreifen abzeichneten; und die gerade abfallende Linie des Rockes war verdorben durch ihre vollen Hüften. Ihre Mutter behauptete, daß die Mädchen in England frühestens mit sechzehn, besser noch mit achtzehn in die Gesellschaft eingeführt würden und daß die Mädchen aus einer wohlangesehenen Familie Kleider in diesem Stil trügen, bis es soweit war. Daß sie selbst nicht „in die Gesellschaft eingeführt“ worden war und daß ihre Familie bei weitem nicht den Grad an *Wohlangesehenheit* erreicht hatte, der nötig war, um in die Gesellschaft eingeführt zu werden, reichte nicht aus, um sie davon abzubringen. Denn auf solchen Erwägungen basiert das gesellschaftliche Leben in England, und sie hatte schließlich ganz recht, wenn sie dachte, daß es, hätte sie nur besser geheiratet oder wäre ihre *Farm* bloß ein Erfolg gewesen*, möglich gewesen wäre, mit dem wohlhabenden Zweig der Familie zu vereinbaren, daß Martha in die Gesellschaft eingeführt werden sollte. Daher hatte Marthas mürrische Kritik an ihrem Snobismus* nicht die geringste Wirkung, und sie strich die kindlichen Kleider über Marthas Körper glatt, so daß das Mädchen sich krümmte vor innerer Wut, und sagte in gekünstelter Bestürzung: „Du liebe Güte, aus dir wird wohl eine Kropftaube?“
Einmal hatte Mrs. Van Rensberg, die diese Szene beobachtete, besänftigend bemerkt: „Aber Mrs. Quest, Martha hat doch eine hübsche kleine Figur, warum soll sie sie denn nicht zeigen?“ Nach außen jedoch ging es um eine gesellschaftliche Konvention und nicht um Marthas Figur, und wenn Mrs. Van Rensberg auch zu ihrem Gatten sagte, Mrs. Quest sei auf dem besten Wege, aus Martha ein „schwieriges Mädchen“ zu machen, so konnte sie das doch nicht zu Mrs. Quest direkt sagen.
Dieser Nachmittag war ein jäher Höhepunkt nach einer langen, schwelenden, mühsam unterdrückten Rebellion. Vor dem Spiegel stehend, nahm sie eine Schere und trennte das Oberteil vom Rock ihres Kleides ab. Sie versuchte gerade, die Falten so zu legen wie bei Marnie, als die Tür sich plötzlich öffnete und ihr Vater hereinkam. Mit einem verlegenen Blick auf seine Tochter, die bis auf das winzige rosa Höschen nackt war, hielt er inne; aber diese Verlegenheit war nicht recht einzusehen, denn wenn Martha noch ein Kind war, dann konnte man sie auch nackt anschauen.

Er fragte barsch: „Was machst du da?“ und ging zu einem langen Schrank neben seinem Bett, der aus sieben Benzinkanistern bestand*, einer über dem andern, dunkelgrün gestrichen und verhüllt von einem ausgeblichenen gemusterten Vorhang. Er war vollgestopft mit Medizinflaschen, die so aufeinandergestapelt waren, daß die geringste Berührung eine Lawine auslösen konnte. Er sagte niedergeschlagen: „Ich werde mal dieses neue Zeug ausprobieren, ich habe leichte Verdauungsstörungen“, und versuchte, die richtige Flasche zu finden. Als er sie eine nach der anderen gegen das Licht hielt, fiel sein Blick auf Martha, und er bemerkte: „Deine Mutter wird es nicht gern sehen, daß du ihre Kleider in Stücke schneidest.“

Sie sagte trotzig: „Warum soll ich Kleider tragen wie eine Zehnjährige, Daddy?“

Er erwiderte aufgebracht: „Du *bist* ein Kind. Mußt du die ganze Zeit mit deiner Mutter streiten?“

Wieder schwang die Tür auf, knallte gegen die Wand, und Mrs. Quest trat ein mit den Worten: „Warum bist du weggelaufen, Martha? Sie wollten dir von Stephanie erzählen, das ist wirklich unhöflich von dir...“ Sie hielt inne, riß die Augen auf und fragte: „Was in der Welt treibst du da?“

„Ich werde solche Kleider nicht mehr tragen“, sagte Martha und versuchte gelassen zu klingen, doch was herauskam, war wieder ihr übliches mürrisches Aufbegehren.

„Aber mein Liebes, du hast es ruiniert, dabei weißt du doch, wie schlecht wir dran sind“, sagte Mrs. Quest, alarmiert durch das reife Aussehen der Brüste und Hüften ihrer Tochter. Sie warf ihrem Mann einen Blick zu, durchquerte dann rasch das Zimmer und legte ihre Hände auf die Hüften des Mädchens, als wollte sie sie zurückpressen in die Mädchenzeit. Plötzlich trat Martha einen Schritt zurück und hob unwillkürlich die Hand; sie schauderte vor Ekel bei der Berührung ihrer eigenen Mutter und war nahe daran, ihr ins Gesicht zu schlagen. Sie ließ die Hand fallen, erstaunt über ihre eigene Heftigkeit, und Mrs. Quest errötete und sagte kraftlos: „Mein Liebes...“

„Ich bin sechzehn“, stieß Martha mit erstickter Stimme zwischen den Zähnen hervor und blickte hilfesuchend zu ihrem Vater. Aber der wandte sich rasch ab und goß Medizin in ein Glas.

„Mein Liebes, anständige Mädchen tragen solche Kleider erst —“

„Ich bin aber kein anständiges Mädchen“, unterbrach Martha und lachte plötzlich.

Mrs. Quest fiel mit schallendem Lachen erleichtert ein und sagte: „Wirklich, mein Liebes, du bist ungeheuer komisch.“ Und dann in vertrauterem Ton: „Du hast dieses Kleid ruiniert, und das ist nicht fair gegenüber Daddy, du weißt doch, wie schwer es ist, Geld aufzutreiben...“ Sie hielt erneut inne und folgte Marthas Blick. Martha schaute zum Medizinschrank. Mrs. Quest fürchtete, Martha könnte, wie sie es schon einmal zu ihr gesagt hat, antworten, daß da bestimmt Medikamente im Wert von mehreren hundert Pfund im Schrank ständen und daß sie mehr Geld für die eingebildeten Krankheiten von Mr. Quest ausgegeben hätten als für ihre Erziehung.

Das war natürlich eine Übertreibung. Aber es war eigenartig, daß Mrs. Quest damals, als Martha diese Bemerkung gemacht hatte, über den Geldwert dieser Medikamente zu debattieren begann: „Unsinn, Liebes, du weißt genau, daß es nicht mehrere hundert Pfund sein können.“ Sie sagte nicht: „Dein Vater ist schwer krank.“ Denn Mr. Quest war wirklich krank, er hatte seit drei oder vier Jahren Diabetes*.

Und damit war ein Vorfall verbunden, an den sich weder Martha noch Mrs. Quest gern erinnerten. Eines Tages war Martha in der Stadt aus ihrem Klassenzimmer gerufen worden und hatte Mrs. Quest wartend im Gang angetroffen. „Dein Vater ist krank", rief sie und fügte dann, als sie sah, daß Marthas Ausdruck nur zu sagen schien: Das ist doch nichts Neues, oder?, hastig hinzu: „Doch, wirklich, er hat Diabetes, er muß ins Krankenhaus und Tests machen lassen. „Martha schwieg lange, schließlich murmelte sie wie eine Schlafwandlerin: „Ich hab's ja gewußt." Kaum waren diese Worte heraus, errötete sie schuldbewußt, und gleich darauf stürzte sie zum Wagen, in dem ihr Vater saß, und beide Frauen machten sich fürsorglich über ihn her, während Mr. Quest, der große Angst hatte, ihren Beteuerungen lauschte.
Wenn Martha sich an diesen Satz erinnerte, der aus tiefster Tiefe gekommen war, als habe er auf diese Gelegenheit gewartet, war ihr nicht wohl, und sie fühlte sich schuldig. Ganz im geheimen konnte sie nicht umhin, zu denken: Er wollte krank sein, er ist gern krank, jetzt hat er ein Alibi dafür, daß er versagt hat. Schlimmer noch, im Innersten machte sie ihre Mutter dafür verantwortlich.
Durch die ganze Geschichte mit Mr. Quests Krankheit taten sich derartig peinliche emotionale Abgründe zwischen Mutter und Tochter auf, daß das Thema fast nie angesprochen wurde; und jetzt sagte Mrs. Quest hastig, indem sie zum Fenster ging: „Du regst deinen Vater auf, er macht sich Sorgen um dich." Ihre Stimme war leise und quengelnd.
„Du willst sagen, *du* machst dir Sorgen um mich", sagte Martha kalt und senkte, mit einem raschen Blick auf ihren Vater, unbewußt die Stimme. Halb flüsternd sagte sie: „Er merkt nicht mal, daß wir hier sind. Er hat uns seit Jahren nicht wirklich *gesehen*..." Bestürzt stellte sie fest, daß ihre Stimme zitterte, sie war den Tränen nahe.
Mr. Quest verließ eilends das Zimmer, er redete sich ein, daß Frau und Tochter gar nicht stritten, und sofort sagte Mrs. Quest mit normaler Stimme: „Du machst uns Kummer. Du merkst das nicht. Die Art, wie du Geld verschwendest und –"
Martha schnitt ihr das Wort ab, indem sie das Zimmer verließ und in ihr eigenes ging. Die Tür war nicht verschließbar, ja, sie ging nicht einmal richtig zu, da sie schief war. Ein eingeborener Tischler hatte sie aus Planken gezimmert, und sie hatte sich in der Regenzeit verzogen, mit dem Ergebnis, daß man sie mühsam über einen schwieligen, gewölbten Türsturz schieben mußte. Doch wenn sie auch nicht abzuschließen war, so gab es doch Momente, in denen sie unsichtbar verschlossen war, und dies war einer dieser Momente. Martha wußte, daß ihre Mutter nicht hereinkommen würde. Sie saß auf der Bettkante und weinte vor Wut.

Doris Lessing im Alter von 60 Jahren

Ingeborg Drewitz

Du und ich

Auf der Sonnenallee wird sie angesprochen. Sie beachtet es nicht, aber der Mann oder Junge bleibt neben ihr. Sie erkennt ihn wieder. Er war dabei in der Stuttgarter Straße.

„Sie fahren auch mit der S-Bahn?" fragt er.

„Ja, bis Schöneweide."

„Ich muß nach Grünau", sagt er.

Sie versucht, einen kleinen Vorsprung zu gewinnen, um ihm zu zeigen, daß sie allein sein, nicht Rede und Antwort stehen will. Und er läßt ihr den Vorsprung. Das hat sie nicht erwartet. Die Läden haben noch offen. Sie könnte in einen Laden gehen, irgend etwas kaufen. Vielleicht gelingt es ihr, ihn abzuhängen. Aber da ist der Schritt, wenige Meter hinter ihr, gar nicht hastig, gar nicht angepaßt an ihren Schritt. Das gefällt ihr, sie weiß nicht, warum. Das beruhigt sie. Sie geht durch Straßen, die ihr fremd sind, an Männern und Frauen vorbei, deren Gesichter in dem schwachen Laternenlicht kaum zu erkennen sind, die das leise Singen des Windes in den Baumkronen und den unterschiedlichen Schritt der zwei jungen Menschen nicht hören, die nicht einmal den Abstand bemerken, der zur Zusammengehörigkeit wird, je länger die beiden ihn einhalten.

Als Gabriele am Bahnhof eine Fahrkarte kauft, bleibt der junge Mann vor der Fahrplanwand neben dem Schalter stehen, wartet, bis sie den ersten Absatz der Treppe erreicht hat. Auch auf dem Bahnsteig bleibt er beim Zigarettenautomaten stehen, während sie im Windschatten des Stationsgebäudes wartet, dem Lachen hinter dem Fenster zuhört, dem alten Mann nachhorcht, der längs der Bahnsteigkante auf und ab geht. Sie merkt sich das, das auch. Das Lachen. Die Schritte, den Wunsch nach der Wärme eines Kachelofens, den Wunsch nach Geborgenheit. Sie zählt die Fenster in den Häusern auf der anderen Seite der Gleise und kommt nicht zu Ende damit, will nicht zu Ende kommen, will sich etwas offenhalten.

Ein Schwall warmer Luft kommt aus dem Stationsgebäude, als der Stationsvorsteher die Tür öffnet, weil der Zug einfährt, rotgelbe Dritterklasseabteile, rotblaue Zweiterklasseabteile, Raucher, Nichtraucher. Die Aus- und Einsteigenden müssen den Widerschein der Fenstervierecke auf dem Bahnsteig durchkreuzen, elf Aussteiger, drei Einsteiger. Der alte Mann hat zweiter Klasse Raucher gewählt. Der junge Mann steigt ins Dritterklasseabteil Nichtraucher, wie Gabriele, bleibt aber hinter der Trennwand stehen, bis der Zug anfährt. Gabriele hat sich neben eine Frau gesetzt, die ein Netz voller Pakete auf dem Schoß hat. Mehrere Sitzplätze sind frei. Warum setzt er sich nicht? Sie starrt auf die säuberlich gepackten Pakete im Einkaufsnetz ihrer Nachbarin, auf die Hände, die das Papier gefalzt und eingeschlagen haben. Und denkt, daß es schwer ist, Ich zu sagen und Du zu sagen, wenn man doch von einem zum anderen nichts abfragen kann, von einem zum anderen nichts weiß, als was die Hände tun, oder nur den Zustand der Schuhe kennt oder den Rhythmus der Schritte.

Sie ist nicht erstaunt, als der junge Mann am Bahnhof Niederschöneweide aussteigt und neben ihr bleibt, auf der Bahnhoftstreppe, in der Bahnhofsvorhalle, beim Überqueren des Bahnhofsvorplatzes, beim Kreuzen der Straßenbahnschienen und in der Brückenstraße auf dem Weg zur Spree.

Reden ist nicht nötig. Das ist eine ganz neue Erfahrung: Daß es genügt, nebeneinander zu gehen, den Wind auf der Haut zu spüren. Sie haben sich nicht an den Händen gefaßt. Sie haken sich nicht einmal ein. Aber ihre Schritte stimmen jetzt zusammen. Die Auslagen in den Geschäften auf der Brückenstraße sind matt erleuchtet. Sie bleiben nicht stehen vor den Schaufenstern. Sie sehen sich nicht an und wissen doch jeder von dem andern das Lächeln. Auf der Treskowbrücke ist der Wind schärfer. Die Möwen sitzen auf den Pfählen und schlafen. Die Fabriken sind dunkel, bis auf die Wächterhäuschen und die Laternen auf den Höfen.

In der Wilhelminenhofstraße liegen beim Schlächter Blutwürste aus. Morgen sind die nicht mehr frisch, aber einen Sechser* billiger. Mit einemmal weiß sie, daß Zeit vergangen ist, gestern, heute. Daß heute ein wichtiger Tag ist. Vor der Haustür bleiben sie stehen.

„Danke", sagt sie, „danke, daß Sie mich gebracht haben. Aber von hier kommen Sie schlecht nach Grünau."

Er lacht kurz auf.

Plötzlich die Angst, daß er sie küssen könnte.

Sie hat nicht erwartet, daß er ihre beiden Hände nimmt.

Sie hat die Mutter stehenlassen, die sie schon im Flur erwartet hat. Sie hat das Abendessen stehenlassen, das die Mutter für sie warm gehalten hat. Sie hat Ulrikchen nicht gute Nacht gesagt. Sie hat den Vater nicht begrüßt. Sie hat die Tür zu ihrer Kammer verriegelt, hat gehört, wie die Mutter an der Tür stehenblieb, lauschte, atmete, bettelte: Gabriele, Gabi, Kind, du mußt doch was essen!

Sie hat nicht geantwortet, hat auf ihrem Bett gesessen, schräg vorgebeugt, hat die Hände angesehen, ob da Spuren auf den Händen sind. Sie hat sich ihn auf dem Weg zum Bahnhof zurück, treppauf zu dem Bahnsteig vorgestellt und die Fahrt nach Grünau. Sie hat sich vorgestellt, daß sie mit seinen Augen sieht, mit seiner Haut fühlt, seine Gedanken denkt. Sie ertappt sich, daß sie halblaut gesprochen hat. Ich. Du. Sie zieht die Decke über den Kopf. Du. Ich.

Wir sind ein Teil der Erde

Gedichte, Skizzen, Bilder

Altes Testament

Machet euch die Erde untertan

Und Gott sprach:
Lasset uns Menschen machen,
ein Bild, das uns gleich sei,
die da herrschen über die Fische im Meer
und über die Vögel unter dem Himmel
und über das Vieh
und über alle Tiere des Feldes
und über alles Gewürm, das auf Erden kriecht.

Und Gott schuf
den Menschen zu seinem Bilde,
zum Bilde Gottes schuf er ihn,
und schuf sie als Mann und Weib.

Und Gott segnete sie und sprach zu ihnen:
Seid fruchtbar und mehret euch
und füllet die Erde
und machet sie euch untertan
und herrschet über die Fische im Meer
und über die Vögel unter dem Himmel
und über das Vieh
und über alles Getier, das auf Erden kriecht.

Und Gott sprach:
Sehet da, ich habe euch gegeben alle Pflanzen,
die Samen bringen, auf der ganzen Erde,
und alle Bäume mit Früchten,
die Samen bringen, zu eurer Speise.
Aber allen Tieren auf Erden
und allen Vögeln unter dem Himmel
und allem Gewürm, das auf Erden lebt,
habe ich alles grüne Kraut zur Nahrung gegeben.
Und es geschah so.

Und Gott sah an alles, was er gemacht hatte,
und siehe, es war sehr gut.

Walther von der Vogelweide

Muget ir schouwen

Muget ir schouwen waz dem meien
wunders ist beschert?
Seht an pfaffen, seht an leien*,
wie daz allez vert.
Grôz ist sîn gewalt:
ine weiz obe er zouber künne:
swar er vert in sîner wünne,
dân ist niemen alt.

Uns wil schiere wol gelingen.
wir suln sîn gemeit,
Tanzen lachen unde singen,
âne dörperheit.
Wê wer wære unfrô?
sît die vogele alsô schône
singent in ir besten dône —
tuon wir ouch alsô!

Wol dir, meie, wie dû scheidest
allez âne haz!
Wie dû walt und ouwe kleidest,
und die heide baz!
Diu hât varwe mê.
‚du bist kurzer, ich bin langer‘,
alsô strîtents ûf dem anger,
bluomen unde klê.

Übertragung von Peter Wapnewski

Seht nur, was dem Mai
an Herrlichkeiten beschert worden ist!
Seht alle Welt an,
wie es ihr ergeht!
Groß ist seine Gewalt:
mir scheint, er versteht zu zaubern;
denn wohin er fährt in seiner Pracht,
wird alles wieder jung.

Auch mit uns wird alles gut werden,
wir werden fröhlich sein,
werden tanzen, lachen, singen —
freilich fern aller bäurischen Grobheit.
Wer wollte jetzt nicht fröhlich sein?
Da doch alle Vögel so schön
ihre lieblichsten Melodien singen —
laßt es uns ihnen gleichtun!

Gelobt seist du, Mai, wie du richterlich
alles in Frieden schlichtest.
Wie du Wald und Aue kleidest,
und schöner noch die Heide:
denn sie ist die bunteste.
„Du bist kleiner, ich bin größer!" —
so streiten sie auf der Wiese,
der Klee und die Blumen.

Unbekannter Verfasser (13. Jahrhundert)

Der Lenz

Nun will der Lenz uns grüßen,
von Mittag weht es lau;
aus allen Ecken sprießen
die Blumen rot und blau.
Draus wob die braune Heide
sich ein Gewand gar fein
und lädt im Festtagskleide
zum Maientanze ein.

Waldvöglein Lieder singen,
wie ihr sie nur begehrt,
drum auf zum frohen Springen,
die Reis' ist Goldes wert.
Hei, unter grünen Linden,
da leuchten weiße Kleid'!
Heija, nun hat uns Kindern
ein End all Wintersleid!

Claude Monet: Felder im Frühling

Eduard Mörike

Er ist's

Frühling läßt sein blaues Band
Wieder flattern durch die Lüfte;
Süße, wohlbekannte Düfte
Streifen ahnungsvoll das Land.
Veilchen träumen schon,
Wollen balde kommen.
– Horch, von fern ein leiser Harfenton!
Frühling, ja du bist's!
Dich hab' ich vernommen!

Marie Luise Kaschnitz

Juni

Schön wie niemals sah ich jüngst die Erde.
Einer Insel gleich trieb sie im Winde.
Prangend trug sie durch den reinen Himmel
ihrer Jugend wunderbaren Glanz.

Funkelnd lagen ihre blauen Seen,
ihre Ströme zwischen Wiesenufern.
Rauschen ging durch ihre lichten Wälder,
große Vögel folgten ihrem Flug.

Voll von jungen Tieren war die Erde.
Fohlen jagten auf den grellen Weiden,
Vögel reckten schreiend sich im Neste,
gurrend rührte sich im Schilf die Brut.

Bei den roten Häusern im Holunder
trieben Kinder lärmend ihre Kreisel;
singend flochten sie auf gelben Wiesen
Ketten sich aus Halm und Löwenzahn.

Unaufhörlich neigten sich die grünen
jungen Felder in des Windes Atem,
drehten sich der Mühlen schwere Flügel,
neigten sich die Segel auf dem Haff.

Unaufhörlich trieb die junge Erde
durch das siebenfache Licht des Himmels;
flüchtig nur wie einer Wolke Schatten
lag auf ihrem Angesicht die Nacht.

Johann Wolfgang von Goethe

Dämmrung

Dämmrung senkte sich von oben,
Schon ist alle Nähe fern;
Doch zuerst emporgehoben
Holden Lichts der Abendstern!
Alles schwankt ins Ungewisse,
Nebel schleichen in die Höh;
Schwarzvertiefte Finsternisse
Widerspiegelnd ruht der See.

Nun am östlichen Bereiche
Ahn' ich Morgenglanz und -glut,
Schlanker Weiden Haargezweige
Scherzen auf der nächsten Flut.
Durch bewegter Schatten Spiele
Zittert Lunas* Zauberschein,
Und durchs Auge schleicht die Kühle
Sänftigend ins Herz hinein.

Heinrich Heine

Abenddämmerung

Am blassen Meeresstrande
Saß ich gedankenbekümmert und einsam.
Die Sonne senkte sich tiefer und warf
Glührote Streifen auf das Wasser,
Und die weißen, weiten Wellen,
Von der Flut gedrängt,
Schäumten und rauschten näher und näher –
Ein seltsam Geräusch, ein Flüstern und Pfeifen,
Ein Lachen und Murmeln, Seufzen und Sausen,
Dazwischen ein wiegenliedheimliches Singen –
Mir war, als hört' ich verschollne Sagen,
Uralte, liebliche Märchen,
Die ich einst als Knabe
Von Nachbarskindern vernahm,
Wenn wir am Sommerabend
Auf den Treppenstufen der Haustür
Zum stillen Erzählen niederkauerten,
Mit kleinen, horchenden Herzen
Und neugierigen Augen,
Während die großen Mädchen
Neben duftenden Blumentöpfen
Gegenüber am Fenster saßen,
Rosengesichter,
Lächelnd und mondbeglänzt.

Caspar David Friedrich: Mann und Frau in Betrachtung des Mondes

Andreas Gryphius

An die Sterne

Ihr Lichter, die ich nicht auf Erden satt kann schauen,
Ihr Fackeln, die ihr Nacht und schwarze Wolken trennt,
Als Diamante spielt und ohn' Aufhören brennt;
Ihr Blumen, die ihr schmückt des großen Himmels Auen,

Ihr Wächter, die, als Gott die Welt auf wollte bauen,
Sein Wort, die Weisheit selbst, mit rechten Namen nennt,
Die Gott allein recht mißt, die Gott allein recht kennt,
Wir blinden Sterblichen! Was wollen wir uns trauen!

Ihr Bürgen meiner Lust, wie manche schöne Nacht
Hab' ich, indem ich euch betrachtete, gewacht!
Herolde dieser Zeit! Wann wird es doch geschehen,

Daß ich, der eurer nicht allhier vergessen kann,
Euch, deren Liebe mir steckt Herz und Geister an,
Von andern Sorgen frei werd' unter mir besehen?

Eduard Mörike

Um Mitternacht

Gelassen stieg die Nacht an Land,
lehnt träumend an der Berge Wand;
ihr Auge sieht die goldne Waage nun
der Zeit in gleichen Schalen stille ruhn.
Und kecker rauschen die Quellen hervor,
sie singen der Mutter, der Nacht, ins Ohr
vom Tage,
vom heute gewesenen Tage.

Das uralt alte Schlummerlied –
sie achtet's nicht, sie ist es müd;
ihr klingt des Himmels Bläue süßer noch,
der flücht'gen Stunden gleichgeschwungnes Joch.
Doch immer behalten die Quellen das Wort,
es singen die Wasser im Schlafe noch fort
vom Tage,
vom heute gewesenen Tage.

Joseph von Eichendorff

In Danzig 1842

Dunkle Giebel, hohe Fenster,
Türme tief aus Nebeln sehn,
Bleiche Statuen wie Gespenster
Lautlos an den Türen stehn.

Träumerisch der Mond drauf scheinet,
Dem die Stadt gar wohl gefällt,
Als läg' zauberhaft versteinet
Drunten eine Märchenwelt.

Ringsher durch das tiefe Lauschen,
Über alle Häuser weit,
Nur des Meeres fernes Rauschen –
Wunderbare Einsamkeit!

Und der Türmer wie vor Jahren
Singet ein uraltes Lied:
Wolle Gott den Schiffer wahren,
Der bei Nacht vorüberzieht!

Jan van Goyen: Der Valkhof in Nimwegen

Theodor Storm

Die Stadt

Am grauen Strand, am grauen Meer
Und seitab liegt die Stadt;
Der Nebel drückt die Dächer schwer,
Und durch die Stille braust das Meer
Eintönig um die Stadt.

Es rauscht kein Wald, es schlägt im Mai
Kein Vogel ohn' Unterlaß;
Die Wandergans mit hartem Schrei
Nur fliegt in Herbstesnacht vorbei,
Am Strande weht das Gras.

Doch hängt mein ganzes Herz an dir,
Du graue Stadt am Meer;
Der Jugend Zauber für und für
Ruht lächelnd doch auf dir, auf dir,
Du graue Stadt am Meer.

Alfred Tillich

Erde

Betrachtet es, wie's euch beliebt,
redet, rechnet und spielt euch
mit überklugen Gedanken.
Einmalig ist sie, köstlich und schön
— ein Garten.
Alle Bilder des Paradieses,
ihr allein sind sie entliehn,
soweit wir auch suchen und forschen,
ihr findet nichts Gleiches.

O wäre dies allen bewußt,
sie würde behütet, bewacht
und in Liebe gepflegt.
So aber trampeln wir blind
durch ihre blühenden Beete,
zerstampfen Wälder und Fluren,
zertrümmern die bis ins Kleinste
reichende Ordnung,
vernichten Klänge und Bilder,
die sie uns üppig beschert.

Noch heilten fast immer die Wunden.
Ein unerschöpflicher Reichtum
überblühte Gier und Zerstörung.
Doch immer stärker die Habsucht,
Frevler und Blinde
verwalten ein köstliches Erbe.
Wen wundert es noch,
daß die Gärten veröden,
die Wälder und Triften* verkarsten,
Gewässer sich trüben,
stinkend und tödlich verfaulen.

Sehnen werden wir uns
nach Unberührtem und Reinem,
nach Wäldern, die tausendfältigem Leben
Schutz und Heimat gewähren,
nach klaren und reinen Gewässern,
blühenden Wiesen und Weiden,
in denen der Sommer die Tage
matt und müde verschläft,
nach windüberwanderten Hängen,
über welchen im leuchtenden Äther
wilde Vögel lauernde Kreise ziehn.

Erde, unendlich Geliebte,
deinen Wundern, gibt es nichts Gleiches.
Was uns an seltenen Bildern
ein tieferes Schauen vermittelt,
stammt nur von dir,
ist deiner Schönheit entnommen.

Häuptling Seattle

Wir sind ein Teil der Erde

Amerika im Jahr 1855, im Gebiet Washington: Der amerikanische Präsident Pierce teilt den Indianern des Duwamish-Stammes mit, daß er ihr Land kaufen will. Aus der Antwort an die Weißen, der Rede des Duwamish-Häuptlings Seattle:

„Wir sind ein Teil der Erde, und sie ist ein Teil von uns. Die duftenden Blumen sind unsere Schwestern, die Rehe, das Pferd, der große Adler — sind unsere Brüder. Die felsigen Höhen — die saftigen Wiesen, die Körperwärme des Ponys — und des Menschen — sie alle gehören zur gleichen Familie. [...]
Wir wissen, daß der weiße Mann unsere Art nicht versteht. Ein Teil des Landes ist ihm gleich jedem anderen, denn er ist ein Fremder, der Bruder nicht, sondern Feind, und wenn er sie erobert hat, schreitet er weiter. Er läßt die Gräber seiner Väter zurück — und kümmert sich nicht. Er stiehlt die Erde von seinen Kindern — und kümmert sich nicht. Er behandelt seine Mutter, die Erde, und seinen Bruder, den Himmel, wie die Dinge zum Kaufen und Plündern, zum Verkaufen wie Schafe oder glänzende Perlen. Sein Hunger wird die Erde verschlingen und nichts zurücklassen

Pieter Brueghel der Ältere: Heuernte

als eine Wüste. Ich weiß nicht – unsere Art ist anders als die Eure. Der Anblick Eurer Städte schmerzt die Augen des roten Mannes. Vielleicht, weil der rote Mann ein Wilder ist und nicht versteht?

Es gibt keine Stille in den Städten der Weißen. [. . .] Das Geklappere scheint unsere Ohren nur zu beleidigen. Was gibt es schon im Leben, wenn man nicht den einsamen Schrei des Ziegenmelkervogels hören kann oder das Gestreite der Frösche im Teich bei Nacht? Ich bin ein roter Mann und verstehe das nicht. Der Indianer mag das sanfte Geräusch des Windes, der über eine Teichfläche streicht – und den Geruch des Windes, gereinigt vom Mittagsregen oder schwer vom Duft der Kiefern. Die Luft ist kostbar für den roten Mann – denn alle Dinge teilen denselben Atem – das Tier, der Baum, der Mensch – sie alle teilen denselben Atem.

Der weiße Mann scheint die Luft, die er atmet, nicht zu bemerken, wie ein Mann, der seit vielen Tagen stirbt, ist er abgestumpft gegen den Gestank.

Aber wenn wir Euch unser Land verkaufen, dürft Ihr nicht vergessen, daß die Luft uns kostbar ist. [. . .] Der Wind gab unseren Vätern den ersten Atem und empfängt den letzten. Und wenn wir Euch unser Land verkaufen, so müßt Ihr es als ein besonderes und geweihtes schätzen, als einen Ort, wo auch der weiße Mann spürt, daß der Wind süß duftet von den Wiesenblumen. [. . .]

Ich bin ein Wilder und verstehe es nicht anders. Ich habe tausend verrottete Büffel gesehen, vom weißen Mann zurückgelassen – erschossen aus einem vorüberfahrenden Zug. Ich bin ein Wilder und kann nicht verstehen, wie das qualmende Eisenpferd wichtiger sein soll als der Büffel, den wir nur töten, um am Leben zu bleiben.“

Thomas A. Merk

Abschied vom Lande

1
Höfe zerfallen unter dem Himmel
wie Wolken im trägen Wind der Zeit.
Tief schlägt Beton die Wurzeln ins Land
durch Flüsse, Wald und alte Steine
2
In Schuppen vergessene Maschinen,
die immer noch alte Felder bestellen.
Felder, von Siedlungen längst überzogen
wie Pflüge vom Rost der Erinnerung
3
In fetten Feldern Traktorspuren
über dem Mais vom vorigen Jahr.
Schon droht in glatten Uniformen
die freche Vorhut der Siedlungshäuser
4
Die weißen Wolken der Industrie
wie Räderrollen am Horizont.
Hagelwände treibt der Wind
über die schwarzgebrochenen Felder

Walter Helmut Fritz

Bäume

Wieder hat man in der Stadt,
um Parkplätze zu schaffen,
Platanen* gefällt.
Sie wußten viel.
Wenn wir in ihrer Nähe waren,
begrüßten wir sie als Freunde.
Inzwischen ist es fast
zu einem Verbrechen geworden,
nicht über Bäume zu sprechen,
ihre Wurzeln,
den Wind, die Vögel,
die sich in ihnen niederlassen,
den Frieden,
an den sie uns erinnern.

Hughie Lee-Smith: Junge mit Reifen

Bertolt Brecht

Der Pflaumenbaum

Im Hofe steht ein Pflaumenbaum
Der ist klein, man glaubt es kaum.
Er hat ein Gitter drum
So tritt ihn keiner um.

Der Kleine kann nicht größer wer'n.
Ja größer wer'n, das möcht' er gern.
's ist keine Red' davon
Er hat zu wenig Sonn'.

Den Pflaumenbaum glaubt man ihm kaum
Weil er nie eine Pflaume hat
Doch er ist ein Pflaumenbaum
Man kennt es an dem Blatt.

Max Peintner: Die ungebrochene Anziehungskraft der Natur

Günter Kunert

Unterwegs nach Utopia*

Auf der Flucht
vor dem Beton
geht es zu
wie im Märchen: wo du
auch ankommst
er erwartet dich
grau und gründlich.

Auf der Flucht findest du
vielleicht
einen grünen Fleck
am Ende
und stürzest selig
in die Halme
aus gefärbtem Glas.

Margarete Hannsmann

Landschaft

Aber es werden Menschen kommen
denen das zeitauf zeitab
der Fabriken gleichgültig ist
sie wollen nicht auf den Supermärkten
einkaufen aber sie fragen nach dem
Millionen Jahre alten Wind
ob ihr noch Vögel
Fische
Füchse
Sumpfdotterblumen
aufgehoben habt
wenn anderswo
alle Wälder zerstückelt sind
alle Städte über die Ränder getreten
alle Täler überquellen vom Müll
Könnt ihr noch Wetterbuchen liefern?
einen unbegradigten Fluß?
Mulden ohne schwelenden Abfall?
Hänge ohne Betongeschwüre?
Seitentäler ohne Gewinn?
habt ihr noch immer nicht genug
Einkaufszentren in Wiesen gestreut
Möbelmärkte zwischen Skabiosen*
nicht genug Skilifte ohne Schnee
Nachschubstraßen für Brot und Spiele
Panzerschneisen hügelentlang
wenn ihr die Schafe aussterben laßt
stirbt der Wacholder.
[...]

Pieter Brueghel der Ältere: Turmbau von Babel

Wolf Biermann

Größe des Menschen

Nimm nur die Berge, die abträgt der Regen
und schwemmt sie flußwärts ins Meer wie nichts

Oder das Meer selber, das schiffemordende
in der Sturmflut, wie es die Inseln wegleckt

Oder wenn aufbrechen die Wunden der Erde
in Vulkanen, städtebegrabenden Massen

Oder auch, von denen wir wieder hörten:
den länderzertrümmernden Erdbeben

— sie alle übertrifft der Mensch
in seiner Zerstörungskraft

Johannes Bobrowski

Das Wort Mensch

Das Wort Mensch, als Vokabel
eingeordnet, wohin sie gehört,
im Duden*:
zwischen Mensa* und Menschengedenken.

Die Stadt
alt und neu,
schön belebt, mit Bäumen
auch
und Fahrzeugen, hier

hör' ich das Wort, die Vokabel
hör' ich häufig, ich kann
aufzählen von wem, ich kann
anfangen damit.

Wo Liebe nicht ist,
sprich das Wort nicht aus.

Marie Luise Kaschnitz

Und immer war einer

Und immer war einer, der sagte, die Sonne geht unter,
Und immer war einer, der sagte, fürchtet euch nicht.
Vom Kommenden hör ich sie flüstern, die ewige Stimme.
Nicht von Maschinen spricht sie,
Nicht von Vermehrung der Ernten,
Nicht von gewonnenem Schiffsraum.
Zusammenklang, sagt sie, und Würde des Menschen und Freiheit.
Hoffnung sagt sie, und Liebe, das süßeste Wort.

Marc Chagall: Der Krieg

Andreas Gryphius

Tränen des Vaterlandes, anno 1636

Wir sind doch nunmehr ganz, ja mehr denn ganz verheeret!
Der frechen Völker Schar, die rasende Posaun,
Das vom Blut fette Schwert, die donnernde Kartaun*
Hat aller Schweiß und Fleiß und Vorrat aufgezehret.

Die Türme stehn in Glut, die Kirch ist umgekehret,
Das Rathaus liegt im Graus, die Starken sind zerhaun,
Die Jungfraun sind geschänd't, und wo wir hin nur schaun,
Ist Feuer, Pest und Tod, der Herz und Geist durchfähret.

Hier durch die Schanz und Stadt rinnt allzeit frisches Blut.
Dreimal sind schon sechs Jahr, als unser Ströme Flut
Von Leichen fast verstopft, sich langsam fort gedrungen.

Doch schweig' ich noch von dem, was ärger als der Tod,
Was grimmer denn die Pest und Glut und Hungersnot,
Daß auch der Seelenschatz so vielen abgezwungen.

Friedrich von Logau

Des Krieges Buchstaben

K ummer, der das Mark verzehret,
R aub, der Hab und Gut verheeret,
J ammer, der den Sinn verkehret,
E lend, das den Leib beschweret,
G rausamkeit, die Unrecht lehret –
sind die Frucht, die Krieg gewähret.

Matthias Claudius

Kriegslied

's ist Krieg! 's ist Krieg! O Gottes Engel wehre,
Und rede Du darein!
's ist leider Krieg – und ich begehre
Nicht schuld daran zu sein!

Was sollt' ich machen, wenn im Schlaf mit Grämen
Und blutig, bleich und blaß,
Die Geister der Erschlagnen zu mir kämen,
Und vor mir weinten, was?

Wenn wackre Männer, die sich Ehre suchten,
Verstümmelt und halb tot
Im Staub sich vor mir wälzten und mir fluchten
In ihrer Todesnot?

Wenn tausend tausend Väter, Mütter, Bräute,
So glücklich vor dem Krieg,
Nun alle elend, alle arme Leute,
Wehklagten über mich?

Wenn Hunger, böse Seuch' und ihre Nöten
Freund, Freund und Feind ins Grab
Versammleten, und mir zu Ehren krähten
Von einer Leich' herab?

Was hülf' mir Kron' und Land und Gold und Ehre?
Die könnten mich nicht freun!
's ist leider Krieg – und ich begehre
Nicht schuld daran zu sein!

Warten auf die Befreiung

Aus dem Tagebuch der Anne Frank

Amsterdam, 29. März 1944. [. . .] Wird es nicht Jahre nach dem Krieg, vielleicht nach 10 Jahren, unglaublich erscheinen, wenn wir erzählen, wie wir Juden hier [im Versteck] gelebt, gesprochen, gegessen haben? Denn wenn ich Dir auch noch soviel erzähle, Du kennst immer nur einen kleinen Ausschnitt von diesem Leben, z. B., welche Angst die Damen haben, wenn bombardiert wird wie Sonntag, als 350 englische Flieger eine halbe Million Kilo Dynamit auf Ymuiden* geworfen haben, und dann die Häuser durch den Luftdruck erschüttert werden, wenn wir hören, wieviel Epidemien hier herrschen. Von alledem weißt Du noch nichts, und ich müßte den ganzen Tag schreiben, wenn ich alles bis ins kleinste berichten wollte. Die Menschen stehen Schlange, um Gemüse zu bekommen oder was es sonst mal gibt. Die Ärzte können nicht zu ihren Kranken, weil ihnen ihr Auto, wenn sie noch eines haben, oder ihr Rad gestohlen ist. Man hört von Einbrüchen und Diebstählen in größerer Menge. [. . .] Die Stimmung bei der Bevölkerung kann nicht gut sein. Mit der Wochenration ist schwer auszukommen. Die Invasion* läßt auf sich warten, die Männer müssen nach Deutschland. Die Kinder sind unterernährt und werden krank. Fast alle Menschen haben schlechte Kleidung und schlechte Schuhe. [. . .]

31. März 1944. Es ist noch ziemlich kalt, aber die meisten Familien sitzen schon einen Monat ohne Kohlen. Auch ein Vergnügen, wie? Die Stimmung ist im allgemeinen wieder sehr optimistisch für die russische Front, denn da geht es großartig. Ich schreibe ja nicht viel über Politik, aber ich muß Dir doch mitteilen, wo sie nun stehen, nämlich dicht vor dem General-Gouvernement [Polen] und bei Rumänien am Pruth. Ganz nahe vor Odessa sind sie. Hier erwartet man jeden Abend ein Extra-Kommuniqué* von Stalin. [. . .]

22. Mai 1944. Vater hat am 20. Mai fünf Flaschen Yoghurt bei einer Wette an Frau v. Daan verloren. Die Invasion ist wirklich noch nicht gekommen. Ich kann ruhig sagen, daß ganz Amsterdam, ganz Niederland, ja, die ganze Westküste von Europa bis herunter nach Spanien Tag und Nacht von der Invasion spricht und debattiert, darauf wettet und ... hofft!

Die Spannung steigt bis ins Unerträgliche. [. . .]

25. Mai 1944. Jeden Tag ist etwas anderes los. Heute morgen haben sie unseren netten Gemüsemann verhaftet, er hatte zwei Juden im Haus! Es ist ein schwerer Schlag für uns, nicht allein, daß die armen Juden nun wieder am Rande des Abgrunds stehen, es ist auch schrecklich für den armen Mann selbst.

Die Welt steht hier auf dem Kopf. Die anständigen Menschen werden fortgeschickt in Konzentrationslager, Gefängnisse und einsame Zellen, und über alt und jung, reich und arm regiert die Unterwelt. Der eine fällt herein durch den Schwarzhandel, der andere, weil er Juden oder andere Untergetauchte schützt. Niemand weiß, was morgen geschieht. [...]

6. Juni 1944. Um 10 Uhr englische Sendung in Deutsch, Holländisch, Französisch und in anderen Sprachen: „The invasion has begun!" *Also* die „echte" Invasion. Der englische Sender um 11 Uhr in deutscher Sprache: Rede von Oberbefehlshaber General Dwight Eisenhower. Englische Sendung — englisch — 12 Uhr: „This is D.-day*." General Eisenhower spricht zum französischen Volk: „Stiff fighting will come now, but after this the victory. The year 1944 is the year of complete victory, good luck!" [...]
Das Hinterhaus ist im Taumel. Soll denn nun wirklich die lang ersehnte Befreiung nahen, die Befreiung, von der so viel gesprochen wurde, die aber doch zu schön ist, zu märchenhaft, um jemals Wirklichkeit zu werden? Wird uns dieses Jahr 1944 den Sieg bringen? Wir wissen es noch nicht, aber die Hoffnung belebt uns, gibt uns wieder Mut, macht uns wieder stark. Denn mutig müssen wir die Angst, die Entbehrungen, das Leid ertragen, nun kommt es darauf an, ruhig und standhaft zu bleiben.

23. Juni 1944. Hier ist nichts Besonderes los! Die Engländer haben den großen Angriff auf Cherbourg begonnen. Pim und v. Daan* sind der Meinung, daß wir am 10. Oktober frei sind! Die Russen nehmen teil an der Aktion und haben gestern ihre Offensive bei Witebsk begonnen, genau auf den Tag drei Jahre nach dem deutschen Einfall. [...]

21. Juli 1944. Nun habe ich Hoffnung, nun endlich geht es gut! Ja, wirklich, es geht gut! Tolle Berichte! Es wurde ein Attentat auf Hitler verübt, aber nicht einmal von jüdischen Kommunisten oder englischen Kapitalisten, sondern von einem edelgermanischen deutschen General, der Graf ist und überdies noch jung! Die „göttliche Vorsehung" hat dem Führer das Leben gerettet, und er ist leider, leider mit einigen Schrammen und ein paar Brandwunden davongekommen. Ein paar Offiziere und Generäle aus seiner Umgebung sind tot oder verwundet. Der Haupttäter wurde erschossen. Es ist wohl der beste Beweis, daß viele Offiziere und Generäle den Krieg bis obenhin satt haben und Hitler gern in die tiefsten Tiefen versenken möchten.

Mit einer Eintragung vom 1. August 1944 endet das Tagebuch. Am 4. August drang Polizei ins Hinterhaus der Prinsengracht, Amsterdam, ein und verhaftete die beiden dort von Holländern versteckten Familien. Die fünfzehnjährige Anne Frank starb im März 1945 im Konzentrationslager Bergen-Belsen.

Pablo Picasso: Guernica

Marie Luise Kaschnitz

Hiroshima

Der den Tod auf Hiroshima* warf
Ging ins Kloster, läutet dort die Glocken.
Der den Tod auf Hiroshima warf
Sprang vom Stuhl in die Schlinge, erwürgte sich.
Der den Tod auf Hiroshima warf
Fiel in Wahnsinn, wehrt Gespenster ab
Hunderttausend, die ihn angehen nächtlich
Auferstandene aus Staub für ihn.

Nichts von alledem ist wahr.

Erst vor kurzem sah ich ihn
Im Garten seines Hauses vor der Stadt
Die Hecken waren noch jung und die Rosenbüsche zierlich.
Das wächst nicht so schnell, daß sich einer verbergen könnte
Im Wald des Vergessens. Gut zu sehen war
Das nackte Vorstadthaus, die junge Frau
Die neben ihm stand im Blumenkleid
Das kleine Mädchen an ihrer Hand
Der Knabe, der auf seinem Rücken saß
Und über seinem Kopf die Peitsche schwang.
Sehr gut erkennbar war er selbst
Vierbeinig auf dem Grasplatz, das Gesicht
Verzerrt von Lachen, weil der Photograph
Hinter der Hecke stand, das Auge der Welt.

56

Günter Grass

In Ohnmacht gefallen

Wir lesen Napalm* und stellen Napalm uns vor.
Da wir uns Napalm nicht vorstellen können,
Lesen wir über Napalm, bis wir uns mehr
Unter Napalm vorstellen können.
Jetzt protestieren wir gegen Napalm.
   Nach dem Frühstück, stumm,
   Auf Fotos sehen wir, was Napalm vermag.
   Wir zeigen uns grobe Raster*
   Und sagen: Siehst du, Napalm.
   Das machen sie mit Napalm.
Bald wird es preiswerte Bildbände
Mit besseren Fotos geben,
Auf denen deutlicher wird,
Was Napalm vermag.
Wir kauen Nägel und schreiben Proteste.
   Aber es gibt, so lesen wir,
   Schlimmeres als Napalm.
   Schnell protestieren wir gegen Schlimmeres.
   Unsere berechtigten Proteste, die wir jederzeit
   Verfassen falten frankieren dürfen, schlagen zu Buch.
Ohnmacht, an Gummifassaden erprobt.
Ohnmacht legt Platten auf: ohnmächtige Songs.
Ohne Macht mit Guitarre. –
Aber feinmaschig und gelassen
Wirkt sich draußen die Macht aus.

Altes Testament

Kain und Abel

Die Brüder Kain und Abel wuchsen gemeinsam auf. Und Abel wurde ein Schäfer, Kain aber wurde ein Ackermann. Es begab sich aber nach etlicher Zeit, daß Kain dem HERRN Opfer brachte von den Früchten des Feldes. Und auch Abel brachte von den Erstlingen seiner Herde und von ihrem Fett. Und der HERR sah gnädig an Abel und sein Opfer, aber Kain und sein Opfer sah er nicht gnädig an. Da ergrimmte Kain sehr und senkte finster seinen Blick. Da sprach der HERR zu Kain: Warum ergrimmst du? Und warum senkst du deinen Blick: Ist's nicht also? Wenn du fromm bist, so kannst du frei den Blick erheben. Bist du aber nicht fromm, so lauert die Sünde vor der Tür, und nach dir hat sie Verlangen; du aber herrsche über sie. Da sprach Kain zu seinem Bruder Abel: Laß uns aufs Feld gehen! Und es begab sich,

als sie auf dem Felde waren, erhob sich Kain wider seinen Bruder Abel und schlug ihn tot.
Da sprach der HERR zu Kain: Wo ist dein Bruder Abel? Er sprach: Ich weiß nicht; soll ich meines Bruders Hüter sein? Er aber sprach: Was hast du getan? Die Stimme des Blutes deines Bruders schreit zu mir von der Erde. Und nun: Verflucht seist du auf der Erde, die ihr Maul hat aufgetan und deines Bruders Blut von deinen Händen empfangen. Wenn du den Acker bebauen wirst, soll er dir hinfort seinen Ertrag nicht geben. Unstet und flüchtig sollst du sein auf Erden.

Emanuel bin Gorion

Kain und Abel

Einer der großen Künstler aller Zeiten hatte sich einmal vorgesetzt, ein Bild aus der Geschichte der ersten Menschen zu malen: die Brüder Kain und Abel in ihrem Widerstreit. Nun pflegte er, wann immer es galt, eine Gestalt aus vergangenen Tagen darzustellen, unter den Mitmenschen Umschau zu halten, bis er einen gefunden hatte, der seiner Vorstellung entsprach. Eines Tages nun erblickte er einen Jüngling so kindlichen und rechtschaffenen Gemüts und mit einem unschuldigen Antlitz, welches die Unschuld einer reinen Seele widerspiegelte, daß er bei dem Anblick beglückt ausrief: Hier habe ich das Urbild für den sanften Abel!
Und er machte sich sogleich ans Werk und bildete die Figur so edel und gut, wie sie im Leben war.
Nun galt es für den Meister, das Gegenbild zu finden, den bösen Kain. Aber das war kein leichtes Ding, und Jahre um Jahre suchte er vergeblich. Freilich, da waren der Bösewichter genug, die ihm den Eindruck machten, sie wären auch eines Brudermordes fähig; und unter diesen auch mehr als einer, dem der Trotz zuzutrauen gewesen wäre, mit dem Kain dem Schöpfer zu antworten sich erkühnte: Soll ich meines Bruders Hüter sein? Aber er fand keinen, der jenem unglücklichen Frevler geglichen hätte, welcher in der Verzweiflung seines Herzens ausrufen sollte: Zu groß ist meine Schuld, als daß sie vergeben werden könnte!

Zehn Jahre, sagt man, hat der Meister gesucht. Dann fügte es der Zufall, daß er auf einen Landstreicher stieß, dessen Erscheinung ihn bannte. In dem verwüsteten Gesicht des Fremden stand alles zu lesen, was einmal in den Zügen eines Kain geschrieben sein mußte: Eifersucht, Haß, Mordlust und Trotz, aber auch Trübsal, Herzeleid und Reue. So lud er den Obdachlosen in sein Haus und gedachte ihn zu malen und sein Gemälde zu vollenden. Als aber der Unglückliche der Leinwand gegenüberstand und das Abbild des sanften Jünglings sah, brach er in Tränen aus. Der Meister stutzte, starrte den Weinenden an und erschrak –
In diesem Augenblick öffnete Kain den Mund und sprach: Der hier vor dir steht, hat schon einmal, vor zehn Jahren, vor dir gestanden. Damals hast du mich als den unschuldigen Abel gemalt, und inzwischen bin ich zum Kain geworden!

Pablo Picasso: Kind mit Taube

Walter Helmut Fritz

Kain

Er geht nicht mehr
als Ackermann über die Felder,
braucht keine Keule.

Er fragt nicht mehr
in anmaßender Weise,
ob er der Hüter sein solle
seines Bruders.

Er ist nicht mehr
unstet und flüchtig.

Er trägt Masken,
dem eigenen Gesicht
aus dem Gesicht geschnitten.
Eine heißt Gleichgültigkeit.

Hilde Domin

Abel steh auf

Abel steh auf
es muß neu gespielt werden
täglich muß es neu gespielt werden
täglich muß die Antwort noch vor uns sein
die Antwort muß ja sein können
wenn du nicht aufstehst Abel
wie soll die Antwort
diese einzig wichtige Antwort
sich je verändern
wir können alle Kirchen schließen
und alle Gesetzbücher abschaffen
in allen Sprachen der Erde
wenn du nur aufstehst
und es rückgängig machst
die erste falsche Antwort
auf die einzige Frage
auf die es ankommt
steh auf
damit Kain sagt
damit er es sagen kann
Ich bin dein Hüter
Bruder
wie sollte ich nicht dein Hüter sein
Täglich steh auf
damit wir es vor uns haben
dies Ja ich bin hier
ich
dein Bruder

Damit die Kinder Abels
sich nicht mehr fürchten
weil Kain nicht Kain wird
Ich schreibe dies
ich ein Kind Abels
und fürchte mich täglich
vor der Antwort
die Luft in meiner Lunge wird weniger
wie ich auf die Antwort warte

Abel steh auf
damit es anders anfängt
zwischen uns allen

Die Feuer die brennen
das Feuer das brennt auf der Erde
soll das Feuer von Abel sein

Und am Schwanz der Raketen
sollen die Feuer von Abel sein

60

Lothar Zenetti

Das Wort Hoffnung

Das Wort Hoffnung und das Wort Vertrauen
das Wort Dankbarkeit und das Wort Treue
Freiheit nenne ich und das Wort Mut
auch Gerechtigkeit und das große Wort Frieden
und was wir Glück nennen Glückseligkeit
die unbegreifliche Gnade und das leise Wort Geduld
und das Wort Erbarmen ja davon lebe ich

Das Wort Mutter und das Wort Brot
Kind sage ich mein Vater mein Freund
und Freundlichkeit und Geborgensein
Meer sage ich und Baum und Himmel
Wolke und siebenarmiger Leuchter*
Traum sage ich und Nacht meine Schwester
ich nenne die Liebe und das zärtliche Wort Du

Feiern will ich die Wörter
von denen wir leben

Wir sehen andere - andere sehen uns

Berichte und Erzählungen

Bosc

Ein Vorurteil und sein Zusammenbruch

Angelika Boese

Sprechen mit Gastarbeitern

Mamma mia, diese Deutschen!

Dem Fernzug Rom—München entsteigt Roberto S., jeder Zoll ein Römer. Als er durch die Sperre geht, sagt der Beamte: „Du geben Fahrkarte." Roberto gibt.
Beim Zeitungsstand in der Bahnhofshalle verlangt er *Il Tempo**. Da beginnt der Verkäufer heftig zu gestikulieren: „Nix mehr da, *Il Tempo,* aus! Du nehmen andere tempo?" „Ja", sagt Roberto und zeigt auf den *Messagero.* „Du zahlen", bedeutet ihm der Verkäufer, Roberto zahlt.
Im Zigarettenladen hat er nur einen Hundertmarkschein. Das Mädchen hinter der Theke sucht nach Wechselgeld, freundlich lächelnd: „Sie haben gegeben hundert Mark. Sie also kriegen jetzt 98 Mark retour, Sie verstehen? Da. Sie prüfen, ob nix falsch, und nachzählen." Roberto S. zählt und geht.
Er strebt dem Erfrischungsstand zu, ihn dürstet. Mit seinem Bier in der Hand sucht er sich einen Platz an einem der kleinen Stehtischchen. Ein alter Zecher neben ihm heißt ihn aufs herzlichste willkommen. „Geh her, Itaker, so a Bier is molto bessa wiar oiwei vino, geia?*" Der Alte ist enttäuscht, daß Roberto bald ausgetrunken hat und aufbricht. „Nix Zeit, nix gut." Vorm Südeingang stehen die Taxis. Hier ist man nicht so nett. Ein Jüngling rempelt den Italiener an: „Du warten, ich dran." Endlich hat Roberto einen Wagen erwischt: „Du weit fahren? Du wollen wohin?" bemüht sich der Fahrer um seinen Gast. „Ins Hotel Atlantik, bitte", sagt Roberto S. und sinkt in die Polster. „Mamma mia", denkt er, „was für ein Volk, diese Deutschen. Nicht einer beherrscht auch nur halbwegs seine Muttersprache."

Helmut Essinger / Jochen Graf

Heimkehr in die Fremde

8. Oktober 1981 in E., im westlichen Anatolien. Wir sind mit dem alten Mürat 124 unseres türkischen Freundes unterwegs. Nach einigen Kilometern erweist sich der Wagen als reparaturbedürftig, und wir müssen eine Werkstatt aufsuchen. Unser Freund entschließt sich, zu dem „deutschen Meister" zu fahren, einem aus der Bundesrepublik Deutschland zurückgekehrten Karosseriebauer. Die Werkstatt mit dem zugehörigen geräumigen neu erbauten Wohnhaus liegt am Rand der Stadt, die von silbrig schillernden Olivenhainen umgeben ist. Die Temperatur beträgt 25 Grad Celsius oder etwas darüber, und wir empfinden die leichte Brise vom Meer her als überaus angenehm. Es ist ein für uns besonders schöner Tag, so wie wir ihn uns in Deutschland im Sommer oft wünschen, jedoch selten erleben.
„Wir helfen Ihnen gerne weiter", lesen wir in großen Buchstaben auf dem Schild vor der Werkstatt. Als der „Meister" uns als Deutsche erkennt, begrüßt er uns mit einem freundlichen „Grüß Gott" mit württembergischem Akzent.

Dann beginnt er mit unserem türkischen Freund ein Gespräch und überläßt die Reparatur des Wagens seinem Sohn, der uns in fließendem Schwäbisch die Mängel an unserem Mŭrat mit allen Fachausdrücken erklärt.

Während des Gesprächs bemerken wir, daß er mit seiner gegenwärtigen Situation nicht zufrieden ist, und wir bitten ihn um ein Interview.

Frage: Wie heißt Du? Wo und wann bist Du geboren?

Nadi O.: Ich heiße Nadi O. und bin in E. geboren. Dort auf dem Schild steht „O ... lar"; mein Vater und ich machen die Werkstatt zusammen.

Ich habe zwei Geburtsdaten, ein richtiges und ein falsches. Wirklich bin ich geboren am 21. Oktober 1963. In meinem Paß steht der 15. Januar 1964.

Frage: Warum?

N. O.: Das machen fast alle Eltern so. Man ist dann schon ein Jahr älter, wenn man zum Militär muß.

Frage: Wann bist Du nach Deutschland gekommen?

N. O.: Zuerst ging mein Vater nach Deutschland; das war 1963. Er kaufte sich dort ein Auto und holte die Familie ab. Ich war damals ungefähr 13 Monate alt.

Frage: Wann und wo hast Du die Schule besucht?

N. O.: Bis zu meinem achten Lebensjahr war ich in Deutschland weder im Kindergarten noch in der Schule. Niemand hat mir gesagt, daß ich dahin muß.

Dann brachten mich meine Eltern in die Türkei zurück. Zuerst habe ich in E. bei Verwandten gewohnt und bin hier in die „ilkokul" (Grundschule) gekommen. Da bin ich zwei Jahre (Klasse 1 und 2) geblieben. Dann kam ich nach Izmir in eine Schule, in der man auch schläft (Internatsschule); aber ich bin dort nur ein Jahr geblieben. Die 4. und 5. Klasse habe ich in Istanbul besucht; da habe ich bei meinem Onkel gewohnt. Danach kam ich wieder nach Deutschland. Obgleich ich nach fünf Jahren „ilkokul" meinen Schulabschluß in der Türkei hatte, habe ich in Deutschland wieder in die Schule gehen müssen. Ich bin gleich in die 7. Klasse gekommen.

Frage: Wie war das mit den verschiedenen Sprachen? Hattest Du Probleme?

N. O.: In Deutschland haben meine Eltern mit mir türkisch gesprochen. Deutsch habe ich auf der Straße gelernt. Als ich in die Türkei gekommen bin, mußte ich viel Türkisch nachlernen. In den fünf Jahren in der Türkei habe ich dann mein Deutsch fast vergessen. Doch ist es mir in Deutschland rasch wieder eingefallen.

Probleme habe ich natürlich viele gehabt. Ein Beispiel: Die Namen der chemischen Elemente habe ich nur auf türkisch gewußt. Aber darauf hat niemand in der deutschen Schule Rücksicht genommen. So war ich in der 7. Klasse ganz schlecht, überall „mangelhaft". Schwierigkeiten gab es auch in der deutschen Rechtschreibung; die habe ich nie richtig gelernt. Großes Interesse hatte ich an Mathematik und Physik. Zum Beispiel war ich in Mathematik in der 8. Klasse im B-Kurs, in der 9. Klasse im A-Kurs. Meine Rechenergebnisse waren immer richtig, nur den Rechenweg habe ich nicht aufschreiben können. Da hatte ich sprachlich Schwierigkeiten; das war auch so bei Textaufgaben. Die Lehrer haben mich deshalb immer geschimpft: „Du hast richtige Ergebnisse, warum erklärst du nicht die Rechenwege?" Aber ich habe den Hauptschulabschluß in Deutschland geschafft. Doch der gilt hier in der Türkei nichts. Ich müßte wieder Prüfungen machen,

Hanefi Yeter, Analphabeten in zwei Sprachen, 1978

aber dazu kann ich nicht genug Türkisch; mir fehlen für eine Prüfung die türkischen Fachausdrücke.

Frage: Man hat also Deine Schwierigkeiten als Ausländer in Deutschland nicht berücksichtigt? Gab es noch mehr ausländische Schüler an Deiner Schule?

N. O.: Ich bin an der Schule wie ein Deutscher behandelt worden. Man hat keine Rücksicht darauf genommen, daß ich erst in der 7. Klasse in die deutsche Schule gekommen bin. Es gab auch an unserer Schule nur einige Ausländer. Aber in die 1. Klasse sind sehr viele ausländische Schüler gegangen; wie es da zugegangen ist, weiß ich nicht.

Frage: Was denkst Du über die deutsche Schule?

N. O.: Die deutsche Schule ist viel zu frei für türkische Kinder. Die deutschen Lehrer sollten strenger sein. Hier bei uns schlägt man noch, z. B. mit dem Stock in die Hand. Bei uns darf man auch die Lehrer nicht mit Namen nennen. In Deutschland sagt man „Herr . . .“, bei uns heißt es „ögretmenim“ (das heißt, „Mein Lehrer“). Auch muß man hier am Freitag und Montag die Nationalhymne singen und strammstehen. Wenn der Lehrer in die Klasse kommt, müssen alle aufstehen. Und wenn man der Schuldisziplin nicht gehorcht, kann man aus der Schule geworfen werden; dann ist es vorbei mit der Schule. Das ist in Deutschland alles ganz anders. Es gibt in Deutschland z. B. guten Turnunterricht, hier macht man nur Spiele im Freien. Schwimmen lernt man hier nicht. Auch gibt es in der deutschen Schule gutes Material zum Arbeiten im Unterricht, z. B. Reagenzgläser. Das gibt es hier alles nicht. (Anm.: Das Wort Reagenzglas kennt Nadi nicht auf türkisch.)

Frage: Hast Du Freunde in Deutschland? Hast Du Freunde in der Türkei?

N. O.: In Deutschland habe ich viele Freunde gehabt. Jetzt habe ich nur noch einen; er hat mir versprochen, mich einmal zu besuchen. Wir schreiben uns. Auch hier habe ich Freunde. Doch da gibt es viele Schwierigkeiten: Wenn die gemeinsam Unternehmungen machen, halte ich mich immer raus. Zum Beispiel eine Mofa-Tour mache ich nicht mit, da sind mir die Straßen zu schlecht.

Frage: Hattest Du Probleme bei Deiner Rückkehr in die Türkei? Wie fühlst Du Dich hier?

N. O.: Ich fühle mich hier wie ein Ausländer. Die Landschaft ist anders. Die Freunde verhalten sich anders als in Deutschland, sie sind anders angezogen als ich. Ich bin angezogen wie ein Deutscher, sieh mal: Jeans und T-Shirt. Wenn ich irgendwo hinkomme, sagen meine türkischen Freunde: „Guck, der Deutsche kommt."

In Deutschland habe ich mich wie ein Deutscher verhalten und habe keinen Ärger gehabt. Jetzt bin ich der Fremde in der Türkei. In Deutschland habe ich einen türkischen Jungen gekannt; er hat sich wie ein Türke verhalten. Deshalb hatte er viel Ärger. Zuletzt haben die deutschen Jugendlichen sein Mofa in einen Bach geworfen.

Ich habe jetzt in der Türkei auch viele Sprachschwierigkeiten. Ich vergesse die deutsche Sprache rascher, als ich die türkische lerne. In der Nachbarschaft gibt es eine Tankstelle, da habe ich in der Freizeit oft Tankwart gespielt. Ich habe gehofft, daß Touristen kommen, die deutsch sprechen.

Frage: Was für eine Ausbildung würdest Du gerne machen?

N. O.: Ich möchte gern eine Ausbildung als Elektroniker hier in der Türkei machen. Ich habe großes Interesse an Elektronik. Mein ganzes Taschengeld gebe ich dafür aus. Ich habe mir oben im Haus ein Labor eingerichtet. Aber ich kann keine Ausbildung hier machen, mein Türkisch ist zu schlecht. Es fehlen mir die türkischen Fachausdrücke.

Frage: Was willst Du einmal tun? Welche Vorstellung hast Du für Dein Leben?

N. O.: Hier habe ich gar keine. Hier kann ich mir nichts vorstellen. Wenn ich mir etwas vorstelle, dann immer nur in Deutschland. Hier kann ich ja auch mit der Elektronik gar nichts anfangen. Irgendwo werde ich mich einmal als Techniker mit der Elektronik beschäftigen.

Frage: Willst Du wieder zurück nach Deutschland?

N. O.: Ganz bald sogar. Wenn es möglich wäre, würde ich sofort gehen. Dort habe ich Bekanntc. Mein Onkel wohnt auch in Deutschland.

Frage: Was erwarten Deine Eltern von Dir?

N. O.: Mein Vater erwartet von mir, daß ich hier bleibe. Die Eltern sagen, daß ich nach dem Militärdienst das Geschäft übernehme (Karosseriebau und Reparaturen). Aber ich mag das Geschäft nicht. Es ist dabei mehr Handarbeit als Denken. Die Elektronik interessiert mich, nicht die Reparaturwerkstatt.

Frage: Was erhoffst Du Dir bei einer Rückkehr nach Deutschland?

N. O.: Ich will in Deutschland ausgebildet werden. Und dann werde ich in Deutschland bleiben. Wenn meine Eltern noch ein Jahr länger in Deutschland geblieben wären, wäre ich alt genug gewesen; dann wäre ich bestimmt nicht in die Türkei zurück. Nach der Ausbildung werde ich in Deutschland arbeiten, als Ingenieur oder Techniker. Hier braucht man das nicht, große Firmen wie Bosch oder AEG gibt es nicht. Hier braucht man nur Handarbeiter.

Frage: Sind Deine Eltern damit einverstanden?

N. O.: Die Mutter vielleicht, der Vater nicht — wegen der Werkstatt.

Frage: Warum habt Ihr eine deutsche Aufschrift auf dem Werkstattschild? Kommen hier oft Deutsche vorbei?

N. O.: Das ist meine Idee. Damit in der Sommerzeit Touristen kommen, deutschsprechende Leute. Es ist also wegen der Sprache. Aber bis jetzt sind nur ein Deutscher und ein Franzose gekommen. Ich habe Heimweh nach Deutschland. Nächstes Jahr im Sommer komme ich bestimmt. Ich muß Geld sparen, vielleicht sogar mein Mofa verkaufen.

Die Gastarbeiter kehren aus dem Urlaub zurück Oder: Wie kann man uns Deutsche so erniedrigen

Eine Karikatur und ihre Folgen in Leserbriefen

Die Gastarbeiter kehren aus dem Urlaub zurück — *Hans Traxler*

Hans Traxlers Karikatur erschien am 20. August 1980 in Nr. 17 von „metall“, der Zeitung der Industriegewerkschaft Metall. Die Leser kamen in Nr. 20 und 22, am 8. Oktober und 5. November 1980, zu Wort. Eine Auswahl:

Ich war sehr empört. Wie kann man uns deutsche Arbeiter so erniedrigen! Ich habe noch keine Stadt und Straßen bei uns gesehen mit so viel Schmutz und Dreck. Immer hört man aus anderen Staaten, daß die Bundesrepublik ein sauberes Land und hier fleißige Arbeiter wären. Man könnte gerade meinen, daß uns die Gastarbeiter die Sauberkeit beibringen müßten.
Franz R., Rottweil

Die Diskriminierung der Deutschen hat mich sehr betrübt. Es ist Ihnen doch si-

cher bekannt, daß die gesamte Stadtreinigung einschließlich Müllabfuhr nur von deutschen Arbeitern erledigt wird. Kann man denn solche üblen Karikaturen und Schreibereien nicht unterlassen, um das Zusammenleben der Völkergruppen und Deutschen wenigstens etwas zu bessern?
Georg L., Kassel

Ich muß sagen, ich finde die Karikatur sehr treffend. Sie ist bestimmt nicht erniedrigend oder beschämend für uns Deutsche. Wir sollten uns doch klarmachen, daß es die Ausländer sind, die diskriminiert werden, und nicht wir.
Außerdem wird sich durch eine solche Karikatur nur der angegriffen fühlen, der es am liebsten hätte, wenn die Ausländer dort bleiben würden, wo sie herkommen.
Seit wann wird die Stadtreinigung einschließlich Müllabfuhr nur von Deutschen erledigt, wie Herr Georg L. aus Kassel behauptet? Wie kommt es dann, daß ich immer wieder Ausländer in diesem Bereich sehe? Mir scheint es so, als wollten die Deutschen die Ausländer aus dem Lande rausschmeißen, wofür ich mich sehr schämen würde. Auch sollte man mal deutlich machen, wer die Ausländerhetzjagd mit Ausländerstopp begonnen hat, nämlich die NPD. Was soll das eigentlich?
Thilo W., Hilden

Die ausländischen Arbeitnehmer müssen Euch Deutschen nicht die Sauberkeit beibringen, aber sie putzen es weg für Euch, weil Ihr Deutschen schon zu fein dafür seid. Z. B. schreibt Georg L. aus Kassel in seinem Brief, es gäbe ausschließlich Deutsche bei der Müllabfuhr. Da hat er schon recht. Der Deutsche fährt Lastwagen, und die ausländischen Arbeitnehmer heben die schweren Mülleimer. Die Hände im Dreck haben sie! Ausländische Arbeitnehmer leben nicht wie Schweine! Wenn sie natürlich keine Möglichkeiten haben, was bleibt ihnen anderes? Man kann nur ausländische Arbeitnehmer zu zehnt in ein kleines Loch stecken, das man Zimmer nennt, und dafür horrende Mieten verlangen. Viele Deutsche sehen die ausländischen Arbeitnehmer nicht gerne. Aber in ihrer Heimat sich wie die Könige aufführen, das können sie.
Felix S., Haiterbach

Als ausländischer Kollege bin ich erstaunt, wie einseitig die Reaktion auf diese Karikatur war. Es scheint, als wäre ein nationaler Nerv einiger unserer deutschen Kollegen getroffen worden.
Man sollte hierbei doch vielleicht die Verschmutzung der Badestrände in den deutschen Urlaubskronkolonien Spanien und Italien erwähnen, die sich nach der Urlaubssaison in voller Pracht den Einheimischen darbieten.
Mario G., Walldorf

Die Flut empörter Leserbriefe zu der Karikatur zeigt, daß diese uns Deutsche an einer unserer empfindlichsten Stellen getroffen hat: Ordentlichkeit und Sauberkeit! Die heftige Empörung ließ den eigentlichen Sinn der Karikatur nicht erkennen, nämlich endlich die Realität zu akzeptieren: 9,4 Prozent der Bevölkerung in der Bundesrepublik Deutschland sind ausländische Kollegen, die wie wir ihren Beitrag zur gesellschaftlich notwendigen Arbeit leisten. Und zwar überwiegend in dienstleistenden, monotonen, unangenehmen, schmutzigen und übelriechenden Tätigkeitsbereichen.
Es ist höchste Zeit, daß wir gegenseitig unsere „Andersartigkeit“ akzeptieren und uns — besonders als Kollegen — nicht von der wachsenden Ausländerfeindlichkeit anstecken lassen. Was hier in der Bundesrepublik Deutschland erreicht wurde, kam nur durch gemeinsame Anstrengungen von Ausländern und Deutschen zustande.
Birgit M., Duisburg

Ihr Witzchen hätte besser in die „Bild"-Zeitung gepaßt. Ich fahre schon seit Jahren in meinem Urlaub an die Nord- oder Ostsee, und ich empfinde es immer wieder als besonders wohltuend, daß ich dort über 3 Wochen einmal keine Ausländer und Gastarbeiter sehe. Und Sie werden es kaum glauben, es ist dort trotzdem, oder gerade deshalb, alles sehr sauber und ordentlich.
Jürgen W., Flörsheim

Wenn ich z. B. durch den Frankfurter Hauptbahnhof gehe — in Hamburg, Köln, Düsseldorf, München und Berlin wird es nicht besser sein —, dann sehe ich oft genug, wie die öffentlichen Einrichtungen von sich für das Putzen zu gut erscheinenden Deutschen verdreckt werden (Toiletten, Züge, Bahnhofshallen, Straßen usw.). „Gastarbeiter" sind es fast ausschließlich, die von U-Bahn-Station zu U-Bahn-Station fahren, um überfüllte Papierkörbe zu leeren, verschmutzte Bahnsteige zu reinigen; „Gastarbeiter" sind es fast ausschließlich, die den Wohlstandsmüll der ach so feinen Bundesbürger beseitigen.
Lilli G., Karben

Sie wissen scheinbar nicht, was Sie mit der Propaganda anrichten, daß Deutschland von Ausländern unterwandert wird. Das bedeutet nicht nur ein Verbrechen an unserem eigenen Volk, sondern auch ein Verbrechen an diesen Völkern. Ich fordere von Ihnen, eine Erklärung abzugeben, daß Sie sich von diesen Zielen distanzieren. Außerdem stellt dieser Text und diese Karikatur eine Beleidigung aller Deutschen dar, die Sie zu widerrufen haben.
Walter F., Bochum

Ich frage mich immer: Wie sieht Deutschland in fünfzig Jahren aus? Die deutsche Nation existiert dann nur noch in der DDR, und Westdeutschland ist ein Völkergemisch aller Rassen und Nationen; noch dazu sich die Ausländer wie die Käfer vermehren. Ich würde Ihnen raten, dem kleinen Mann auf der Straße mehr aufs Maul zu schauen.
Maja L., Hemsbach

Einige Deutsche regen sich ständig über die Ausländer auf, und speziell für diese war die Karikatur doch gemacht.
Brigitte N., Salzgitter

Ich finde es sehr beschämend, daß wir Deutsche so humorlos sind, wie es aus diesen Zuschriften hervorgeht. Wie kann man sich von einer Karikatur beleidigt und erniedrigt fühlen?
Elke K., Ulm

70

Typische Deutschenbilder

Was ist „typisch deutsch“? Wie sehen die Angehörigen anderer Nationen die Deutschen? Diese Fragen zu beantworten, war das Ziel einer Untersuchung, die 1977 unter dem Titel „Das Deutschenbild. Gegenwart — Geschichte — Psychologie“ im C. H. Beck Verlag in München erschienen ist. Zu diesem Zweck wurden unter anderem Österreicher, Franzosen, Italiener, Kanadier, US-Amerikaner und Japaner gebeten, in Zeichnungen festzuhalten, was sie an den Deutschen für typisch erachten. Dabei entstanden vor allem drei Grundmuster von Zeichnungen: 1. ein Biertrinker in Lederhosen, den nichts aus der Ruhe zu bringen vermag, 2. ein Militarist in Uniform, der Kommandos brüllt, und 3. Wohlstandsbürger, die von Autos und anderen Konsumgütern umgeben sind. In der unten abgebildeten Karikatur hat unser Illustrator versucht, diese Zerrbilder vom Deutschen zusammenzufassen.

Olav Gran-Olsson

Begegnungen mit Deutschland

Meine erste Begegnung mit Deutschland hatte ich in Flensburg, im Juni 1950. Meine Mutter und ich fuhren mit dem „Nord-Expreß“ aus Kopenhagen, um Verwandte bei Köln und in Bonn zu besuchen. Der internationale Teil des Flensburger Bahnhofs war mit Stacheldraht umzäunt*. Die Kontrolle war streng. Sämtliche Passagiere mußten den Zug verlassen, und wir standen in einer für mich als Zehnjährigen endlosen Schlange. Alle Passagiere waren still; für viele war es die erste Begegnung mit Deutschland nach dem Krieg. Es herrschte eine unerklärbare Spannung — sowohl im Abteil als auch in der Schlange selbst. Die Gesichter der Paßkontrolleure und Zollbeamten waren undurchsichtig und streng. Ich sehe sie heute noch vor mir und könnte sie zeichnen, wäre ich dazu imstande.

Als wir zurück aus der Baracke, in der die Paßkontrolle stattfand, kamen und auf den Zug warteten, sahen wir vom Bahnsteig aus auf der anderen Seite des Stacheldrahtes eine Menge Kinder stehen. Sie waren fast alle schlecht gekleidet und hatten es sich offenbar angewöhnt, vor dem Stacheldrahtzaun auf die internationalen Züge zu warten. Hungrig schienen sie auch zu sein, und die Passagiere im Zug warfen Brot, Kekse und Schokolade in großer Menge über den Zaun. Der Kampf um die Beute war hart. Wer zuerst zupackte, bekam das Kekspaket. Für mich als ein Kind aus der friedlichen mittelnorwegischen Universitätsstadt Trondheim war dies das erste erschütternde Bild von Deutschland.

Der Zug fuhr weiter, die Spannung löste sich, und nun erzählte ein deutscher Reisender, der bis dahin kein Wort gesagt hatte, wie er nach einem Bombenangriff auf Hamburg drei Tage unter Schutt und Asche gelegen habe, bis er schließlich gefunden wurde. Er beschrieb meiner Mutter und den anderen Mitreisenden, in der Hauptsache Skandinavier, eingehend dieses Erlebnis.

Am Abend kam der Zug in Hamburg an. Bei der langsamen Fahrt durch die Stadt sah ich zum erstenmal Ruinen, ein Meer von Ruinen. Mich fröstelte beim Anblick der zerbombten Häuser. Bis dahin hatte ich nur einige Fotos von zerstörten deutschen Städten gesehen; mit Schaudern hatte ich vor der Abreise zu Hause die Fotos von der zerstörten Stadt Köln betrachtet. Ich konnte nicht begreifen, wie so etwas möglich sein konnte. Ich dachte an den Besuch eines hohen norwegischen Offiziers, den meine Eltern kurz vor dieser ersten Reise nach Deutschland hatten. Er erzählte mir, wie er als Bombenflieger Bomben über deutschen Städten abgeworfen hatte. Ich fragte ihn, naiv, wie ich war, ob er auch viele Kinder getötet hätte, und rechtfertigte sein Verhalten mit dem Satz: „Deutschland ist ja an allem schuld.“

So hieß es zu der Zeit unter uns Jungen in Trondheim; das war ein Satz, an den wir uns nach dem Kriege hielten.

Auf meine erste Reise nach Deutschland mußte ich mich auch zu Hause ein wenig vorbereiten. Ich entschloß mich dazu, ein Tagebuch zu schreiben, ein Tagebuch, das ich noch heute besitze. Damals war eine Reise von Trondheim nach Köln ein für uns Kinder gewaltiges Unternehmen, und es ging wie ein Lauffeuer durch die Schule, daß ich nach Deutschland fahren sollte. Die Kinder im Schulhof kamen zu mir und fragten, ob es wirklich wahr sei. Der Vater eines Mitschülers ließ fragen, ob meine Eltern vielleicht Nazis gewesen seien, sonst könnten sie doch nicht auf die Idee kommen, schon fünf Jahre nach Kriegsende nach Deutschland zu fahren. Ich fühlte mich wie ein halber Landesverräter, bevor ich den Zug bestieg, und beschäftigte mich schwer mit der Frage, ob jemand, der nach Deutschland fährt, tatsächlich ein Nazi sei.

Ich wußte, wie es einigen Kindern in der Nachbarschaft erging, die Kinder von Nationalsozialisten und Quisling-Sympathisanten* waren. Obwohl sie nicht direkt belästigt wurden, lebten sie doch in einer menschlich kalten Umgebung, was bestimmt nicht angenehm war.

Auch für uns Schulkinder ging es damals darum, aufzupassen, kein dummes Wort zu sagen, das uns in Berührung mit Deutschland bringen konnte. Ich selbst mußte besonders stark aufpassen, da ja meine Mutter in Bonn geboren war und dort bis 1932 gelebt hatte und mein Vater von 1921 bis 1926 in Berlin studiert hatte und anschließend bis 1932 als Diplomingenieur in Deutschland tätig war. Aber meine Lehrerin gab mir Rückhalt.

Zu der Zeit ging es darum, nicht von der Regel abzuweichen. Man konnte durch die lächerlichste Kleinigkeit ins Gerede kommen. Eines Tages kam mein Vater von einer Gastvorlesung in Stockholm mit einem schwedischen Matrosenanzug nach Hause zurück. Stolz habe ich ihn anläßlich unseres Nationalfeiertages angezogen. Aber dann rief jemand: „Olav hat eine deutsche Nazi-Admiralsuniform an!" Ich erklärte, es sei eine schwedische Uniform; die schwedischen Staatswappen, die drei Kronen, seien ja in die Knöpfe eingraviert. Aber nichts nutzte. Der Anzug blieb ein Nazi-Anzug. Ich lief weinend nach Hause und verlangte, etwas anderes anzuziehen. Ich heulte so lange, bis meine Eltern nachgaben. Ich trug den teuren neuen Anzug nur eine Stunde, zum ersten- und zum letztenmal, obwohl mein Vater immer wieder beteuerte, der Anzug sei ja ein schwedisches Modell. „Die Schweden waren ja auch halbe Nazis!" erklärte ich laut. Und damit war der Fall erledigt.

Ich habe diese Kindheitserlebnisse geschildert, um zu erklären, mit welch gemischten Gefühlen ich damals, 1950, nach Deutschland fuhr. Auch in unserer ruhigen mittelnorwegischen Universitätsstadt Trondheim, fast 600 Kilometer nördlich von Oslo, schwebten die Auswirkungen des Krieges viele Jahre lang in unseren Köpfen.

Meine Verwandten in Deutschland hatten den Krieg relativ gut überstanden. Von seinen schrecklichen Auswirkungen erfuhr ich erst auf den vielen Reisen mit dem Zug quer durch Deutschland, die ich von Köln aus mit meiner Mutter unternahm. Die Menschen hatten soviel erlebt und soviel zu erzählen! Ich hörte von den Leiden der Vertriebenen aus dem deutschen Osten, die ihre Heimat, ihre Verwandten und ihren Besitz verloren hatten. In Norwegen hatten wir ununterbrochen von den Leiden derjenigen gehört, die vom Hitler-Regime gefoltert und umgebracht worden waren; jetzt hörte ich auch von den Leiden der Deutschen, und zwar in einem Ausmaß, daß ich ganz still und nachdenklich wurde.

Der erste Aufsatz in der Schule nach den Sommerferien handelte natürlich von den Ferien. Und ich schrieb auf 25 Seiten über meinen Sommer in Deutschland und über das, was ich dort erlebt hatte. Da der Aufsatz ein Erfolg wurde, mußte ich ihn in allen Klassen vorlesen. Ich erzählte, wie fleißig die Deutschen waren und wie verbis-

Deutschland nach dem Krieg: Trümmerarbeit

sen sie arbeiteten. Mit dem bloßen Auge konnte ich sehen, daß das Tempo in Deutschland ganz anders war als bei uns zu Hause. Damals ahnte ich nicht, daß ich zehn Jahre später nach Köln fahren würde, um dort sogar einige Semester zu studieren. In der Zwischenzeit hatte ich meine Verwandten in der Bundesrepublik noch mehrere Male besucht. Ich konnte von Jahr zu Jahr den schnell voranschreitenden Wiederaufbau in den Straßen und Stadtvierteln verfolgen. Im Fernsehen sah ich oft Filme aus den ersten Nachkriegsjahren und fand es überwältigend, wie es den Menschen in Deutschland gelang, aus der größten Trümmerlandschaft der Welt ein blühendes Wirtschaftsunternehmen zu schaffen. Einen besonders starken Eindruck machten die Aufnahmen von den Trümmerfrauen auf mich, die unermüdlich stundenlang — oft mit leerem Magen — die schweren Ziegelsteine schleppten, sie Stück für Stück aussortierten und für ihre spätere Wiederverwendung sauberputzten.

Bei den gemeinsamen Fernsehabenden mit Verwandten, Wirtsleuten und Studienkollegen kam immer wieder die Frage auf, wie es zu der Katastrophe von 1933 bis 1945 kommen konnte. So etwas durfte nie wieder geschehen. Die Deutschen haßten den Krieg, und die meisten waren sehr skeptisch gegenüber der deutschen Wiederbewaffnung.

Während meines Studienaufenthaltes in Köln lernte ich auch einige negative Seiten der deutschen Mentalität kennen. Vielleicht hätte ich ähnliche Erlebnisse auch in anderen Ländern haben können und sie weniger wichtig genommen. Aber Anfang der sechziger Jahre waren wir jungen Norweger mit unserer geringen Welterfahrung zu kritisch den Deutschen gegenüber, und jedes negative Erlebnis blieb haften.

Ich erinnere mich noch gut an das Ausländeramt in Köln, wo einige andere norwegische Studenten und ich unsere Aufenthaltserlaubnis für die Bundesrepublik holten. Ein Studienfreund von mir, der zum erstenmal in Deutschland war, bekam sofort eine Aufenthaltserlaubnis über zwölf Monate, ich jedoch nur über drei Monate. Als wir diese unterschiedliche Behandlung beanstandeten, die wir als ungerecht empfanden, da unsere Hintergründe ähnlich waren, wurde ich von dem kräftigen Beamten regelrecht aus dem Zimmer getragen. „Das war eure erste Begegnung mit der tragenden deutschen Demokratie!" bemerkte ein deutscher Kommilitone trokken.

Als ich drei Monate später wieder zu demselben Beamten mußte, um meine Aufenthaltserlaubnis zu verlängern, hatte ich eine Einladungskarte des damaligen Oberstadtdirektors der Stadt Köln, Dr. Max Adenauer, bei mir, der, wie alle damals wußten, Sohn des ersten deutschen Bundeskanzlers war. Die Einladung war nicht für mich, sondern für einen isländischen Studenten. Der Beamte glaubte jedoch, ich sei Gast des Oberstadtdirektors, und derselbe Mensch, der drei Monate zuvor mir gegenüber unverschämt gehandelt hatte, wurde überfreundlich und wußte plötzlich nicht, wie nett er sich nach meinem Wohlbefinden erkundigen sollte.

Ich kann mich auch noch gut an eine andere Episode erinnern, die ich als Werkstudent erlebte.

Ein Angestellter, der immer äußerst korrekt und ordentlich gekleidet war, aber durch die Räume ging, als absolviere er noch seinen Militärdienst, wollte offenbar keinen Fehler machen und fragte unentwegt seinen Chef nach den geringsten Kleinigkeiten. Der Angestellte bekam immer eine Antwort von dem Leiter, und jedesmal erwiderte er: „Ich danke Ihnen für Ihre klare Antwort, Chef! Ich habe große Achtung vor Ihnen!" Als der Leiter bemerkte, daß ich mich über diesen täglichen Vorgang wunderte, sagte er leise zu mir: „Sehen Sie, junger Norweger, viele Deutsche haben nichts hinzugelernt, die meisten sind immer noch gehorsam und würden auch heute noch einem neuen Hitler folgen." Der Mann, der das sagte, hatte selbst eine gewisse Zeit in deutschen Gefängnissen während der Hitler-Zeit gesessen, und sein Bruder war im KZ gestorben.

Bei den meisten älteren Angestellten hatte ich den Eindruck, daß sie immer noch dabei waren, ihre sicher wenig erfreulichen und unschönen Kriegserlebnisse zu verarbeiten. Dabei schienen sie sich in die Arbeit zu stürzen. Während meiner Zeit als Werkstudent konnte ich an einer Hand abzählen, wie oft es außerhalb der vorgeschriebenen Pausen zu Gesprächen zwischen den Angestellten kam. Ich dachte an meinen letzten Arbeitsplatz in Norwegen ein Jahr zuvor; dort war es fast umgekehrt gewesen. In meinen Gedanken stellte ich mir diese fleißigen Menschen in Norwegen vor. Bei den dort herrschenden Umständen hätten wir bald eine hohe Arbeitslosigkeit gehabt. „Vielleicht doch lieber mehr Lachen und Plaudern auf Betriebskosten", dachte ich damals.

Insgesamt war die Studienzeit in Köln sehr lehrreich für mich, und mit steigenden Sprachkenntnissen verstand ich mehr und mehr von Deutschland. Und dennoch ertappten sowohl meine norwegischen Kommilitonen als auch ich uns immer wieder dabei, daß wir Deutschland mit zu strengen Augen betrachteten. Das hing einfach damit zusammmen, daß alle Deutschen unbewußt doch am „Dritten Reich" gemessen wurden. War z. B. der Schaffner zu stur oder schrie er zu laut, dann war das eben „typisch deutsch".

Mir ging es gut in Köln. Damals war die „Familie Hesselbach" eine der beliebtesten Fernsehserien, und ich selbst lebte auch bei einer „Familie Hesselbach", fast als echtes Familienmitglied. Ich kann selbst heute noch nicht durch Köln-Lindenthal fah-

ren, ohne meine ehemaligen Wirtsleute aufzusuchen. Hoffentlich werden sie lange leben!
Jetzt bin ich seit fast fünf Jahren Auslandskorrespondent des Norwegischen Rundfunks und der Norwegischen Fernsehanstalten in der Bundesrepublik. Für mich waren diese Jahre wohl die besten und interessantesten, die ich bis jetzt erlebt habe. Oft habe ich darüber nachgegrübelt, ob die Deutschen nach dem Krieg anders geworden sind, menschlicher vielleicht. Ich glaube, man kann beide Fragen bejahen. Die Deutschen haben sich jedoch nicht nur aus Einsicht geändert, sondern auch, weil die Umstände sie dazu gezwungen haben. Die internationale Welt hat die Deutschen anpassungsfähiger und flexibler gemacht, und sie ließen dies zu, weil sie einen Schlußstrich unter ihre Vergangenheit ziehen wollten.

Sinasi Dikmen

Kein Geburtstag, keine Integration

Nach jeder Geburtstagsfeier in Deutschland, zu der ich eingeladen worden bin, ist es das gleiche Theater. Seit einiger Zeit nehme ich Geburtstagseinladungen überhaupt nicht mehr an, weil ich ganz genau weiß, daß der bekannte Fragesturm mich wieder schüttelt, wenn ich hingehe.
— Warum feierst du denn deinen Geburtstag nicht?
— Soviel brauchst du wirklich nicht zu sparen.
— Willst du in kürzester Zeit in die Türkei zurückkehren?
— Wird in der Türkei kein Geburtstag gefeiert? Warum nicht?
Ich habe jedesmal eine andere Antwort gegeben. „Ich mag nicht“, habe ich gesagt, „daß wir uns nur wegen des Geburtstags treffen.“ Ich habe gesagt: „Geburtstag feiern ist eine Erfindung der Konsumgesellschaft; wenn wir uns treffen wollen, so brauchen wir doch keinen Grund.“ Es hat alles nichts genützt. Ich weiß schon, daß meine deutschen Bekannten mich in ihre Gesellschaft voll integriert sehen wollen. Solange ich aber keinen Geburtstag feiere, scheitert dieser Integrationsversuch. Es fehlt mir nur dieser blöde Geburtstag. Ich kann meinen deutschen Bekannten die Wahrheit nicht sagen, weil sie eben nur Bekannte sind und keine Freunde.
Bevor ich nach Deutschland gekommen bin, habe ich nicht gewußt, daß irgendein Tag im Leben eines Menschen so wichtig sein könnte. Meine Zukunft in Deutschland hängt von diesem Datum ab. Aber soviel ich weiß, habe ich keinen Geburtstag. In meinem Reisepaß steht zwar ein Datum, aber das ist nur geschrieben, damit die Deutschen nicht meinen, daß ich noch nicht geboren bin.
Wenn ich meinen Geburtstag feiere, will ich auch Spaß daran haben. Wie kann ich denn Spaß daran haben, wenn ich meinen Geburtstag an einem Tag feiere, an dem ich höchstwahrscheinlich nicht geboren worden bin?
Um meinen Geburtstag herauszubekommen, bin ich im letzten Jahr zum Urlaub in die Türkei gefahren. Wo sollte ich bloß anfangen? Beim Einwohnermeldeamt? Da kann man nur das offizielle Geburtsdatum erfahren. Ich habe ja schon ein Geburts-

datum. „Das kannst du vergessen, Sinasi“, habe ich mir gedacht. „Lieber fragst du deine engsten Verwandten, Mutter, Schwester, Onkel, Tante, Schwager.“ So habe ich mit meiner Mutter angefangen. Meine Mutter ist, wie alle anderen türkischen Mütter, geduldig und lieb. Sie kann weder lesen noch schreiben. Sie hat sechzehn Geburten hinter sich, es leben nur noch fünf Kinder. Sie hat immer gearbeitet und Kinder geboren, einen von uns hat sie im Wald, den anderen auf dem Feld, den anderen auf der Treppe beim Wassertragen, auf jeden Fall keinen von uns im Krankenhaus im gemütlichen, weichen Bett, umgeben von Krankenschwestern und ausgebildeter Hebamme, geboren. Sie ist eine von den türkischen Müttern, die alles machen, was ihre Männer wollen. Sofort nachdem ich die hornhautvollen Hände meiner Mutter geküßt hatte, habe ich sie gefragt.

„Sag mal, Mutter, erinnerst du dich daran, wann du mich geboren hast?“ [...]

„Mein lieber Sinasi, ist es so lebenswichtig, daß du an mich gleich diese blöde Frage stellst? Willst du nicht zuerst essen? Du bist ja einen weiten Weg gekommen. Ich habe Sarma* mit Knoblauch gekocht, das hast du in Alemanien bestimmt nicht gegessen.“

„Nein, Mutter“, habe ich gesagt, „essen kann ich nachher. Ich möchte unbedingt wissen, wann du mich geboren hast.“

Meine Mutter hat über eine halbe Stunde überlegt. Inzwischen hat sie Hirtensalat gemacht. So guten Hirtensalat macht nur meine Mutter, mit Oliven, Schafskäse, Paprika, viel Gurken und Zwiebeln. Dann hat sie mir gesagt:

„Ja, mein lieber Sohn aus Alemanien, ich habe gut überlegt, damit ich dich mit den anderen nicht verwechsle, und glaube herausgefunden zu haben, wann ich dich geboren habe. Du bist an dem Tag geboren, an dem unser kräftiger Bulle verschwunden ist. An dem Tag ist niemand zu Hause gewesen. Ich habe zu deinem Vater, Gott gebe ihm die ewige Ruhe, gesagt, daß es noch nicht soweit sei, er kann ruhig in den Wald zum Holzhacken gehen, und er ist dann auch gegangen. Zwar hat er vor sich hin gebrummt, aber ich habe es nicht ernst genommen, die Männer brummen immer vor sich hin. Deine Geschwister habe ich aufs Feld geschickt, wegen eines Kindes kann man die Arbeit auf dem Feld nicht liegenlassen. Aber du, du warst so unruhig, du wolltest unbedingt raus. Kurz gesagt, zu Hause war niemand, um auf den Bullen aufzupassen, ich war sehr beschäftigt mit uns. Als ich gemerkt habe, daß unser Bulle verschwunden ist, warst du schon da, aber der Bulle war weg. Der Bulle war einer von besonderer Zucht. Er hat Bernstein geheißen, weil er eine Farbe wie ein Bernstein hatte. Jeder im Dorf hat uns beneidet, daß wir so einen Bullen hatten, und gesagt: ‚Mensch, Sari Ahmet hat aber einen Bullen.' Ich vermute, ein böser Blick hat unseren Bullen getroffen."

Ich habe meine Mutter gefragt in der Hoffnung, daß ich wenigstens die Jahreszeit herausbekommen könnte:

„Liebe Mutter, warum hast du meine Geschwister auf das Feld geschickt? Was haben sie da machen müssen?"

„Woher soll ich denn jetzt wissen, mein Sohn, was deine Geschwister auf dem Feld machen mußten? Das ist ja schon lange her. Ich sage, es ist schon dreißig Jahre her, du meinst zwanzig Jahre. Sie könnten Mais gehackt haben. Weißt du immer noch, was Maishacken ist? Obwohl du so lange in Alemanien bist, hast du es nicht vergessen? Das finde ich gut. Sie könnten Weizen geerntet haben oder sie könnten anderes gemacht haben. Warum willst du unbedingt wissen, wann ich dich geboren habe? Reicht es dir denn nicht, daß du überhaupt gesund geboren worden bist? Mein Sohn, seit du in Alemanien bist, hast du dich gewaltig geändert. Es tut deiner Mutter nicht gut. Jeder soll auf seinem Boden bleiben, hat dein Vater immer gesagt. Wenn dein Vater noch leben würde, wüßte er, wann ich dich geboren habe. Dein Vater hat alles gewußt. Fragst du mal deine ältere Schwester, sie muß es wissen, sie ist drei Jahre in die Schule gegangen, obwohl ich es nicht gewollt habe. Was soll ein Mädchen in der Schule!"

Nach dem Sarma habe ich zu meiner Mutter gesagt, daß ich meine Schwester besuchen will. Sie hat zu mir zwar nichts gesagt, aber sie war irgendwie beleidigt.

Meine Schwester sieht genauso alt aus wie meine Mutter. Sie hat acht Kinder, für die ich jedes Jahr aus Deutschland verschiedene Geschenke mitbringe. Wie sie alle heißen, weiß ich nicht genau. Die einzige Sorge meiner Schwester, über die sie mit mir redet, war und ist meine Heirat.

„Setz dich hin", hat meine Schwester gesagt. „Soll ich dir Tee machen? Das geht ganz schnell."

„Nein, danke."

„Du, sag mal, wann willst du heiraten? Es ist schon Zeit, daß du auch ans Heiraten denken mußt, sonst bekommst du kein Mädchen aus unserem Dorf, wenn du so alt wirst. Oder hast du schon ein deutsches Mädchen?" [...]

Bis mein Schwager nach Hause kam, haben wir uns über alle möglichen Dinge un-

terhalten. Ob deutsche Mädchen so frei sind, daß sie, wenn sie einen Türken sehen, ihn gleich in die Arme nehmen, wollte meine Schwester von mir wissen. Als ich verneinte, war sie froh. Ich weiß nicht, warum.
Nachdem mein Schwager und ich einen Wangenkuß getauscht hatten, habe ich ihm alles, was ich von meiner Schwester gehört habe, gesagt, und dann habe ich ihn gefragt, ob er weiß, wann ich geboren wurde.
„Wann du geboren bist? Das weiß ich. Hundertprozentig." [...]
Ich konnte mich aber, so gern ich auch wollte, nicht auf meinen Schwager verlassen, weil er mich mit meinem inzwischen verstorbenen Bruder verwechselt. An dem Tag, den mein Schwager mir als meinen Geburtstag angab, ist jemand von der Familie geboren, der Ibrahim geheißen hat und am 2. April 1950 gestorben ist. Auf seinem Grabstein steht geschrieben, wann er geboren und wann er gestorben ist.
Von da aus bin ich zu meinem Onkel, dem Bruder meines Vaters, gegangen. Für meinen Onkel habe ich Rasierklingen aus Deutschland mitgebracht, weil er einen harten Bart hat und sich nur mit den deutschen Rasierklingen rasieren kann. Die deutschen Rasierklingen seien sogar die besten der Welt, wie die deutschen Autos und Maschinen. Mein Onkel ist immer noch Vollblutpolitiker. Der war Mitglied in allen Parteien der Türkei. Die längste Zeit hat er es in der Demokratischen Partei ausgehalten, die jetzt verboten ist. Zu Hause hat er immer noch ein Bild von Menderes*, der vom Militärgericht aufgehängt wurde. Jetzt aber wechseln die Parteien jedes Jahr.
„Na", hat er gesagt, nachdem ich seine Hand geküßt habe, „sind die Sozialdemokraten, diese Stiefbrüder von den Kommunisten, immer noch an der Macht in Deutschland? Wie sind die Parteien denn in Deutschland, machen sie auch viel Krach um einen Stuhl?"
„Die Parteien in Deutschland sind ganz vernünftig, Onkel", habe ich gesagt. „Die scheinen unter sich ausgemacht zu haben, daß jede alle zwanzig Jahre an die Macht kommt."
„Das ist typisch deutsch. Die Deutschen planen alles voraus, und sie sind sehr diszipliniert. Ich habe mal gehört, nach dem Zweiten Weltkrieg hätte der deutsche Kanzler, der Alte, ich weiß jetzt momentan nicht, wie der geheißen hat, an das deutsche Volk appelliert, daß jede Familie täglich ein einziges Ei essen soll; die deutschen Familien hätten dann nicht mal versucht, ein zweites zu essen. Sind sie immer noch so diszipliniert?"
„Nein, Onkel, sie sind lascher geworden, seit die Türken in Deutschland arbeiten. Die Türken haben sie verdorben."
„Schade um das deutsche Volk."
„Onkel, ich habe eine wichtige Frage an dich. Ich möchte von dir wissen, wann ich geboren wurde. Kannst du mir das sagen?"
„Ich kann dir den genauen Tag nicht sagen, weil, als du geboren worden bist, weder in der Türkei noch in der Welt was wichtiges Politisches geschehen ist. Mein Sohn Selim ist am 1. Juni 1950 geboren, nachdem Menderes mit unserer legendären Demokratischen Partei die ersten Wahlen gewonnen hat. Du bist zwei Jahre älter als Selim. Meine Tochter ist am 9. Mai 1945 geboren. Du weißt, was am 9. Mai passiert ist. Du bist drei Jahre jünger als sie. Dann, meine ich, mußt du 1948 geboren worden

sein, sonst könntest du nicht zwei Jahre älter als er und drei Jahre jünger als sie sein. Warum willst du das denn jetzt wissen?"

„Onkel, du kennst ja die Deutschen, die wollen alles ganz genau wissen. Ich habe zwar ein Geburtsdatum in meinem Reisepaß, aber soviel ich weiß, ist das auch nicht das richtige."

„In der Tat. Als du in die Mittelschule gehen wolltest, warst du so jung, daß wir dich mit zwei Zeugen gerichtlich zwei Jahre älter machen mußten, damit du überhaupt in die Schule aufgenommen wurdest. Nach deinem ersten Personalausweis bist du 1947 geboren, aber das ist, wie gesagt, nicht das richtige Datum gewesen. Weißt du, was du machen mußt? Geh zu deinem Volksschullehrer, er muß es wissen. Ihn findest du bestimmt in dem Lehrerlokal."

Am nächsten Tag bin ich in die Stadt gefahren. Wie mein Onkel gesagt hat, habe ich meinen ehemaligen Lehrer im Lehrerlokal gefunden. Wie alle türkischen Beamten, die nicht wissen, was sie machen sollen, wenn sie pensioniert sind, ist mein Lehrer inzwischen auch sehr gealtert. Auf der Nase hatte er zwei Brillen, um die Zeitung lesen zu können. Er hat mich nicht erkannt. Er ist schwerhörig geworden und hat mich vier- oder fünfmal gefragt, wer ich sei.

„Wer bist du? Sprich lauter."

„Ich bin Sinasi, Sohn vom Sari Ahmet aus Kiyiköy."

„Du brauchst doch nicht zu schreien. Ein bißchen lauter, habe ich gesagt. Also du bist Sinasi. Was machst du hier? Ich habe gehört, du arbeitest in Deutschland. Erzähle mir von Deutschland. Ist das wahr, daß die Türken in Deutschland viele Probleme haben?"

„Es ist nicht wahr. In Deutschland haben die Türken nur Geburtstagsprobleme."

„So, so. Die türkischen Zeitungen müssen immer unwahre Dinge schreiben. Was ist mit den türkischen Kindern? Haben sie auch keine Probleme?"

„Jawohl, sie haben auch keine Probleme. Sie selbst haben immer gesagt, wer lernen will, der lernt auch."

„Ja, du hast recht. Wer lernen will, der lernt auch."

Damit es die anderen Anwesenden im Lokal nicht mitbekamen, habe ich ihn ganz leise nach meinem Geburtstag gefragt:

„Wissen Sie, wann ich Geburtstag habe?"

„Was weiß ich?" hat er geschrien. „Deinen Hochzeitstag? Du hast mich ja nicht eingeladen. Wie viele Kinder hast du schon?"

„Ich habe keine Kinder. Ich bin noch ledig. Ich wollte wissen, wann ich geboren wurde."

Er schien meine Frage nicht verstanden zu haben.

„Ja, dann ist es noch leichter. Um deinen Hochzeitstag zu wissen, mußt du zuerst heiraten. Ich möchte eingeladen werden, hast du mich verstanden, Sinasi? Sei nicht so frech wie die anderen aus Deutschland. Die sind alle frech, die in Deutschland arbeiten, weil sie viel Geld haben. Übrigens, wie lange ist es schon her, daß dein Vater gestorben ist? Der ist ein ganz netter Mensch gewesen. Sei wie dein Vater."

Ich bin aufgestanden. Ich wollte weggehen. Mein ehemaliger Lehrer hat seinen Kopf noch mal langsam gehoben und mich eine Weile angesehen.

„Sinasi, was lernen die deutschen Kinder in der Schule als Nationalgeschichte über 1933–1945?"

„Davon habe ich keine Ahnung. Die deutschen Eltern selbst haben keine Ahnung, habe ich gehört."

Er hat sich gewundert. „Waas", hat er gesagt, „die Deutschen selbst haben keine Ahnung? So was."

Meine letzte Hoffnung war der Dorfälteste. Wir nennen ihn Alaman Tüfegi, was auf deutsch Deutsches Gewehr heißt, weil er in Galizien mit den Deutschen gekämpft* hat, worauf er immer noch stolz ist. Er ist uns gegenüber, die in Deutschland arbeiten, gesprächiger als anderen gegenüber. Er spricht mit uns immer noch mit seiner militärischen deutschen Sprache, die er in Galizien gelernt hat.

Vor meiner Abreise nach Deutschland hat er mich zu sich gerufen und mir gesagt: „Na, Sinasi, morgen fährst du nach Alemanien, kannst du Alemanisch?" Ich habe gesagt: „Nein." Er hat mir dann ein paar deutsche Wörter beigebracht: Strammstehen! Rührt euch! Jawohl! „Schade", hat er gesagt, „daß ich nicht jung genug bin, sonst wäre ich auch ins Land gegangen, wo die tapfersten und anständigsten Männer der Welt leben."

Ich fand ihn niedergekauert und an die Mauer seines Gartens gelehnt. Er war für sein Alter immer noch sehr rüstig.

Ich habe ihm deutsche Zigaretten mit Filter gegeben. Außer deutschen Zigaretten rauchte er nie Zigaretten mit Filter.

„Dede", habe ich gesagt, „ich habe eine Bitte an dich. Ich muß unbedingt meinen Geburtstag wissen. Du kennst ja deine Freunde, sie wollen alles wissen. Jetzt habe ich mit ihnen Schwierigkeiten, weil ich nicht sagen kann, wann ich geboren worden bin."

„Wie du sagst, sind die Deutschen meine besten Freunde. Die sind dankbare Menschen, sie vergessen nie etwas. Weil wir ihnen im Ersten Weltkrieg geholfen haben, helfen sie uns jetzt. Sie holen unsere Männer in ihr Vaterland, damit unsere Armen etwas verdienen. Was wollen sie von dir wissen? Deinen Geburtstag wollen sie wissen. Ich habe mal in Galizien einen deutschen Hauptmann gehabt, der hat von Graf geheißen. Er hat Haare gehabt wie Weizen, Augen wie das Meer. Er hat mich mal gefragt, wie ich heiße. Ich habe ihm im Strammstehen geantwortet, natürlich deutsch, ich heiße Ali, Herr Hauptmann. Dann wollte er wissen, wie alt ich bin. Ich habe ihm gesagt, das weiß ich nicht. Er hat mich gefragt, wann ich geboren bin. Ich habe ihm gesagt, ich bin geboren, Herr

Hauptmann, eine Woche nachdem unser schwarzer Ziegenbock vom Wolf im Wald gefressen worden ist. Der hat gelacht und gelacht, ich weiß nicht, warum. Jetzt wollen sie von dir wissen, wann du geboren worden bist? Heißt der, der dich fragt, zufällig von Graf?"
„Es fragt mich nicht nur ein Deutscher. Alle Deutschen, die ich kenne, wollen es wissen."
„Alle? Ach, der Hauptmann von Graf. Der hat allen Deutschen beigebracht, daß sie die Türken nach ihren Geburtstagen fragen sollen. Sinasi, das wievielte Kind vom Sari Ahmet bist du gewesen?"
„Ich bin das siebte Kind."
„Das ist jetzt schwer zu sagen. Komm, zuerst trinken wir Tee."
Ich bin mit Alaman Tüfegi in seine Wohnung gegangen, um Tee zu trinken. Wir haben zusammen eine Kanne Tee ausgetrunken. Dann hat er noch mal gesprochen.
„Du bist an dem Tag geboren, an dem der Gouverneur der Stadt ins Dorf gekommen ist. Es war sehr heiß. Der damalige Dorfvorsteher hat mich beauftragt, dem berüchtigten Gouverneur Airan* anzubieten. Der Gouverneur hatte einen Kopf wie ein Spiegel. Er ist mit seinem ganzen Stab gekommen, die standen alle hinter ihm und nickten nur mit den Köpfen. Er selbst hat Airan lukluk getrunken und gesagt, es sei nicht gut gewesen, obwohl das Airan aus reiner Ziegenmilch gemacht worden ist. Ich habe mich granatenmäßig geärgert. Als ich verärgert und müde nach Hause gekommen bin, hat meine Frau, Gott hab' sie selig, zu mir gesagt: ‚Du, Alter, die arme Frau vom Sari Ahmet hat wieder eine Geburt. Das ist ihr siebtes Kind. Ich muß sie mal besuchen.' Dann ist sie zu euch gegangen. Du bist dieses Kind gewesen."
„Dede, ich brauche die Jahreszeit. Wann ist dieser miese Gouverneur ins Dorf gekommen?"
„Ich meine, der miese Gouverneur muß im Juli ins Dorf gekommen sein. Er könnte genausogut im August gekommen sein. Im August ist es ja auch sehr heiß. Es wäre natürlich besser, wenn du ihn persönlich fragen könntest. Ob er noch lebt?"
Ich wollte mit dem Dorfältesten noch mehr darüber reden, aber er hatte keine Lust mehr, über meinen Geburtstag zu sprechen.
„Die Deutschen sind zwar meine Freunde, aber sie sind auch nur Menschen, sie sind ein bißchen verrückt. Sie wollen alles schriftlich haben. Nimm ihnen das nicht übel. Wenn du morgen nichts anderes zu tun hast, komm vorbei. Ich erzähle dir mehr über meinen Hauptmann von Graf. Er hat auch viele verrückte Seiten gehabt."
Trotz all meiner Bemühungen ist es mir nicht gelungen, herauszufinden, wann ich geboren wurde.
Ich bin wie alle Deutschen auch von einer Mutter geboren worden. Ich hoffe, daß das reicht, um integriert zu werden. Geburtstag zu feiern, wie die Deutschen das tun, habe ich sowieso keine Lust.

Heinrich Böll

Anekdote zur Senkung der Arbeitsmoral

In einem Hafen an einer westlichen Küste Europas liegt ein ärmlich gekleideter Mann in seinem Fischerboot und döst. Ein schick angezogener Tourist legt eben einen neuen Farbfilm in seinen Fotoapparat, um das idyllische Bild zu fotografieren: blauer Himmel, grüne See mit friedlichen schneeweißen Wellenkämmen, schwarzes Boot, rote Fischermütze. Klick. Noch einmal: klick. Und da aller guten Dinge drei sind und sicher sicher ist, ein drittes Mal: klick. Das spröde, fast feindselige Geräusch weckt den dösenden Fischer, der sich schläfrig aufrichtet, schläfrig nach seiner Zigarettenschachtel angelt; aber bevor er das Gesuchte gefunden, hat ihm der eifrige Tourist schon eine Schachtel vor die Nase gehalten, ihm die Zigarette nicht gerade in den Mund gesteckt, aber in die Hand gelegt, und ein viertes Klick, das des Feuerzeuges, schließt die eilfertige Höflichkeit ab. Durch jenes kaum meßbare, nie nachweisbare Zuviel an flinker Höflichkeit ist eine gereizte Verlegenheit entstanden, die der Tourist — der Landessprache mächtig — durch ein Gespräch zu überbrücken versucht.

„Sie werden heute einen guten Fang machen."

Kopfschütteln des Fischers.

„Aber man hat mir gesagt, daß das Wetter günstig ist."

Kopfnicken des Fischers.

„Sie werden also nicht ausfahren?"

Kopfschütteln des Fischers, steigende Nervosität des Touristen. Gewiß liegt ihm das Wohl des ärmlich gekleideten Menschen am Herzen, nagt an ihm die Trauer über die verpaßte Gelegenheit.

„Oh, Sie fühlen sich nicht wohl?"

Endlich geht der Fischer von der Zeichensprache zum wahrhaft gesprochenen Wort über. „Ich fühle mich großartig", sagt er. „Ich habe mich nie besser gefühlt." Er steht auf, reckt sich, als wolle er demonstrieren, wie athletisch er gebaut ist. „Ich fühle mich phantastisch."

Der Gesichtsausdruck des Touristen wird immer unglücklicher, er kann die Frage nicht mehr unterdrücken, die ihm sozusagen das Herz zu sprengen droht: „Aber warum fahren Sie dann nicht aus?"

Die Antwort kommt prompt und knapp. „Weil ich heute morgen schon ausgefahren bin."

„War der Fang gut?"

„Er war so gut, daß ich nicht noch einmal auszufahren brauche, ich habe vier Hummer in meinen Körben gehabt, fast zwei Dutzend Makrelen gefangen ..." Der Fischer, endlich erwacht, taut jetzt auf und klopft dem Touristen beruhigend auf die Schultern. Dessen besorgter Gesichtsausdruck erscheint ihm als ein Ausdruck zwar unangebrachter, doch rührender Kümmernis.

„Ich habe sogar für morgen und übermorgen genug", sagt er, um des Fremden Seele zu erleichtern. „Rauchen Sie eine von meinen?"

„Ja, danke."

Zigaretten werden in Münder gesteckt, ein fünftes Klick, der Fremde setzt sich kopfschüttelnd auf den Bootsrand, legt die Kamera aus der Hand, denn er braucht jetzt beide Hände, um seiner Rede Nachdruck zu verleihen.

„Ich will mich ja nicht in Ihre persönlichen Angelegenheiten mischen", sagt er, „aber stellen Sie sich mal vor, Sie führen heute ein zweites, ein drittes, vielleicht sogar ein viertes Mal aus und Sie würden drei, vier, fünf, vielleicht gar zehn Dutzend Makrelen fangen — stellen Sie sich das mal vor."

Der Fischer nickt.

„Sie würden", fährt der Tourist fort, „ nicht nur heute, sondern morgen, übermorgen, ja, an jedem günstigen Tag zwei-, dreimal, vielleicht viermal ausfahren — wissen Sie, was geschehen würde?"

Der Fischer schüttelt den Kopf.

„Sie würden sich in spätestens einem Jahr einen Motor kaufen können, in zwei Jahren ein zweites Boot, in drei oder vier Jahren könnten Sie vielleicht einen kleinen Kutter haben, mit zwei Booten oder dem Kutter würden Sie natürlich viel mehr fangen — eines Tages würden Sie zwei Kutter haben, Sie würden . . .", die Begeisterung verschlägt ihm für ein paar Augenblicke die Stimme, „Sie würden ein kleines Kühlhaus bauen, vielleicht eine Räucherei, später eine Marinadenfabrik, mit einem eigenen Hubschrauber rundfliegen, die Fischschwärme ausmachen und Ihren Kuttern per Funk Anweisung geben. Sie könnten die Lachsrechte erwerben, ein Fischrestaurant eröffnen, den Hummer ohne Zwischenhändler direkt nach Paris exportieren — und dann . . .", wieder verschlägt die Begeisterung dem Fremden die Sprache. Kopfschüttelnd, im tiefsten Herzen betrübt, seiner Urlaubsfreude schon fast verlustig, blickt er auf die friedlich hereinrollende Flut, in der die ungefangenen Fische

munter springen. „Und dann“, sagt er, aber wieder verschlägt ihm die Erregung die Sprache.
Der Fischer klopft ihm auf den Rücken, wie einem Kind, das sich verschluckt hat. „Was dann?“ fragt er leise.
„Dann“, sagt der Fremde mit stiller Begeisterung, „dann könnten Sie beruhigt hier im Hafen sitzen, in der Sonne dösen — und auf das herrliche Meer blicken.“
„Aber das tu’ ich ja schon jetzt“, sagt der Fischer, „ich sitze beruhigt am Hafen und döse, nur Ihr Klicken hat mich dabei gestört.“
Tatsächlich zog der solcherlei belehrte Tourist nachdenklich von dannen, denn früher hatte er auch einmal geglaubt, er arbeite, um eines Tages einmal nicht mehr arbeiten zu müssen, und es blieb keine Spur von Mitleid mit dem ärmlich gekleideten Fischer in ihm zurück, nur ein wenig Neid.

Max Frisch

Fremdenhaß oder Die Herausforderung zur Selbstprüfung

Wie steht es mit dem Fremdenhaß?
Ich kenne viele Landsleute, aber leider nicht aus allen Bevölkerungsschichten; Bauern beispielsweise nicht. Beispiele von Fremdenhaß habe ich selber kaum erlebt; ich muß aber annehmen, daß es ihn gibt. Fremdenhaß ist natürlich. Er entspringt unter anderem der Angst, daß andere in dieser oder jener Richtung begabter sein könnten; jedenfalls sind sie anders begabt, beispielsweise begabter in Lebensfreude, glücklicher. Das weckt Neid, selbst wenn man der Bessergestellte ist, und Neid ist erpicht auf Anlässe für Geringschätzung. Man ist tüchtig, aber nun zeigt sich, daß andere es auch sind: aber ohne die Mißmutigkeit, die wir nördlich der Alpen als Voraussetzung oder schon als Beweis von Tüchtigkeit zu betrachten gewohnt sind. Daß die Südländer schmutzig sind, das ist eine Hoffnung, dann sind wir, wenn wir in dieser Welt nicht singen, dafür wenigstens sauberer; aber nicht einmal diese Hoffnung bestätigt sich ohne weiteres: Ein Landarzt versichert mir, daß die Italiener, im Gegensatz zu einheimischen Kunden, mit gewaschenen Füßen kommen. Von Rassenhaß in der Schweiz*, wie es in italienischen Zeitungen heißt, würde ich nicht sprechen; Fremdenhaß genügt. Das ist keine Ideologie*, sondern ein Reflex*. Das Fremde: was man, auch wenn man Vorzüge daran sieht, nicht übernehmen kann und infolgedessen ungern vor Augen hat, weil es herausfordert zur Selbstprüfung. Da ist man empfindlich, und es braucht wenig, daß man, um sich die Selbstprüfung zu sparen, zu Verurteilungen übergeht: das Fremde als das Schlechtere. Insofern ist jede Messerstecherei eigentlich willkommen; da sieht man’s wieder, daß man besser ist. [. . .] Aber auch wenn die Fremden, wie es sich für Fremde gehört, sehr brav sind, etwas bleibt schwierig: Sie sind da. Und wie beharrlich man sie auch als ausländische Arbeitskräfte bezeichnet, es sind Menschen. [. . .]

Handeln im Widerstreit - Formen des Tragischen

Hans Bender

Iljas Tauben

Mein Leutnant hatte immer Hunger. Wenn er nicht schoß, hatte er ein Stück Brot zwischen den Zähnen, ein Wurstbrot, ein Schmalzbrot, Fleisch oder Speck. Aber nichts aß er lieber als Tauben. Wenn wir durch die Dörfer marschierten, und auf einem Dach oder in der Luft zeigte sich eine Taube, schoß er sie ab. Das machte auch mir Spaß. Ich hatte ein Gewehr mit einem Zielfernrohr und traf immer. Das Geschoß des Infanteriegewehrs* war eigentlich zu groß für den kleinen Körper. Die Federn flogen in Büscheln davon, und der Balg war meist völlig zerrissen.
Ich war der Bursche des Leutnants. Ich mußte die Tauben auch braten. Ich hatte da meine eigene Methode. Ich nahm sie aus, rupfte sie und legte sie in einen Topf, in dem ein Klacks Butter zerschmolz, dazu Salz, Pfeffer und, wenn ein Garten in der Nähe war, ein Bündel zerschnittener Petersilie. Nach zehn Minuten brotzelte die Taube. Ich drehte sie um. Nach zwanzig Minuten war sie auf beiden Seiten braun, und der Duft hob den Deckel. Ich legte sie auf einen Teller und brachte sie dem Leutnant. Ich strich mit einem Stück Brot die Topfwände und den Topfboden sauber.
In Sewastopol* hatten wir, gleich in den ersten Tagen, hohe Ausfälle. Als wir noch zwölf waren, zog uns der Kommandant heraus und schickte uns an die entgegengesetzte Küste der Krim, wo wir eine Schutzstellung besetzen und uns erholen sollten. In dem Dorf Ossowiny stiegen wir von den Fahrzeugen. An der Straße stand eines dieser waschblau gekalkten russischen Häuser. Es hatte blanke Fensterscheiben. Immer, wenn ich Quartier suchte, sah ich nach den Fensterscheiben, denn wie die Scheiben waren ihre Bewohner und die Zimmer.
Auch der Leutnant sah wie hypnotisiert nach dem Haus. „Da schau“, sagte er und zeigte mit dem Stöckchen nach dem Dach. Auf den Schindeln saßen etwa zwei Dutzend gutgenährter Tauben mit geplustertem Schwanz.
„Hier bleiben wir“, sagte er zu mir. Und zu den anderen sagte er: „Sucht euch was in der Nähe!“
Wir ließen unser Fahrzeug, einen Panjewagen* mit zwei Pferden, vor der Gattertür halten, zerrten das Gepäck herunter und gingen in den Hof. Links lag das Haus, rechts ein Garten mit Rosenbüschen, Kartoffelbeeten und Zwiebelstauden. In der Mitte, geradeaus, stand ein gemauerter Herd, daneben aufgeschichtet getrocknete Kuhmistfladen, das Holz der waldarmen Krim.
Die Frau fanden wir in der Küche. Als sie uns verstanden hatte, öffnete sie eine Tür im Flur, ging hinein und begann das Zimmer aufzuräumen, ein großes Zimmer mit einem Tisch, mit Stühlen und zwei Eisenbetten voller Kissen. An der Wand hing ein Spiegel, mit Papierblumen verziert, Heiligenbilder, eine Ampel und alte Fotografien. Wir zogen die Röcke und Hosen aus und warfen uns auf die Betten.
Der Leutnant rüttelte sich aus dem Schlaf. „Ich habe Hunger.“ Ich stand auf und schnallte meine Töpfe vom Tornister.
„Du hast doch die Tauben gesehen?“ sagte er.
„Klar –“

„Sagen wir vier Stück. Für mich drei und für dich eine."
„Also vier Tauben."
„Ja, vier Tauben", sagte er.
Als ich in den Hof kam, kniete die Frau vor dem Herd und hielt einen eisernen Topf über das Feuer. Eine unkenntliche Masse verschiedener Gemüse kochte darin. Ich sah ihr zu, sagte einige Worte, die sie zum Lachen bringen sollten, aber sie lachte nicht. Ein Mädchen kam aus dem Haus, ihre Tochter, mit dem schönen Namen Tarsia. Ein Junge kam mit ihr, Nikola, ihr Bruder. Sie begafften mich, wie das so war. Die Frau sagte, wir könnten etwas von ihr bekommen. „Danke", sagte ich, „bei uns gibt es was Besseres!" Mein Leutnant und ich hätten heute abend Appetit auf Tauben. Fragende, erstaunte Gesichter. „Was ist das?"
Ich sprach einigermaßen Russisch, aber das Wort für Tauben wußte ich nicht. Da sie im Schlag waren, konnte ich nicht nach ihnen zeigen, also markierte ich Tauben. Ich hatte schon da und dort Erfolg mit meinen Tierimitationen, bei der Weihnachtsfeier der Kompanie, bei Offiziersabenden im Kasino. Allerdings waren andere Tiere, Schafe, Ziegen oder Affen, leichter nachzuahmen als gerade Tauben. Trotzdem, ich versuchte es. Ich ging in die Hocke, hielt meine gestreckten Finger als radähnlichen Schwanz über den Hintern, hopste im Hof umher, blähte meinen Hals und gurrte.
Aber die drei lachten nicht. Und als sie nicht mehr daran zweifelten, was ich meinte, schrien sie durcheinander wie die Wilden. Ich fragte: „Was ist daran so schlimm? Haben andere Soldaten, die vorher da waren, sich nicht auch geholt, nach was sie Lust hatten? Schließlich ist Krieg."
Tarsia sagte: „Du darfst alles nehmen, was wir haben, nur nicht die Tauben. Die Tauben gehören nicht uns. Die Tauben gehören Ilja, meinem Bruder. Er kämpft in Sewastopol."
Gewiß, ich war beeindruckt. Aber was sollte ich meinem Leutnant sagen? – Ich zeigte ihnen mein Verständnis. „Ja, ja, Iljas Tauben, ich nicht Iljas Tauben. Offizier! Versteht ihr? Offizier Tauben essen!"
Ich ging zur Scheune, die offenstand, um über die Leiter ins Gebälk zu steigen und von da an den Schlag zu kommen. Die Frau durchschaute mich. Sie lief an mir vorbei, stellte sich vor die Leiter und hielt sich mit den Händen rückwärts an den Holmen fest. Ich versuchte sie wegzureißen. Es war nicht zu schaffen. Der größte Widerstand waren ihre Augen. Auch Nikola begriff. Er hob eine Sense vom Boden auf –

Ich gab nach.

Am nächsten Morgen kamen Befehle. Der Küste entlang mußten Stellungen ausgehoben werden. Der Leutnant war den Tag über unterwegs. Am Abend kam er müde zurück. Ich hatte zwei Tauben von einem anderen Dach geschossen und briet sie, während Iljas Tauben mich umflatterten.

Ich liebte und haßte diese Tauben. Sie gehörten einem, der eigentlich in der gleichen Lage war wie ich. Er war Soldat, er war weit weg von daheim. Seine Mutter hütete die Tauben für ihn. Nein, ich hätte keine schlachten können, und sie merkten das sogar. Sie waren frech, übermütig. Sie flogen auf den Hof herab und saßen vor meinen Füßen, bettelten, gurrten und rucksten. Sie flogen auf den Gartenzaun, pickten in den Beeten, flogen auf die Flugbretter vor dem Schlag, flogen zurück, setzten sich auf den Herd und guckten in den Topf, wo die Nachbartauben brotzelten. Zwei oder drei waren darunter, die sich beim Flug überschlagen konnten. Es waren schöne, junge Tauben, Pfauentauben, Kropftauben und Türkische Tauben, die ich noch nie gesehen hatte.

Wir wohnten etwa zehn Tage im Haus, als Nikola eines Morgens nach Baksi fuhr. Er wollte dort Verwandte besuchen und einen Sack Gemüse hinbringen. Nach Baksi waren es vierzig Kilometer. Es war ein größerer Ort, in dem unsere Stäbe und Verpflegungsdepots lagen. Das Proviantauto nahm Nikola mit. Am Abend kam er zurück. Er lief durch den Hof in die Küche. Drinnen entstand großes Geschrei. Bald darauf kam die Frau in unsere Stube, zum ersten Male, seit wir da wohnten. Sie erzählte mit vielen Worten und Gesten, Nikola habe in Baksi Ilja gesehen! „Er ist gefangen, von den Deutschen. — Jetzt ist er in einem Lager in Baksi. — In Baksi! So nahe von hier! Sicher kann der Herr Offizier Ilja von dort nach Hause holen. Ich will meinen Ilja sehen, umarmen und nicht mehr fortlassen. Ich gebe alles, was der Herr Offizier sich wünscht. — Ich gebe ihm die Hühner und die Ziegen, die Kartoffeln, das Mehl, das Rosenöl und aserbeidschanischen* Tee. Auch die Ikonen*, die ich versteckt habe und die von den Offizieren so begehrt sind, und ein seidenes Tuch, eine goldene Brosche und — die Tauben, ja, Iljas Tauben."

Ich übersetzte, und der Leutnant sagte zu mir: „Was machen wir Gauner nicht alles für Tauben!" Und zu ihr sagte er: „Hör auf, Alte, du kriegst deinen Ilja. Morgen ist Sonntag. Wir fahren hin und bringen ihn dir. Hierher. Ja, hierher. Du wirst inzwischen hübsch seine Täubchen zubereiten, verstanden?"

Sie verstand die Worte, aber sie verstand nicht den Ton der Worte. Sie fiel vor ihm auf den Fußboden, sie heulte und küßte seine Stiefel ab.

Tarsia kam mit Iljas Fotografie. Er trug eine Marineuniform, ein weiß-blau gestreiftes Hemd und eine Mütze mit dem Band der Schwarzmeerflotte. Er hatte vorstehende Backenknochen und gekniffene, freche Matrosenaugen.

Ich redete dem Leutnant zu. Ich sagte, wir könnten Ilja vielleicht als Hilfskoch anfordern oder als Arbeitskraft für den Stellungsbau.

„Du Idealist", sagte er.

Ja, ich war ein Idealist! Ich hatte verrückte Ideen in der Nacht, am Morgen und auf der Fahrt nach Baksi. Ich wollte Ilja durch einen Streich, durch eine Tat befreien, wenn der Leutnant wirklich so gemein wäre und die Affäre als einen Spaß betrachtete.

Es war ein prächtiger Krim-Morgen. Ein klarer Himmel. Kalte Schatten und flammende Sonnenstrahlen. Im Westen immer das Jailagebirge, wie Backenzähne. Auch Nikola fuhr mit. Er hatte den Leutnant darum gebeten. Er war gewaschen und hatte den Kamm durch das nasse Haar gezogen.

In Baksi, erfuhren wir, waren viertausend Gefangene. Man hatte sie in der ehemaligen Schule untergebracht. Stacheldrahtrollen waren um den Zaun gelegt, Maschinengewehre aufgebaut. Wir hielten. Der Leutnant nahm mir die Zügel weg und sagte: „Steigt ab, ihr Befreier, und sucht den Kerl. In einer Stunde bin ich wieder zurück."

„Sie gehen zum Kommandanten?"

„Du stellst dir alles so einfach vor", sagte er und schlug auf die Pferde ein.

Er hatte Nikola und mich vor dem Eingang des Lagers abgesetzt. Das war ein vergittertes Tor, daneben eine Baracke, ein Posten, einer vom Wachbataillon, ein Dicker in schmuddliger Uniform, in Schnürschuhen und Gamaschenhosen.

„Was willst du?" fragte er.

„Ich muß ins Lager, einen Gefangenen suchen."

„Verboten."

„Es ist ein Sonderfall. Der Bruder des Kleinen da ist im Lager. Er will ihn nur sehen."

Der Posten tippte mit dem Zeigefinger an die Stirn. „Bei dir piept's wohl?"

„Mein Chef ist beim Kommandanten. Er wird ihn anfordern, als Arbeitskraft."

Aber auch das machte keinen Eindruck. Ich beschimpfte ihn, und er holte seinen Feldwebel aus der Baracke. Der vertrieb uns.

Wir gingen den Stacheldraht entlang, und Nikola entdeckte seinen Bruder. Er saß im Schneidersitz auf der Erde. Als Nikolai ihn anrief, stand er auf und kam zu uns her. Nikolai rief die aufregenden Neuigkeiten über den Zaun. Ilja sprach wenig. Manchmal lächelte er.

„Wie geht es meinen Tauben?" fragte er.

„Gut, sehr gut", sagte Nikola. „Sie leben alle noch. Der Offizier wollte sie essen, aber Mamuschka hat es nicht zugelassen."

„Füttere sie gut", sagte Ilja, „und wenn ich nicht wiederkomme, gehören sie dir."

Nach einer Stunde kam der Leutnant zurück. Er hatte getrunken. Immer, wenn er vom Verpflegungsdepot kam, hatte er getrunken.

„Marsch, ihr beiden", empfing er uns, „wir fahren!"

„Was wird mit ihm?"

„Mit wem?"

„Ilja! Wir müssen ihn mitbringen. Wir dürfen nicht ohne Ilja —"

„Ilja! Ilja! Laß mich endlich in Ruhe damit."

„Sie haben es seiner Mutter versprochen."

„Versprochen, ja. Aber Gefangene lassen sich nicht auslösen. Zudem werden sie

heute nacht abtransportiert. Weg. Heim ins Reich. Dort haben sie's besser. Verstehen, Nikola, dein Bruder Ilja nach Deutschland. Nix domoi. Germania domoi*."
„Ich verstehe, Offizier", sagte Nikola.
Auch Ilja hinter dem Stacheldraht begriff. Er drehte sich um und ging langsam in das Schulgebäude.

Iljas Mutter und Tarsia standen unter der Tür, als wir anfuhren. Sie trugen ihre Sonntagskleider. Nikola erzählte ihnen, was vorgefallen war.
Ich spannte aus, fütterte, tränkte, putzte die Stiefel, wusch mich, ließ mir viel Zeit. Dann erst ging ich in die Stube.
Der Leutnant saß am Tisch und aß Tauben. Iljas Tauben. Über ein Dutzend lagen noch auf der Platte. Seine Mutter hatte sie getötet, gerupft und gebraten. Auf der Kommode lagen die anderen versprochenen Dinge.
Der Leutnant sagte: „Wenn du die Tauben machst, sind sie entschieden schmackhafter."
Ich gab ihm keine Antwort.
„Appetit hast du auch keinen?"
„Wie?"
„Wie? Wie? Du willst wohl, daß ich eklig werde, ja? Ich frage dich, ob du keinen Appetit hast, weil ich's nicht allein schaffe."
Nein, ich hatte keinen Appetit auf diese Tauben.
Ob ich überhaupt mal wieder Tauben esse?
Am nächsten Morgen mußte ich dem Leutnant vier der übriggebliebenen Tauben in Zeitungspapier packen und in die Kartentasche stecken. Er wollte sie zu Mittag draußen auf der Stellung verzehren. Doch auf dem Weg dorthin, an einer unübersichtlichen Stelle, wurde er erschossen.
Von Partisanen*, hieß es.

Stefan Andres

Das Trockendock

Das erste Trockendock* in Toulon*, das gegen Ende des 18. Jahrhunderts von einem Ingenieur namens Grognard erbaut wurde, verdankt einer merkwürdigen Begebenheit seinen Ursprung. Ihr Schauplatz war das in diesem Hafen befindliche Seearsenal*, im eigentlichen Sinne aber das Gesicht eines Galeerensträflings*, das Antlitz eines einen Augenblick für seine Freiheit verzweifelt hoffenden Menschen. Denn es war Brauch, bevor es den von Grognard erbauten Wasserbehälter gab, der mit seinem steigenden Spiegel das Schiff auf den freien Hafen hinausschob, daß ein Galeerensträfling die letzten Hemmstützen des vom Stapel laufenden Schiffes, freilich unter großer Lebensgefahr, wegschlug, worauf dann im gleichen Augenblick der Koloß donnernd und mit funkenstiebendem Kiel ins Wasser schoß. Gelang es nun dem die Stützen fortschlagenden gefangenen Manne, nicht nur dem Schiff die erste Bewegung zu geben, sondern auch sich selber mit einem gedankenschnellen riesigen Satz aus der Nachbarschaft des herabrutschenden hölzernen Berges zu bringen, dann war er im gleichen Augenblick in seine Freiheit und in ein neues Leben gesprungen; gelang es ihm jedoch nicht, blieb von seinem Körper nichts übrig als eine schleimige Blutspur an den Planken droben und drunten.

Der Ingenieur Grognard nun, der sich erstmals zu einem solchen Stapellauf eingefunden hatte, ergötzte seine Augen an den übrigen festlichen Gästen auf den Tribünen und ließ, ganz den düsteren und ehernen Wundern des Arsenals hingegeben, den Silberknauf seines Stockes zu den immer neuen Märschen mehrerer Militärkapellen auf die hölzerne Balustrade fallen, wo er sich mit anderen Ehrengästen befand. Die Kommandos gingen in der Musik unter, gleichwohl bewegten sich die Arbeiter, die freien sowohl wie die Sträflinge, des gewohnten Vorgangs wie stumme Ameisen kundig, mit Tauen und Ketten und Stangen hantierend, als hänge ein jeder an einem unsichtbaren Faden.

Grognard hatte als Ehrengast einen der besten Plätze, er stand nämlich steuerbords dem Bug gerade gegenüber auf etwa fünfzig Schritt entfernt, und wiewohl er vom Hörensagen wußte, auf welch gefährliche Weise man das Schiff flottmachte und ins Wasser ließ, so hatte er sich, wie es dem Menschen eigen ist, den Vorgang nicht aus den Worten in eine deutliche Vorstellung gehoben. Ja, er war sogar der allgemeinen Ansicht, daß es menschlich und gut ist, wenn ein Leben, ohnehin verwirkt, durch einen kühnen Einsatz sich entweder für die Allgemeinheit nützlich verbrauche oder für sich selber neu beginnen könne. Nun aber, als plötzlich die Musik mit ihren in die Weite schreitenden Takten abbrach und nur ein dumpfer Wirbel kurz und knöchern hinterherrollte und dann auch noch verstummte, als alles getan und die Stützen bis auf die am Bug entfernt und die übrigen Arbeiter zurückkommandiert, die Matrosen aber an Bord waren, da kam ein einzelner Mann in seiner roten Jacke mit den schweren hufnagelbeschlagenen Schuhen über das Pflaster gegen das Schiff geschlürft. Er trug einen riesigen Zuschlaghammer in der Hand, der zuerst herabhing, dann, je näher der Mann dem schwarzen Schiffsbau kam, sich zögernd hob und nun, als seine winzige Gestalt der Fregatte so nahe war, daß ihr gewölbter Rumpf ihn wie ein schwarzer Fittich überschattete, einmal pickend und pochend eine Stütze berührte, dann wieder in der Hand des Mannes auf dieselbe Weise herabhing.

Es lag eine gefährliche Stille über der Fregatte und den Zuschauern, und Grognard bemerkte, daß er zitterte und mit dem Silberknauf seines Stockes die vorsichtig antastende Bewegung des Zu-

schlaghammers mitgetan hatte. Ob es dieses winzige Geräusch seines Stockes oder einfach der Zufall bewirkt hatte, der Sträfling wandte sich kurz um, Grognard konnte die Nummer an der grünfarbigen Mütze des lebenslänglich Verurteilten lesen — es war die Nummer 3222 —, und zugleich mit der Zahl und wie durch sie hindurch sah er das kurze Lächeln, in welchem der Sträfling seine Zähne entblößte und einmal kurz die Augen verdrehte, als verschlinge er damit Schiff, Zuschauer, Mauern und Himmel zugleich in einer gierigen Bewegung. Dann kehrte er sich ab mit einem Ruck, so, als könne die Fregatte etwa hinter ihm arglistig ohne sein Zutun entronnen sein, und jetzt dem Schiff zugewandt, blieb er einen Atemzug lang stehen, noch den Hammer gesenkt; dann hob er ihn langsam, es ging ein Stöhnen über den Platz, man wußte nicht, kam es aus dem ächzenden Gebälk des Schiffes oder den Rippen des Mannes, der zugleich zuschlug: einmal, zweimal, hin und her springend, gelenkig wie ein Wiesel und wild wie ein Stier — und dreimal zuschlug und viermal — (man zählte nicht mehr), das Schiff knackte, mischte seine erwachende Stimme, vom Hammer geweckt, darein, lauerte; und da, als noch ein Schlag kam, sprang es mit einem Satz vor, und auch der Mann sprang, den Hammer wie ein Gerät des Entsetzens und zugleich wie eine Waffe der Abwehr gegen den Schiffsrumpf werfend, sprang; aber dann, da alles jäh aufschrie, blieb er stehen, wie ein Mensch im Traum, der nicht weiterkam — und der Schiffsrumpf ging wie ein Hobel über ihn fort.
Dieser Vorgang, der nur wenige Atemzüge lang gedauert hatte, löste einen allgemeinen, inbrünstigen Schrei aus, der hinter der Fregatte in einem wilden, ausgelassenen und teuflischen Jubel herschob, über die blutige Spur fort, die alsbald einige Sträflinge mit Sand und Hobelspänen tilgen kamen.
Auch Grognard hatte im allgemeinen Jubel einen Schrei getan und mit dem Schrei zugleich einen Schwur. Und dieser Schwur enthielt im ersten Augenblick seines Entstehens ein Bild in sich als Kern: nämlich das Bild des Trockendocks! Und als habe er gewußt, daß seine Lächerlichkeit damit besiegelt sei, wenn er die eigentliche Triebkraft zu diesem großen Plan enthüllte: Er führte nur Beweggründe ins Feld, die das öffentliche Wohl und den Fortschritt betrafen. Es begann nun ein Kampf mit den starrsinnigen Behörden, mit den mißgünstigen Nebenbuhlern, und als trotz aller Widerstände das Werk gediehen war, von seinem Urheber mit einer Besessenheit, Umsicht und Ausdauer geleitet, die ihn für die Jahre des Bauens allem menschlichen Umgang entzogen, geschah es, kurz nachdem das Werk dem Gebrauch übergeben worden war, daß der Urheber, der sich nun von jenem zwischen Hoffnung und Todesangst verzerrten Lächeln des Sträflings erlöst glaubte, von einem Galeerensträfling mit einem Hammer niedergeschlagen wurde, da er eben den Platz am Trockendock überschritt.
Der Gefangene trug die grüne Wollmütze und schleppte seine Kette gemächlich hinter sich her. Als er dann dicht vor Grognard sich befand, der beim Anblick der Nummer wie über einer geheimnisvollen Zahl jäh erstarrte und das gefährliche Gesicht darunter übersah, schrie der Mensch, seinen Hammer schwingend: „Das ist der Mann des Fortschritts, der uns den Weg zur Freiheit nahm! Zur Hölle mit dir!" Die herbeieilenden Wachen, die sich des Sterbenden annahmen, sahen, wie der noch einmal die Augen aufschlug und mit einer Stimme, die voller Verwunderung schien, lispelte: „Ah, 3222, Pardon, ich habe mich geirrt!"

Herbert Malecha

Die Probe

Redluff sah, das schrille Quietschen der Bremsen noch in den Ohren, wie sich das Gesicht des Fahrers ärgerlich verzog. Mit zwei taumeligen Schritten war er wieder auf dem Gehweg. „Hat es Ihnen was gemacht?“ Er fühlte sich am Ellbogen angefaßt. Mit einer fast brüsken* Bewegung machte er sich frei. „Nein, nein, schon gut. Danke“, sagte er noch, beinah schon über die Schulter, als er merkte, daß ihm der Alte nachstarrte.

Eine Welle von Schwäche stieg von seinen Knien auf, wurde fast zur Übelkeit. Das hätte ihm gerade gefehlt, angefahren auf der Straße liegen, eine gaffende Menge und dann die Polizei. Er durfte jetzt nicht schwach werden, nur weiterlaufen, unauffällig weiterlaufen zwischen den vielen auf der hellen Straße. Langsam ließ das Klopfen im Halse nach. Seit drei Monaten war er zum erstenmal wieder in der Stadt, zum erstenmal wieder unter so vielen Menschen. Ewig konnte er in dem Loch sich ja nicht verkriechen, er mußte einmal wieder raus, wieder Kontakt aufnehmen mit dem Leben, überhaupt raus aus allem. Ein Schiff mußte sich finden lassen, möglichst noch, bevor es Winter wurde. Seine Hand fuhr leicht über die linke Brustseite seines Jacketts, er spürte den Paß, der in der Innentasche steckte; gute Arbeit war dieser Paß, er hatte auch nicht schlecht dafür bezahlt.

Die Autos auf der Straße waren zu einer langen Kette aufgefahren. Nur stockend schoben sie sich vorwärts. Menschen gingen an ihm vorbei, kamen ihm entgegen; er achtete darauf, daß sie ihn nicht streiften. Einem Platzregen von Gesichtern war er ausgesetzt, fahle Ovale, die sich mit dem wechselnden Reklamelicht verfärbten. Redluff strengte sich an, den Schritt der vielen anzunehmen, mitzuschwimmen in dem Strom. Stimmen, abgerissene Gesprächsfetzen schlugen an sein Ohr, jemand lachte. Für eine Sekunde haftete sein Blick an dem Gesicht einer Frau, ihr offener, bemalter Mund sah schwarzgerändert aus. Die Autos fuhren jetzt an, ihre Motoren summten auf. Eine Straßenbahn schrammte vorbei. Und wieder Menschen, Menschen, ein Strom flutender Gesichter, Sprechen und hundertfache Schritte. Redluff fuhr unwillkürlich mit der Hand an seinen Kragen. An seinem Hals merkte er, daß seine Finger kalt und schweißig waren.

Wovor hab ich denn eigentlich Angst, verdammte Einbildung, wer soll mich denn schon erkennen in dieser Menge, sagte er sich. Aber er spürte nur zu genau, daß er in ihr nicht eintauchen konnte, daß er wie ein Kork auf dem Wasser tanzte, abgestoßen und weitergetrieben. Ihn fror plötzlich. Nichts wie verdammte Einbildung, sagte er sich wieder. Vor drei Monaten war das ja noch anders, da stand sein Name schwarz auf rotem Papier auf jeder Anschlagsäule zu lesen, Jens Redluff; nur gut, daß das Foto so schlecht war. Der Name stand damals fett in den Schlagzeilen der Blätter, wurde dann klein und kleiner, auch das Fragezeichen dahinter, rutschte in die letzten Spalten und verschwand bald ganz.

Redluff war jetzt in eine Seitenstraße abgebogen, der Menschenstrom wurde dünner, noch ein paar Abbiegungen, und die Rinnsale lösten sich auf, zerfielen in einzelne Gestalten, einzelne Schritte. Hier war es dunkler. Er konnte den Kragen öffnen und die Krawatte nachlassen. Der Wind brachte einen brackigen Lufthauch vom Hafen her. Ihn fröstelte. Ein breites Lichtband fiel quer vor ihm über die Straße, jemand kam aus dem kleinen Lokal, mit ihm ein Dunst nach Bier, Qualm und Essen. Redluff ging hinein. Die kleine, als Café aufgetakelte Kneipe war fast leer, ein paar Soldaten saßen herum, grelle Damen in ihrer Gesellschaft. Auf den kleinen Tischen standen Lämpchen mit pathetisch roten Schirmen. Ein Musikautomat begann aus der Ecke zu hämmern. Hinter der Theke lehnte ein dicker Bursche mit bloßen Armen. Er schaute nur flüchtig auf. „Konjak, doppelt", sagte Redluff zu dem Kellner. Er merkte, daß er seinen Hut noch in der Hand hielt, und legte ihn auf den leeren Stuhl neben sich. Er steckte sich eine Zigarette an, die ersten tiefen Züge machten ihn leicht benommen. Schön warm war es hier, er streckte seine Füße lang aus. Die Musik hatte gewechselt. Über gezogen jaulenden Gitarretönen hörte er halblautes Sprechen, ein spitzes Lachen vom Nachbartisch. Gut saß es sich hier.

Der Dicke hinter der Theke drehte jetzt seinen Kopf nach der Tür. Draußen fiel eine Wagentür schlagend zu. Gleich darauf kamen zwei Männer herein, klein und stockig der eine davon. Er blieb in der Mitte stehen, der andere, im langen Ledermantel, steuerte auf den Nachbartisch zu. Keiner von beiden nahm seinen Hut ab. Redluff versuchte hinüberzuschielen, es durchfuhr ihn. Er sah, wie der Große sich über den Tisch beugte, kurz etwas Blinkendes in der Hand hielt. Die Musik hatte ausgesetzt. „What's he want?" hörte er den Neger vom Nebentisch sagen. „What's he want?" Er sah seine wulstigen Lippen sich bewegen. Das Mädchen kramte eine bunte Karte aus ihrer Handtasche. „What's he want?" sagte der Neger eigensinnig. Der Mann war schon zum nächsten Tisch gegangen. Redluff klammerte sich mit der einen Hand an die Tischkante. Er sah, wie die Fingernägel sich entfärbten. Der rauchige Raum schien ganz leicht zu schwanken, ganz leicht. Ihm war, als müßte er auf dem sich neigenden Boden jetzt langsam samt Tisch und Stuhl auf die andere Seite rutschen. Der Große hatte seine Runde beendet und ging auf den anderen zu, der immer noch mitten im Raum stand, die Hände in den Manteltaschen. Redluff sah, wie er zu dem Großen etwas sagte. Er konnte es nicht verstehen. Dann kam er geradewegs auf ihn zu.

„Sie entschuldigen", sagte er, „Ihren Ausweis, bitte!"

Redluff schaute erst gar nicht auf das runde Metall in seiner Hand. Er drückte seine Zigarette aus und war plötzlich völlig ruhig. Er wußte es selbst nicht, was ihn mit einmal so ruhig machte, aber seine Hand, die in die Innentasche seines Jacketts fuhr, fühlte den Stoff nicht, den sie berührte, sie war wie von Holz. Der Mann blätterte langsam in dem Paß, hob ihn besser in das Licht. Redluff sah die Falten auf der gerunzelten Stirn, eins, zwei, drei. Der Mann gab ihm den Paß zurück. „Danke, Herr Wolters", sagte er. Aus seiner unnatürlichen Ruhe heraus hörte Redluff sich selber sprechen. „Das hat man gern, so kontrolliert werden wie —", er zögerte etwas, „ein Verbrecher!" Seine Stimme stand spröde im Raum. Er hatte doch gar nicht so laut gesprochen. „Man sieht manchmal jemand ähnlich", sagte der Mann, grinste, als hätte er einen feinen Witz gemacht. „Feuer?" Er fingerte eine halbe Zigarre aus der Manteltasche. Redluff schob seine Hand mit dem brennenden Streichholz längs der Tischkante ihm entgegen. Die beiden gingen. Redluff lehnte sich in seinen Stuhl zurück. Die Spannung in ihm zerbröckelte, die eisige Ruhe schmolz. Er hätte jubeln können. Das war es, das war die Probe, und er hatte sie bestanden. Triumphierend setzte der Musikautomat wieder ein. „He, Sie vergessen Ihren Hut", sagte der Dicke hinter der Theke. Draußen atmete er tief, seine Schritte schwangen weit aus, am liebsten hätte er gesungen.

Langsam kam er wieder in belebtere Straßen, die Lichter nahmen zu, die Läden, die Leuchtzeichen an den Wänden. Aus einem Kino kam ein Knäuel Menschen, sie lachten und schwatzten, er mitten unter ihnen. Es tat ihm wohl, wenn sie ihn streiften. „Hans", hörte er eine Frauenstimme hinter sich, jemand faßte seinen Arm. „Tut mir leid", sagte er und lächelte in das enttäuschte Gesicht. Verdammt hübsch, sagte er zu sich. Im Weitergehen nestelte er an seiner Krawatte. Dunkelglänzende Wagen sangen über den blanken Asphalt, Kaskaden* wechselnden Lichts ergossen sich von den Fassaden, Zeitungsverkäufer riefen die Abendausgaben aus. Hinter einer großen, leicht beschlagenen Spiegelglasscheibe sah er undeutlich tanzende Paare; pulsierend drang die Musik abgedämpft bis auf die Straße. Ihm war wie nach Sekt. Ewig hätte er so gehen können, so wie jetzt. Er gehörte wieder dazu, er hatte den Schritt der vielen, es machte ihm keine Mühe mehr. Im Sog der Menge ging er über den großen Platz auf die große Halle zu mit ihren Ketten von Glühlampen und riesigen Transparenten. Um die Kassen vor dem Einlaß drängten sich Menschen. Von irgendwoher flutete Lautsprechermusik. Stand dort nicht das Mädchen von vorhin? Redluff stellte sich hinter sie in die Reihe. Sie wandte den Kopf, er spürte einen Hauch von Parfüm. Dicht hinter ihr zwängte er sich durch den Einlaß. Immer noch flutete die Musik, er hörte ein Gewirr von Hunderten von Stimmen. Ein paar Polizisten suchten etwas Ordnung in das Gedränge zu bringen. Ein Mann in einer Art Portiersuniform nahm ihm seine Einlaßkarte ab. „Der, der!" rief er auf einmal und deutete aufgeregt hinter ihm her. Gesichter wandten sich, jemand im schwarzen Anzug kam auf ihn zu, ein blitzendes Ding in der Hand. Gleißendes Scheinwerferlicht übergoß ihn. Jemand drückte ihm einen Riesenblumenstrauß in die Hände. Zwei strahlend lächelnde Mädchen hakten ihn rechts und links unter, Fotoblitze zuckten. Und zu allem dröhnte eine geölte Stimme, die vor innerer Freudigkeit fast zu bersten schien: „Ich darf Ihnen im Namen der Direktion von ganzem Herzen gratulieren, Sie sind der hunderttausendste Besucher der Ausstellung!" Redluff stand wie betäubt. „Und jetzt sagen Sie uns Ihren werten Namen", schmalzte die Stimme unwiderstehlich weiter. „Redluff, Jens Redluff", sagte er, noch ehe er wußte, was er sagte, und schon hatten es die Lautsprecher dröhnend bis in den letzten Winkel der riesigen Halle getragen.

Der Kordon* der Polizisten, der eben noch die applaudierende Menge zurückgehalten hatte, löste sich langsam auf. Sie kamen auf ihn zu.

Ilse Aichinger

Das Fenster-Theater

Die Frau lehnte am Fenster und sah hinüber. Der Wind trieb in leichten Stößen vom Fluß herauf und brachte nichts Neues. Die Frau hatte den starren Blick neugieriger Leute, die unersättlich sind. Es hatte ihr noch niemand den Gefallen getan, vor ihrem Haus niedergefahren zu werden. Außerdem wohnte sie im vorletzten Stock, die Straße lag zu tief unten. Der Lärm rauschte nur mehr leicht herauf. Alles lag zu tief unten. Als sie sich eben vom Fenster abwenden wollte, bemerkte sie, daß der Alte gegenüber Licht angedreht hatte. Da es noch ganz hell war, blieb dieses Licht für sich und machte den merkwürdigen Eindruck, den aufflammende Straßenlaternen unter der Sonne machen. Als hätte einer an seinen Fenstern die Kerzen angesteckt, noch ehe die Prozession die Kirche verlassen hat. Die Frau blieb am Fenster.

Der Alte öffnete und nickte herüber. Meint er mich? dachte die Frau. Die Wohnung über ihr stand leer, und unterhalb lag eine Werkstatt, die um diese Zeit schon geschlossen war. Sie bewegte leicht den Kopf. Der Alte nickte wieder. Er griff sich an die Stirne, entdeckte, daß er keinen Hut aufhatte, und verschwand im Innern des Zimmers.

Gleich darauf kam er in Hut und Mantel wieder. Er zog den Hut und lächelte. Dann nahm er ein weißes Tuch aus der Tasche und begann zu winken. Erst leicht und dann immer eifriger. Er hing über die Brüstung, daß man Angst bekam, er würde vornüberfallen. Die Frau trat einen Schritt zurück, aber das schien ihn nur zu bestärken. Er ließ das Tuch fallen, löste seinen Schal vom Hals — einen großen bunten Schal — und ließ ihn aus dem Fenster wehen. Dazu lächelte er. Und als sie noch einen weiteren Schritt zurücktrat, warf er den Hut mit einer heftigen Bewegung ab und wand den Schal wie einen Turban um seinen Kopf. Dann kreuzte er die Arme über der Brust und verneigte sich. Sooft er aufsah, kniff er das linke Auge zu, als herrsche zwischen ihnen ein geheimes Einverständnis. Das bereitete ihr so lange Vergnügen, bis sie plötzlich nur mehr seine Beine in dünnen, geflickten Samthosen in die Luft ragen sah. Er stand auf dem Kopf. Als sein Gesicht gerötet, erhitzt und freundlich wieder auftauchte, hatte sie schon die Polizei verständigt.

Und während er, in ein Leintuch gehüllt, abwechselnd an beiden Fenstern erschien, unterschied sie schon drei Gassen weiter über dem Geklingel der Straßenbahnen und dem gedämpften Lärm der Stadt das Hupen des Überfallautos. Denn ihre Erklärung hatte nicht sehr klar und ihre Stimme erregt geklungen. Der alte Mann lachte jetzt, so daß sich sein Gesicht in tiefe Falten legte, streifte dann mit einer vagen Gebärde darüber, wurde ernst, schien das Lachen eine Sekunde lang in der hohlen Hand zu halten und warf es dann hinüber. Erst als der Wagen schon um die Ekke bog, gelang es der Frau, sich von seinem Anblick loszureißen.

Sie kam atemlos unten an. Eine Menschenmenge hatte sich um den Polizeiwagen gesammelt. Die Polizisten waren abgesprungen, und die Menge kam hinter ihnen und der Frau her. Sobald man die Leute zu verscheuchen suchte, erklärten sie einstimmig, in diesem Hause zu wohnen. Einige davon kamen bis zum letzten Stock mit. Von den Stufen beobachteten sie, wie die Männer, nachdem ihr Klopfen vergeblich blieb und die Glocke allem Anschein nach nicht funktionierte, die Tür aufbrachen. Sie arbeiteten schnell und mit einer Sicherheit, von der jeder Einbrecher lernen konnte. Auch in dem Vorraum, dessen Fenster auf den Hof sahen, zögerten sie nicht eine Sekunde. Zwei von ihnen zogen die Stiefel aus und schlichen um die Ecke. Es war inzwischen finster geworden. Sie stießen an einen Kleiderständer, gewahrten den Lichtschein am Ende des schmalen Ganges und gingen ihm nach. Die Frau schlich hinter ihnen her.

Als die Tür aufflog, stand der alte Mann, mit dem Rücken zu ihnen gewandt, noch immer am Fenster. Er hielt ein großes weißes Kissen auf dem Kopf, das er immer wieder abnahm, als bedeutete er jemandem, daß er schlafen wolle. Den Teppich, den er vom Boden genommen hatte, trug er um die Schultern. Da er schwerhörig war, wandte er sich auch nicht um, als die Männer schon knapp hinter ihm standen und die Frau über ihn hinweg in ihr eigenes finsteres Fenster sah.

Die Werkstatt unterhalb war, wie sie angenommen hatte, geschlossen. Aber in die Wohnung oberhalb mußte eine neue Partei eingezogen sein. An eines der erleuchteten Fenster war ein Gitterbett geschoben, in dem aufrecht ein kleiner Knabe stand. Auch er trug sein Kissen auf dem Kopf und die Bettdecke um die Schultern. Er sprang und winkte herüber und krähte vor Jubel. Er lachte, strich mit der Hand über das Gesicht, wurde ernst und schien das Lachen eine Sekunde lang in der hohlen Hand zu halten. Dann warf er es mit aller Kraft den Wachleuten ins Gesicht.

Klaus Schlesinger

Der Tod meiner Tante

Meine Tante starb, als ich vierzehn war. Sie hinterließ zwei gleichlautende Abschiedsbriefe. „Bitte, verzeiht mir!" schrieb sie. „Ich kann nicht mehr weiter. Eure Euch liebende Hedwig."

Der erste Brief war an meine Mutter gerichtet und trug als Nachsatz die Worte: „Ich kann nicht, kann nicht, kann nicht."

Der zweite war für ihren Sohn und hatte die fast unleserliche, im Schriftbild stark nach unten abfallende Beifügung: „Gott wird mir verzeihen."

Ihr Tod kam für uns überraschend. Wir kannten sie als eine energische und lebenslustige Frau. Sie war die jüngste Schwester meines Vaters und mit dem Elektriker Kurt P. verheiratet, dessen Spuren sich, wie die meines Vaters, in den letzten Monaten des Krieges* verloren hatten. Damals hofften wir, mein Vater und mein Onkel wären in die Gefangenschaft geraten und würden eines Tages überraschend vor der Tür stehen.

Meine Tante hatte sich, wie meine Mutter, zu Lebzeiten ihres Ehemannes um den Haushalt und die Kindererziehung gekümmert. In den ersten Jahren nach dem Krieg arbeiteten beide als Trümmerfrauen*, später in der Fabrik Elektroapparatewerke J. W. Stalin, Berlin-Treptow*; meine Mutter als Skalenzeichnerin, meine Tante als Bohrerin.

Meine Tante fand sich mit den veränderten Bedingungen des Nachkriegs besser ab als meine Mutter. Sie fuhr am Wochenende oft mit dem Rucksack über Land, tauschte die kleinen Wertsachen der Städter gegen Nahrungsmittel und teilte sie mit uns. Öfter sprach sie meiner Mutter, die zur Skepsis neigte, Mut zu. „Trudchen", sagte sie, „man darf nie die Hoffnung verlieren", ließ sich das Rommèspiel geben und begann Karten zu legen. Immer stand dann Herzkönig ins Haus.

Meine Tante war zeit ihres Lebens bemüht gewesen, als rechtschaffene, in geordneten Verhältnissen lebende Frau zu gelten. Von ihrer Umwelt wollte sie sich, wie sie sagte, vorteilhaft abheben. Nachlässigkeiten duldete sie nicht. Selbst in den chaotischen Wochen nach dem Kriegsende ließ sie mich — wenn ich bei ihr wohnen durfte — nicht zum Spielen gehen, bevor ich mir nicht die Schuhe geputzt und die Haare gekämmt hatte. „Du willst doch kein Straßenkind werden", sagte sie warnend.

An eine hervorstechende Eigenart meiner Tante erinnere ich mich noch genau. Mitten im Zimmer stehend, begann sie plötzlich die Hände aneinanderzureiben, wobei sie ihr Gesicht auf unbeschreiblich komische Weise verzog. Diese Geste war Ausdruck ihres höchsten Wohlbefindens. Noch heute habe ich das eigentümlich flirrende Geräusch ihrer aneinanderreibenden Hände im Ohr.

Meine Tante hatte einen Sohn, der sich nach einer unerwiderten Liebe zu einer bekannten Filmschauspielerin kurz vor Abschluß des Abiturs freiwillig an die Front gemeldet hatte. Als Fähnrich der deutschen Wehrmacht geriet er im Januar 1945 in amerikanische Gefangenschaft, aus der er zweieinhalb Jahre später entlassen wurde. In Bayern hatte er ein Mädchen kennengelernt, das er im Frühjahr 1949, nachdem er auf Wunsch seiner Braut zum Katholizismus konvertiert* war, heiratete. Es war der größte Wunsch meiner Tante, daß ihr Sohn mit seiner Frau nach Berlin ziehen möge, aber er schrieb in einem Brief, dies sei ihm unmöglich, solange die Russen noch dort stünden. Vorläufig wolle er sich hier, in Freising/Obb., dem Wohnort seiner Frau, eine neue Existenz aufbauen.

Daraufhin entschloß sich meine Tante, persönlich mit ihm zu sprechen. Sie wollte über die grüne Grenze* gehen, von der sowjetischen zur amerikanischen Besatzungszone. Meine Mutter riet ihr heftig davon ab. Nach allem, was man hörte, war eine solche Reise für eine Frau Anfang Vierzig kein ungefährliches Unternehmen, aber meine Tante war von ihrem Vorhaben nicht abzubringen, und sie rieb sich, in Vorfreude auf das erste Wiedersehen mit ihrem einzigen Sohn nach fünf Jahren, die Hände.

Der Grenzübertritt vollzog sich reibungslos. Bei ihrer Rückkehr schien meine Tante durchaus zufrieden und berichtete, ihr Sohn leide zwar unter beruflichen und finanziellen Schwierigkeiten, „er hat doch nichts gelernt!", habe aber eine nette und gute Frau gefunden und wolle es sich mit der Rückkehr nach Berlin noch einmal überlegen.

Tatsächlich erschien er im folgenden Sommer mit seiner Frau in Berlin. Er war bewundernswert groß, spielte, wie er mir erzählte, bei München 1860 als Torwart in der 2. Männermannschaft und war, was seinen sportlichen Aufstieg betraf, zuversichtlich.

„Warte ab", sagte er zu mir, „in der nächsten Saison stehe ich in der Ersten."

Die Frau meines Cousins hieß Toni, trug ein Dirndlkleid und konnte auf zwei Fingern pfeifen.

Mein Cousin wollte zwei Wochen bleiben, fuhr aber — für uns alle, auch für meine Tante überraschend — nach drei Tagen wieder zurück. Er habe sich hier, bei den Russen, nicht sicher gefühlt. Die Angst habe ihm immer im Nacken gesessen, berichtete meine Tante und fügte mit besorgtem Gesicht hinzu: „Wer weiß, was er im Krieg erlebt hat."

Anscheinend begann mein Cousin auch seine beruflichen Chancen zuversichtlicher zu werten, denn meine Tante freundete sich mehr und mehr mit dem Gedanken an, daß er sich endgültig in Freising/Obb. niederlassen wollte. „Er hat da als Katholischer auch mehr Möglichkeiten", sagte sie einmal, „und die Gegend ist ja wie ein Traum."

Im Winter 1950 beantragte meine Tante die Genehmigung für eine vierwöchige Reise in die amerikanische Zone*, die ihr für das kommende Frühjahr zugebilligt wurde. Selten habe ich meine Tante in größerer Zufriedenheit gesehen. Zu meinem vierzehnten Geburtstag im Januar schenkte sie mir die Jahrgänge 1948 und 1949 der Zeitschrift „Natur und Technik", die sie nach längerem Bemühen in einem Antiquariat erstanden hatte, und dazu zwei Bücher aus der kleinen Bibliothek meines Cousins, „Jörg Jenatsch" von Conrad Ferdinand Meyer und eine Nettelbeck-Biographie. Außerdem stellte sie mir fürs nächste Osterfest das Luftdruckgewehr meines Cousins in Aussicht. Ich wurde rot vor Freude. Meine Tante verzog das Gesicht, rieb ihre Hände und lächelte dann.

Als ich ihr vierzehn Tage vor ihrer Abreise die Wohnungstür öffnete, erkannte ich sie nicht wieder. Sie war totenblaß, ging wie abwesend an mir vorbei und setzte sich wortlos auf einen Sessel. Meine Mutter lief erschrocken im Zimmer umher, beschwor sie, um Gottes willen zu erzählen, was denn passiert sei, „mein Gott, Hete, nun sag doch schon was!", aber meine Tante brach in Tränen aus und war erst nach einer Viertelstunde fähig, einen Satz zu sprechen. „Ich wollte Manfred doch keine unnötigen Kosten machen", sagte sie unter Tränen.

Geschehen war folgendes: Meine Tante hatte, die Reise in die Westzone vor Augen, sich alter, auf dem Hängeboden lagernder Materialbestände ihres Mannes erinnert. Einem Hinweis der Nachbarin folgend, hatte sie ein paar Kilogramm des Buntmetalls* in den Westsektor der Stadt gebracht und dort bei einem Altwarenhändler für einen überraschend hohen Westpreis verkaufen können. Heute hatte sie nun den größeren Teil, siebeneinhalb Kilogramm Bleirohr, über die Grenze bringen wollen. Sie hatte das Metall über dem Gasherd zu kleinen Barren geschmolzen, in der Einkaufstasche verstaut und sich in die Straßenbahnlinie 4 gesetzt, die damals noch durch die Bernauer Straße fuhr, deren eine Seite zum französischen und deren andere zum sowjetischen Sektor gehörte.

An der Eberswalder Straße, kurz vor der Sektorengrenze, waren die erst seit kurzer Zeit tätigen Kontrolleure durch den Wagen gegangen. Wie beim erstenmal hatte meine Tante die Tasche unauffällig neben sich gestellt, und — sagte sie unter Tränen — es hätte auch diesmal nichts passieren können, wäre nicht einer der Kontrolleure mit dem Fuß zufällig gegen die Tasche gestoßen. Er habe dann gefragt, sein Gesicht unter Schmerzen verziehend, ob ihr diese Tasche gehöre, und meine Tante habe nicht gewagt zu verneinen.

Sie habe aussteigen und sich in einem Raum der nahe gelegenen Post einer Kontrolle der Tasche und einer Leibesvisitation* unterziehen müssen. Dann habe man sie mit dem Polizeiauto zum Präsidium in die Neue Königsstraße gefahren, wo sie von einem Kriminalpolizisten verhört worden sei. Sie habe gleich alles zugegeben. Man habe ihr allerdings nicht geglaubt, daß sie es erst zum zweitenmal getan habe. Dann seien ihr — und an dieser Stelle ihrer Erzählung begann sie wieder hemmungslos zu weinen, so daß meine Mutter lange und beruhigend auf sie einreden mußte, ehe meine Tante in der Lage war, weiterzuerzählen —, dann seien ihr Fingerabdrücke abgenommen worden und anschließend sei sie in einen Raum gebracht worden, in dem man sie von allen Seiten fotografiert habe. „Von allen Seiten", wiederholte sie ungläubig und schluchzend, „wie einen Verbrecher."

Sie schwieg und starrte an meiner Mutter vorbei aus dem Fenster. Ich erinnere mich nicht, meine Tante je fassungsloser gesehen zu haben als in jenem Moment.

In den folgenden zwei Wochen kam sie jeden Abend zu uns.

Sie saß auf einem der beiden Sessel, gegenüber meiner Mutter, redete kaum, und wenn doch, dann nur über ein Thema: was nun, um Gottes willen, geschehen würde, sie hätte ihr ganzes Leben nie etwas mit der Polizei zu tun gehabt: „Wie soll ich denn dem Jungen unter die Augen treten?"

„Aber Hete", sagte meine Mutter dann und gab ihrer Stimme einen möglichst sorglosen Klang, „du bist doch kein Schieber*. Es war doch dein persönliches Eigentum. Laß dir mal keine grauen Haare wachsen."

Meine Tante schwieg dann meist und schien beruhigt. Doch je öfter meine Mutter die sorgenvollen Bedenken meiner Tante zerstreuen wollte, desto verschlossener wurde sie. Die Veränderung, die in ihr vorging, war widersprüchlich. Einerseits trieb sie die Vorbereitungen für die Reise zu ihrem Sohn voran. Sie kaufte sich einen neuen Mantel und erschien zwei Tage vor ihrem Reisetermin mit einer neuen Frisur. Andererseits trug sie die wenigen Äußerungen über ihre — wie sie sich ausdrückte — Angelegenheit weitaus gefaßter und — wie mir heute scheint — der möglichen Konsequenzen bewußter vor. Was mir schon damals auffiel: Sie sah mir nicht mehr in die Augen, wenn sie mit mir sprach.

Einmal, sie saß bei uns am Abendbrottisch, ohne etwas zu essen, hob sie den Kopf und sagte: „Trudchen, ich werde beobachtet."

„Aber Hete!" sagte meine Mutter.

„Doch", sagte meine Tante, und sie schien sich ihrer Sache vollkommen sicher zu sein. „Gestern abend stand im Hausflur gegenüber ein Mann. Er hat dauernd hochgesehen."

Meine Mutter schüttelte ungläubig den Kopf.

„Doch", sagte meine Tante beharrlich, „ich habe ihn auch in der S-Bahn getroffen. Er hat mich beobachtet."

„Hete, du täuschst dich bestimmt", sagte meine Mutter beschwörend.

„Nein", sagte meine Tante, „so kann man sich nicht täuschen."

„Du redest dir etwas ein", sagte meine Mutter. „Bestimmt grübelst du zuviel."

„Trudchen", sagte meine Tante, „sie werden mich ins Gefängnis stecken." Sie schlug die Hände vor ihr Gesicht, offenbar erschrocken über ihren Mut, etwas auszusprechen, was man in unseren Kreisen — auf sich selbst bezogen — nicht einmal zu denken wagte. Ich weiß noch, daß dieses Wort ein ähnlich befremdliches Gefühl in mir auslöste wie das Wort Pest, wenn ich es in einem Buch las. Ich erinnere mich auch noch an den entsetzten Ausdruck, der in das Gesicht meiner Mutter trat, wie wenn jemand ins Zimmer gekommen wäre und den Tod meines als vermißt geltenden Vaters bekanntgegeben hätte. Aber selbst das, scheint mir heute, wäre für sie begreifbarer gewesen als dieses Wort, das für sie, wie für meine Tante, der Beginn einer unauslöschlichen Schande, eines untilgbaren Fluchs zu sein schien.

„Aber Hete!" rief meine Mutter, als sie sich wieder in der Gewalt hatte. „Du mußt doch nicht mit dem Schlimmsten rechnen. Fahr erst mal zu Manfred, und laß alles andere auf dich zukommen."

Als meine Tante an jenem Tag nach Hause ging, sahen wir ihr, wie jedesmal, aus dem Fenster hinterher und winkten, wenn sie sich umdrehte, so lange, bis sie um die Ecke gebogen war.

Meine Tante wohnte im vierten Stockwerk des Hauses Nr. 38 in der früheren Weißenburger Straße. Am nächsten Vormittag, ihrem Reisetag, habe sie, erzählte man uns, die Aufmerksamkeit einiger Passanten erregt, indem sie, auf dem Fensterbrett stehend, Anstalten machte, herunterzuspringen. Es habe sich schnell eine Menschenmenge angesammelt, und man habe ihr durch Gesten und durch lautes Rufen bedeutet, sie solle zurücktreten. Tatsächlich sei sie vom Fensterbrett heruntergestiegen und habe das Fenster geschlossen.

Eine Nachbarin, durch den Lärm auf der Straße aufmerksam geworden und schon im Besitz des zweiten Wohnungsschlüssels, den meine Tante ihr für die Dauer ihrer Reise wegen der fälligen Ablesung des Gaszählers überlassen hatte, klingelte an der

Tür und betrat dann, da niemand öffnete, die Wohnung. Im Zimmer, das zur Straße hinausging, sei niemand gewesen, erzählte sie uns später. Als sie aber die Tür der zum Hof liegenden Küche öffnete, habe sie meine Tante auf dem Fensterbrett sitzen gesehen, mit dem Rücken zu ihr, die Beine in der Luft baumelnd. Noch bevor sie, die Nachbarin, ein Wort über die Lippen gebracht habe, sei meine Tante hinuntergesprungen.

Die Ärzte stellten am Leichnam meiner Tante einen doppelten Schädelbasisbruch, Frakturen beider Oberschenkel und Verletzungen der wichtigsten inneren Organe fest.

Zwei Wochen später bekam meine Mutter Post aus Freising/Obb. Sie enthielt detaillierte Angaben über die Art und Weise, in der die Beerdigung stattfinden solle, und legte die Gründe dar, weshalb es meinem Cousin unmöglich sei, an der Feierlichkeit teilzunehmen, wollte er nicht seine berufliche Existenz gefährden.

Der Brief schloß mit den Sätzen: „Alle meine Gedanken sind bei Euch. Wenn ich auch den Freitod meiner geliebten Mutter aus Gründen des Glaubens niemals werde billigen können, so ehre ich doch ihr Motiv, sich und mir das Schlimmste ersparen zu wollen.“

Hans Jakob Christoffel von Grimmelshausen

Der aus Einbildung sterbende Soldat

Zwei Soldaten in einem deutschen Regiment übten wegen geringer Ursach eine tödliche Feindschaft, also daß man sie auf keine Weise besänftigen und vergleichen konnte. Ihr Hauptmann gebot ihnen Friede bei Verlust ihres Lebens und beteuerte, daß der Anfänger und Beleidiger sowohl als der Beleidigte eines schmählichen Todes sterben müßte. Dieses Verbot hätte sie in Ruhe miteinander leben machen; doch beschloß der eine, sich nicht wirklich, aber doch mit einem Schrecken an seinem Feinde zu rächen; und sagte zu seinen Gesellen, daß er seine Muskete ohne Kugel laden und seinem von ferne daherkommenden Gegner eine Furcht einjagen wollte. Als sie nun zusammenkamen, fluchte er auf gut soldatisch, daß er sich an seinem Feind rächen wollte! Mit solcher Bedrohung paßt er auf und schießt den andern Soldaten auf die Brust, welcher, von der Furcht des Todes und vom Schrecken übereilt, zu Boden fallend, starr war und tot. Der Täter wurde in Verhaft genommen und es fand sich, daß der Leichnam mit keiner Kugel getroffen war; auch zeugten seine Spießgesellen, daß er keine Kugel eingeladen habe und nicht gewillt gewesen sei, seinem Feind an dem Leben zu schaden.

Unerachtet dessen wurde der besagte Täter zum Tode verurteilt, weil er des Hauptmanns Gebot übertreten und den Totschlag begangen. Man führt ihn hinaus, daß er nach Kriegsbrauch von seinen Gesellen erschossen werden sollte. Er bereitete sich zum Tode und wählt die, welche ihm den Rest geben sollten. Diese aber hatten Befehl, obenhin zu schießen und ihm sein Verbrechen mit gleicher Strafe zu bezahlen. Was geschieht? Der zum Sterben Entschlossene wird von keinem getroffen, bleibt aber doch starr tot an den Pfahl gebunden, vielleicht aus gerechter Verhängnis Gottes, der zu strafen pfleget mit dem, womit man wider ihn sündigt.

Conrad Ferdinand Meyer

Die Füße im Feuer

Wild zuckt der Blitz. In fahlem Lichte steht ein Turm.
Der Donner rollt. Ein Reiter kämpft mit seinem Roß,
springt ab und pocht ans Tor und lärmt. Sein Mantel saust
Im Wind. Er hält den scheuen Fuchs am Zügel fest.
Ein schmales Gitterfenster schimmert goldenhell,
Und knarrend öffnet jetzt das Tor der Edelmann...

— „Ich bin ein Knecht des Königs, als Kurier geschickt
Nach Nîmes*. Herbergt mich! Ihr kennt des Königs Rock!“
— „Es stürmt. Mein Gast bist du. Dein Kleid, was kümmert's mich?
Tritt ein, und wärme dich! Ich sorge für dein Tier!“
Der Reiter tritt in einen dunklen Ahnensaal,
Von eines weiten Herdes Feuer schwach erhellt,
Und je nach seines Flackerns launenhaftem Licht
Droht hier ein Hugenott* im Harnisch*, dort ein Weib,
Ein stolzes Edelweib aus braunem Ahnenbild...
Der Reiter wirft sich in den Sessel vor dem Herd
Und starrt in den lebend'gen Brand. Er brütet, gafft...
Leis sträubt sich ihm das Haar. Er kennt den Herd, den Saal...
Die Flamme zischt. Zwei Füße zucken in der Glut.

Den Abendtisch bestellt die greise Schaffnerin
Mit Linnen blendend weiß. Das Edelmägdlein hilft.
Ein Knabe trug den Krug mit Wein. Der Kinder Blick
Hangt schreckensstarr am Gast und hangt am Herd entsetzt...
Die Flamme zischt. Zwei Füße zucken in der Glut.

— „Verdammt! Dasselbe Wappen! Dieser selbe Saal!
Drei Jahre sind's... Auf einer Hugenottenjagd...
Ein fein, halsstarrig Weib... ‚Wo steckt der Junker? Sprich!‘
Sie schweigt. ‚Bekenn!‘ Sie schweigt. ‚Gib ihn heraus!‘ Sie schweigt.
Ich werde wild. *Der* Stolz! Ich zerre das Geschöpf...
Die nackten Füße pack ich ihr und strecke sie
Tief mitten in die Glut... ‚Gib ihn heraus!‘... Sie schweigt.
Sie windet sich... Sahst du das Wappen nicht am Tor?
Wer hieß dich hier zu Gaste gehen, dummer Narr?
Hat er nur einen Tropfen Bluts, erwürgt er dich.“
Ein tritt der Edelmann. „Du träumst! Zu Tische, Gast...“

Da sitzen sie. Die drei in ihrer schwarzen Tracht
Und er. Doch keins der Kinder spricht das Tischgebet.
Ihn starren sie mit aufgerißnen Augen an —
Den Becher füllt und übergießt er, stürzt den Trunk,
Springt auf: „Herr, gebet jetzt mir meine Lagerstatt!
Müd bin ich wie ein Hund!" Ein Diener leuchtet ihm,
Doch auf der Schwelle wirft er einen Blick zurück
Und sieht den Knaben flüstern in des Vaters Ohr...
Dem Diener folgt er taumelnd in das Turmgemach.

Fest riegelt er die Tür. Er prüft Pistol und Schwert,
Gell pfeift der Sturm. Die Diele bebt. Die Decke stöhnt.
Die Treppe kracht... Dröhnt hier ein Tritt?... Schleicht dort ein Schritt?...
Ihn täuscht das Ohr. Vorüber wandelt Mitternacht.
Auf seinen Lidern lastet Blei, und schlummernd sinkt
Er auf das Lager. Draußen plätschert Regenflut.

Er träumt. „Gesteh!" Sie schweigt. „Gib ihn heraus!" Sie schweigt.
Er zerrt das Weib. Zwei Füße zucken in der Glut.
Auf sprüht und zischt ein Feuermeer, das ihn verschlingt...
— „Erwach! Du solltest längst von hinnen sein! Es tagt!"
Durch die Tapetentür in das Gemach gelangt,
Vor seinem Lager steht des Schlosses Herr — ergraut,
Dem gestern dunkelbraun sich noch gekraust das Haar.

Sie reiten durch den Wald. Kein Lüftchen regt sich heut.
Zersplittert liegen Ästetrümmer quer im Pfad.
Die frühsten Vöglein zwitschern, halb im Traume noch.
Friedsel'ge Wolken schwimmen durch die klare Luft,
Als kehrten Engel heim von einer nächt'gen Wacht.
Die dunkeln Schollen atmen kräft'gen Erdgeruch.
Die Ebne öffnet sich. Im Felde geht ein Pflug.
Der Reiter lauert aus den Augenwinkeln: „Herr,
Ihr seid ein kluger Mann und voll Besonnenheit
Und wißt, daß ich dem größten König eigen bin.
Lebt wohl! Auf Nimmerwiedersehn!" Der andre spricht:
„Du sagst's! Dem größten König eigen! Heute ward
Sein Dienst mir schwer... Gemordet hast du teuflisch mir
Mein Weib! Und lebst... Mein ist die Rache, redet Gott."

Aus der deutschen Heldensage

Hildebrand und Hadubrand

Aus dem Urtext:

Ik gihôrta dat ſeggen,
dat ſih urhêttun   ænon moutîn
Hiltibrant enti Hadubrant   untar heriun tuêm,
ſunufatarungo: iro ſaro rihtun,
garutun ſe iro gûdhamun,   gurtun ſih iro ſuert ana,
helidos, ubar hringâ   dô ſie tô dero hiltiu ritun.

Übertragung:

Ich hörte das sagen,
daß sich ausforderten   einzeln bei der Begegnung
Hildebrand und Hadubrand   zwischen den Heeren beiden,
Vater und Sohn.   Sie sahen nach ihrer Rüstung,
bereiteten ihre Brünnen*,   banden sich ihre Schwerter um,
die Helden über die Ringe*,   da sie ritten zu jenem Kampf.

Hildebrand anhub,   er war der ältere Mann,
des Lebens erfahrener,   zu fragen begann er
mit wenigen Worten,   wer da wäre sein Vater
im Heervolk der Helden ...
... „Oder welches Geschlechtes du seist?
Wenn du mir einen sagst,   ich mir die andern weiß,
Kind, im Königreiche   kenn' ich doch allen Adel!"

Hadubrand antwortete,   Hildebrands Sohn:
„Das haben gesagt mir   Leute von uns hier,
alte und kluge,   die einstmals lebten,
daß Hildebrand hieße mein Vater: ich heiße Hadubrand.
Vordem er ostwärts ritt,   floh vor Otachers* Wut
hin zu Dietrich*   und seiner Degen* vielen.
Da ließ er im Lande   verlassen zurück
sein junges Weib im Haus,   unerwachsen das Kind,
des Erbes verwaist;   er ritt ostwärts fort,
weil nun Dietrich   zu darben begann
nach meinem Vater;   er war doch ein so freundloser Mann!
Auf Otacher war er   unmäßig ergrimmt,
aber bei Dietrich   der Degen liebster.
Er war immer dem Volke voran,   ihm war Fechten zur Lust.
Kund war er   kühnen Männern.
Ich glaube nicht, daß er noch lebt ..."

„Nun helfe mir Gott vom Himmel droben“, (sprach Hildebrand)
„daß du trotzdem nicht mit so nahe Versipptem*
Verhandlung je führtest ...“
Da wand er vom Arme gewundene Baugen*
aus Kaisergold, so wie sie jener König ihm gab,
der Hunnen Herr*: „Daß ich dir es in Huld nun gebe!“
Hadubrand sprach, Hildebrands Sohn:
„Mit dem Gere* soll man Gaben empfangen,
Spitze wider Spitze ...
Du scheinst mir, alter Hunne, ein übermäßig Schlauer,
lockst mich mit deinen Worten, willst mich mit deiner Lanze werfen.
So alt, wie du bist, so viel Erzbetrug führst du.
Das haben gesagt mir Seefahrende hier
westwärts übers Wendelmeer*, daß ihn wegnahm ein Kampf:
Tot ist Hildebrand, Herebrands Sohn.“

Hildebrand sprach, Herebrands Sohn:
„Wohl erseh' ich an deiner Rüstung,
daß du hast daheim einen Herrn, einen edlen,
daß dich dieses Reiches König nicht als Recken vertrieb.
Wohlan nun, waltender Gott, Wehgeschick vollzieht sich.
Ich wallte der Sommer und Winter sechzig außer Landes,
wo man immer mich fand im Volke der Krieger
und bei keiner Stadt doch starb ich des Todes.
Nun soll mich der eigene Sohn mit dem Eisen zerhauen,
treffen mit seinem Schwerte, oder aber ich erschlage ihn selbst.
Doch leichthin kannst du, wenn dir deine Kraft dazu taugt,
mir altem Mann abjagen die Waffen,
die Rüstung rauben, wenn du ein Recht dazu hast.
Der soll doch der ärgste der Ostleute sein,
der dir nun weigert den Kampf, wenn's dich so wohl danach lüstet,
den gemeinsamen Zweikampf: Wenn du mußt, so versuch's,
wer von uns seine Rüstung räumen heut soll
oder über diese Brünnen beide walten!“

Da ritten sie erst mit den Eschenschäften* zusammen,
in scharfen Schauern, daß in den Schilden es stand.
Dann stapften zusammen die Starken im Fußkampf,
zerhieben harmlich die hellen Schilde,
bis ihnen die lindenen* lützel* wurden,
zerwirkt* von den Waffen ...

Aus der griechischen Sage

Antigone

Als die Söhne des Ödipus*, Eteokles und Polyneikes, herangewachsen waren, schwand bald ihre brüderliche Eintracht. Eteokles, der hart und herrschsüchtig war, wollte den Thron von Theben* allein besitzen und trieb den Bruder außer Landes.
In Argos* beim König Adrastos fand der Heimatlose Zuflucht und Waffenhilfe in dem unseligen Bruderzwist. Polyneikes heiratete hier die schöne Königstochter Argeia, und bald rüstete er mit seinem Schwiegervater Adrastos und fünf weiteren Fürsten aus dem Peloponnes* eine gewaltige Heeresmacht zum Rachefeldzug gegen seine Vaterstadt.
Jeder der sieben Helden rückte mit einem Heer gegen eines der sieben Tore vor. Aber den Angreifern war das Kriegsglück nicht hold. Die beiden feindlichen Brüder begegneten sich auf dem Schlachtfeld, lieferten sich einen erbitterten Kampf und töteten sich gegenseitig. Nun brachen die Thebaner mit Siegesgeschrei aus den Toren und stürzten sich auf die Belagerer. Die feindlichen Heere mußten weichen, und ihre Führer wurden auf der Flucht getötet. Nur den König Adrastos bewahrte sein schnelles Streitroß vor dem gleichen Schicksal.
In Theben übernahm nun Kreon die Herrschaft wieder. Er ließ dem König Eteokles, der für die Verteidigung seiner Vaterstadt den Tod gefunden hatte, ein ehrenvolles Begräbnis richten, dem gefallenen Polyneikes aber versagte er diese Ehren. Unbestattet sollte nach Kreons Befehl der Leichnam des Mannes, der feindliche Heere

gegen seine Heimat geführt hatte, den Vögeln und Hunden zum Fraße dienen. Wer gegen das königliche Gebot verstieß, sollte eines grausamen Todes sterben.

Antigone, die nach dem Tode ihres Vaters Ödipus in die Heimat zurückgekehrt war, wollte nicht, daß man ihren toten Bruder Polyneikes, mochte er sich auch gegen die Vaterstadt Theben vergangen haben, die letzten Ehren versagte und die Grabesruhe verweigerte.

Die tapfere Jungfrau eilte auf das Schlachtfeld vor der Stadt, um den Leichnam des Bruders zu suchen und das Totenopfer darzubringen. Bei ihrer kühnen Tat wurde Antigone von Wächtern ergriffen und vor den König geführt.

Kreon bebte vor Zorn. „Wie konntest du es wagen, meinem Befehl zu trotzen?“ herrschte er sie an.

Antigone bekannte sich frei und furchtlos zu ihrer Tat. „Du kanntest das Gesetz, das du übertratest?“ fragte der König. „Wohl kannte ich es, König Kreon“, sprach Antigone mit fester Stimme. „Aber meine Liebe zum leiblichen Bruder war stärker als dein Befehl. Es gibt Gesetze, die von Göttern herstammen und die höher stehen als alle irdischen. Kein Sterblicher wird göttliche Weisung ungestraft mißachten. Ein solches Gesetz hat mir befohlen, den Sohn meiner Mutter nicht unbegraben zu lassen!“

Solche Worte konnten Kreons Zorn nicht mildern: „Nun, so liebe den Hades*, wenn du lieben mußt!“ entgegnete er hart.

Vergebens bat Kreons Sohn Haimon um Milde für Antigone, die seine Verlobte war; vergebens berichtete er dem König, daß ganz Theben die Tat der frommen Jungfrau, die ihrer Schwesterpflicht gefolgt sei, als wert des Nachruhms preise. Kreons Herz blieb verstockt. Ohne Gnade ließ er Antigone in eine Felsengruft führen und dort lebendig einmauern. Nur wenig Speise gab man ihr mit ins Grab, denn nach des Königs Gebot sollte sie Hungers sterben.

Da trat Teiresias, der blinde Seher*, vor Kreon hin: „Erzürne die Götter nicht noch mehr“, warnte er den König, „dir steht nicht das Recht zu, einem Toten den Weg ins Schattenreich zu verwehren und eine Lebende in ein Felsengrab einzuschließen.“

Doch Kreon hatte nur Hohn für des Sehers Mahnung. Wie einstmals Ödipus kränkte er den greisen Teiresias und bezichtigte ihn der Lüge. Da verkündete der Seher, von Zorn entbrannt, schonungslos das göttliche Strafgericht und den Untergang des Königshauses. Dann ließ er sich, auf seinen Stab gestützt, hinwegführen. Kreon, von Furcht gequält, gab nun doch den Befehl, den Leichnam des Polyneikes feierlich zu bestatten. Er selbst eilte zu jener Stelle, wo er Antigone in das Felsengrab hatte einschließen lassen.

Schon von weitem vernahm er laute Wehklagen. Die Gruft war gewaltsam erbrochen. Sein Sohn Haimon war eingedrungen, um die Geliebte zu retten. Doch seine Hilfe war zu spät gekommen. Um dem Hungertode zu entgehen, hatte sich Antigone mit ihrem Schleier erwürgt. Bleich vor Entsetzen wich Kreon vor dem grausigen Bild, das sich ihm bot, zurück. Als Haimon, der in wildem Schmerze den entseelten Leib der Geliebten umschlungen hielt, den Vater erkannte, riß er das Schwert aus der Scheide, und nur mit Mühe entging Kreon dem Tode. Dann stieß sich Haimon selbst das Schwert vor den Augen des Vaters ins Herz. Sterbend brach er über der Leiche der geliebten Antigone zusammen.

Bertolt Brecht

Die Geschichte von der Mutter Courage

Es war einmal eine Mutter
War Mutter Courage genannt
Sie zog im Dreißigjährigen Krieg
Als Händlerin durch das Land.

Sie hatte keine Furcht vorm Kriege
Wollt' machen ihren Schnitt*
Und nahm, daß sie auch was kriegten
Ihre drei Kinder mit.

Ihr Ältster fiel, weil er ein Held war
Der zweite, weil er zu brav
Die Tochter hatt' ein zu gutes Herz
Als sie die Kugel traf.

Bertolt Brecht

Das Opfer der stummen Kattrin

(Szene aus „Mutter Courage und ihre Kinder")

Der Planwagen steht zerlumpt neben einem Bauernhaus mit riesigem Strohdach, das sich an eine Felswand anlehnt. Es ist Nacht. Mutter Courage ist in die nahe Stadt Halle gegangen, um Nachschub zu besorgen. Ihre Tochter Kattrin ist im Wagen geblieben.
Aus dem Gehölz treten ein Fähnrich und drei Soldaten in schwerem Eisen.

DER FÄHNRICH Ich will keinen Lärm haben. Wer schreit, dem haut den Spieß hinauf.

ERSTER SOLDAT Aber wir müssen sie herausklopfen, wenn wir einen Führer haben wollen.

DER FÄHNRICH Das ist kein unnatürlicher Lärm, Klopfen. Da kann eine Kuh sich an die Stallwand wälzen.

Die Soldaten klopfen an die Tür des Bauernhauses. Eine Bäuerin öffnet. Sie halten ihr den Mund zu. Zwei Soldaten hinein.

MÄNNERSTIMME *drinnen:* Ist was?

Die Soldaten bringen einen Bauern und seinen Sohn heraus.

DER FÄHNRICH *deutet auf den Wagen, in dem Kattrin aufgetaucht ist:* Da ist auch noch eine. *Ein Soldat zerrt sie heraus.* Seid ihr alles, was hier wohnt?

DIE BAUERSLEUTE Das ist unser Sohn. — Und das ist eine Stumme. — Ihre Mutter ist in die Stadt, einkaufen. — Für ihren Warenhandel, weil viele fliehn und billig verkaufen. — Es sind fahrende Leut, Marketender*.

DER FÄHNRICH Ich ermahn euch, daß ihr euch ruhig verhaltet, sonst, beim geringsten

Lärm, gibts den Spieß über die Rübe. Und ich brauch einen, der uns den Pfad zeigt, wo auf die Stadt führt. *Deutet auf den jungen Bauern:* Du, komm her!

DER JUNGE BAUER Ich weiß keinen Pfad nicht.

ZWEITER SOLDAT *grinsend:* Er weiß keinen Pfad nicht.

DER JUNGE BAUER Ich dien nicht die Katholischen*.

DER FÄHNRICH *zum zweiten Soldaten:* Gib ihm den Spieß in die Seit!

DER JUNGE BAUER *auf die Knie gezwungen und mit dem Spieß bedroht:* Ich tus nicht ums Leben.

ERSTER SOLDAT Ich weiß was, wie er klug wird. *Er tritt auf den Stall zu.* Zwei Küh und ein Ochs. Hör zu: Wenn du keine Vernunft annimmst, säbel ich das Vieh nieder.

DER JUNGE BAUER Nicht das Vieh!

DIE BÄUERIN *weint:* Herr Hauptmann, verschont unser Vieh, wir möchten sonst verhungern.

DER FÄHNRICH Es ist hin, wenn er halsstarrig bleibt.

ERSTER SOLDAT Ich fang mit dem Ochsen an.

DER JUNGE BAUER *zum Alten:* Muß ichs tun? *Die Bäuerin nickt.* Ich tus.

DIE BÄUERIN Und schönen Dank, Herr Hauptmann, daß Sie uns verschont haben, in Ewigkeit. Amen.

Der Bauer hält die Bäuerin von weiterem Danken zurück.

ERSTER SOLDAT Hab ich nicht gleich gewußt, daß der Ochs ihnen über alles geht!

Geführt von dem jungen Bauern, setzen der Fähnrich und die Soldaten ihren Weg fort.

DER BAUER Ich möcht wissen, was die vorhaben. Nix Gutes.

DIE BÄUERIN Vielleicht sinds nur Kundschafter. — Was willst?

DER BAUER *eine Leiter ans Dach stellend und hinaufkletternd:* Sehn, ob die allein sind. *Oben:* Im Gehölz bewegt sichs. Bis zum Steinbruch hinab seh ich was. Und da sind auch Gepanzerte in der Lichtung. Und eine Kanon. Das ist mehr als ein Regiment. Gnade Gott der Stadt und allen, wo drin sind.

DIE BÄUERIN Ist Licht in der Stadt?

DER BAUER Nix. Da schlafens jetzt. *Er klettert herunter.* Wenn die eindringen, stechen sie alles nieder.

DIE BÄUERIN Der Wachtposten wirds rechtzeitig entdecken.

DER BAUER Den Wachtposten im Turm oben aufm Hang müssen sie hingemacht haben, sonst hätt der ins Horn gestoßen.

DIE BÄUERIN Wenn wir mehr wären ...

DER BAUER Mit dem Krüppel allein hier oben ...

DIE BÄUERIN Wir können nix machen, meinst ...

DER BAUER Nix.

DIE BÄUERIN Wir können nicht hinunterlaufen, in der Nacht.

DER BAUER Der ganze Hang hinunter ist voll von ihnen. Wir können nicht einmal ein Zeichen geben.

DIE BÄUERIN Daß sie uns hier oben auch umbringen?

DER BAUER Ja, wir können nix machen.

DIE BÄUERIN *zu Kattrin:* Bet, armes Tier, bet! Wir können nix machen gegen das

Blutvergießen. Wenn du schon nicht reden kannst, kannst doch beten. Er hört dich, wenn dich keiner hört. Ich helf dir. *Alle knien nieder, Kattrin hinter den Bauersleuten.* Vater unser, der du bist im Himmel, hör unser Gebet, laß die Stadt nicht umkommen mit alle, wo drinnen sind und schlummern und ahnen nix. Erweck sie, daß sie aufstehn und gehn auf die Mauern und sehn, wie sie auf sie kommen mit Spießen und Kanonen in der Nacht über die Wiesen, herunter vom Hang. *Zu Kattrin zurück:* Beschirm unsre Mutter und mach, daß der Wächter nicht schläft, sondern aufwacht, sonst ist es zu spät. Unserm Schwager steh auch bei, er ist drin mit seine vier Kinder, laß die nicht umkommen, sie sind unschuldig und wissen von nix. *Zu Kattrin, die stöhnt:* Eins ist unter zwei, das älteste sieben. *Kattrin steht verstört auf.* Vater unser, hör uns, denn nur du kannst helfen, wir möchten zugrunde gehn, warum, wir sind schwach und haben keine Spieß und nix und können uns nix traun und sind in deiner Hand mit unserm Vieh und dem ganzen Hof, und so auch die Stadt, sie ist auch in deiner Hand, und der Feind ist vor den Mauern mit großer Macht.

Kattrin hat sich unbemerkt zum Wagen geschlichen, etwas herausgenommen, es unter ihre Schürze getan und ist die Leiter hoch aufs Dach des Stalles geklettert.

DIE BÄUERIN Gedenk der Kinder, wo bedroht sind, der allerkleinsten besonders, der Greise, wo sich nicht rühren können, und aller Kreatur.

DER BAUER Und vergib uns unsre Schuld, wie auch wir vergeben unsern Schuldigern. Amen.

Kattrin beginnt, auf dem Dach sitzend, die Trommel zu schlagen, die sie unter ihrer Schürze hervorgezogen hat.

DIE BÄUERIN Jesus, was macht die?

DER BAUER Sie hat den Verstand verloren.

DIE BÄUERIN Hol sie runter, schnell!

Der Bauer läuft auf die Leiter zu, aber Kattrin zieht sie aufs Dach.

DIE BÄUERIN Sie bringt uns ins Unglück.

DER BAUER Hör auf der Stell auf mit Schlagen, du Krüppel!

DIE BÄUERIN Die Kaiserlichen auf uns ziehn.

DER BAUER *sucht Steine am Boden:* Ich bewerf dich!

DIE BÄUERIN Hast denn kein Mitleid? Hast gar kein Herz? Hin sind wir, wenn sie auf uns kommen! Abstechen tuns uns.

Kattrin starrt in die Weite, auf die Stadt, und trommelt weiter.

DIE BÄUERIN *zum Alten:* Ich hab dir gleich gesagt: Laß das Gesindel nicht auf den Hof. Was kümmerts die, wenn sie uns das letzte Vieh wegtreiben.

DER FÄHNRICH *kommt mit seinen Soldaten und dem jungen Bauern gelaufen:* Euch zerhack ich!

DIE BÄUERIN Herr Offizier, wir sind unschuldig, wir können nix dafür. Sie hat sich raufgeschlichen. Eine Fremde.

DER FÄHNRICH Wo ist die Leiter?

DER BAUER Oben.

DER FÄHNRICH *hinauf:* Ich befehl dir, schmeiß die Trommel runter!

Kattrin trommelt weiter.

DER FÄHNRICH Ihr seids alle verschworen. Das hier überlebt ihr nicht.

DER BAUER Drüben im Holz haben sie Fichten geschlagen. Wenn wir einen Stamm holn und stochern sie herunter ...

ERSTER SOLDAT *zum Fähnrich:* Ich bitt um Erlaubnis, daß ich einen Vorschlag mach. *Er sagt dem Fähnrich etwas ins Ohr. Der nickt.* Hörst du, wir machen dir einen Vorschlag zum Guten. Komm herunter, und geh mit uns in die Stadt, stracks voran. Zeig uns deine Mutter, und sie soll verschont werden.

Kattrin trommelt weiter.

DER FÄHNRICH *schiebt ihn roh weg:* Sie traut dir nicht, bei deiner Fresse kein Wunder. *Er ruft hinauf:* Wenn ich dir mein Wort gebe? Ich bin Offizier und hab ein Ehrenwort.

Kattrin trommelt stärker.

DER FÄHNRICH Der ist nix heilig.

DER JUNGE BAUER Herr Offizier, es is ihr nicht nur wegen ihrer Mutter!

ERSTER SOLDAT Lang dürfts nicht mehr fortgehn. Das müssen sie hörn in der Stadt.

DER FÄHNRICH Wir müssen einen Lärm mit irgendwas machen, wo größer ist als ihr Trommeln. Mit was können wir einen Lärm machen?

ERSTER SOLDAT Wir dürfen doch keinen Lärm machen.

DER FÄHNRICH Einen unschuldigen, Dummkopf. Einen nicht kriegerischen.

DER BAUER Ich könnt mit der Axt Holz hacken.

DER FÄHNRICH Ja, hack. *Der Bauer holt die Axt und haut in den Stamm.* Hack mehr! Mehr! Du hackst um dein Leben!

Kattrin hat zugehört, dabei leiser geschlagen. Unruhig herumspähend, trommelt sie jetzt weiter.

DER FÄHNRICH *zum Bauern:* Zu schwach. *Zum ersten Soldaten:* Hack du auch.

DER BAUER Ich hab nur eine Axt. *Hört auf mit dem Hacken.*

DER FÄHNRICH Wir müssen den Hof anzünden. Ausräuchern müssen wir sie.

DER BAUER Das nützt nix, Herr Hauptmann. Wenn sie in der Stadt hier Feuer sehn, wissen sie alles.

Kattrin hat während des Trommelns wieder zugehört. Jetzt lacht sie.

DER FÄHNRICH Sie lacht uns aus, schau. Ich halts nicht aus. Ich schieß sie herunter, und wenn alles hin ist. Holt die Kugelbüchs!

Zwei Soldaten laufen weg. Kattrin trommelt weiter.

DIE BÄUERIN Ich habs, Herr Hauptmann. Da drüben steht ihr Wagen. Wenn wir den zusammenhaun, hört sie auf. Sie haben nix als den Wagen.

DER FÄHNRICH *zum jungen Bauern:* Hau ihn zusammen. *Hinauf:* Wir haun deinen Wagen zusammen, wenn du nicht mit Schlagen aufhörst.

Der junge Bauer führt einige schwache Schläge gegen den Planwagen.

DIE BÄUERIN Hör auf, du Vieh!

Kattrin stößt, verzweifelt nach ihrem Wagen starrend, jämmerliche Laute aus. Sie trommelt aber weiter.

DER FÄHNRICH Wo bleiben die Dreckkerle mit der Kugelbüchs?

ERSTER SOLDAT Sie können in der Stadt drin noch nix gehört haben, sonst möchten wir ihr Geschütz hörn.

DER FÄHNRICH *hinauf:* Sie hörn dich gar nicht. Und jetzt schießen wir dich ab. Ein letztes Mal: Wirf die Trommel herunter!

DER JUNGE BAUER *wirft plötzlich die Planke weg:* Schlag weiter! Sonst sind alle hin! Schlag weiter, schlag weiter ...

Der Soldat wirft ihn nieder und schlägt auf ihn mit dem Spieß ein. Kattrin beginnt zu weinen, sie trommelt aber weiter.

DIE BÄUERIN Schlagts ihn nicht in Rücken! Gottes willen, ihr schlagt ihn tot!

Die Soldaten mit der Büchse kommen gelaufen.

ZWEITER SOLDAT Der Obrist hat Schaum vorm Mund, Fähnrich. Wir kommen vors Kriegsgericht.

DER FÄHNRICH Stell auf! Stell auf! *Hinauf, während das Gewehr auf die Gabel gestellt wird:* Zum allerletzten Mal: Hör auf mit Schlagen! *Kattrin trommelt weinend, so laut sie kann.* Gebt Feuer!

Die Soldaten feuern. Kattrin, getroffen, schlägt noch einige Schläge und sinkt dann langsam zusammen.

DER FÄHNRICH Schluß ist mitm Lärm!

Aber die letzten Schläge Kattrins werden von den Kanonen der Stadt abgelöst. Man hört von weitem verwirrtes Sturmglockenläuten und Kanonendonner.

ERSTER SOLDAT Sie hats geschafft.

Bertolt Brecht

Die zwei Ängste der stummen Kattrin

Aus den Anmerkungen Brechts zu der Aufführung der „Mutter Courage“ im Jahr 1949

Der stummen Kattrin nützt ihre Stummheit nichts, der Krieg hält ihr eine Trommel hin. Sie muß mit der unverkauften Trommel aufs Stalldach klettern, die Kinder der Stadt Halle retten.
Die stumme Kattrin ist erfüllt von zwei Ängsten: der für die Stadt Halle und der für sich. [...]
Auf dem Dach sieht sie hinüber, wo die schlafende Stadt angenommen ist, und fängt unverzüglich mit dem Trommeln an. Sie hält in beiden Händen Schlegel und schlägt im Zweitakt, mit dem Akzent wie im Wort „Gewalt“. Die Bauersleute schrecken aus dem Gebet hoch, der Bauer läuft hin, behindert durch sein Rheuma, die Stumme zieht linkisch die Leiter hoch zu sich aufs Dach und trommelt weiter.
Unten der Bauer sucht gebückt nach Steinen, die Trommelnde zu bewerfen; die Bäuerin beschimpft sie und fleht sie an, aufzuhören („Hast du kein Mitleid, hast gar kein Herz?“). Die Trommelnde wirft einen kühlen Blick herunter auf die Ängstlichen und wendet sich wieder der Stadt zu, die immer noch nicht zu erwachen scheint. (Die mit vielen Mitleid haben, dürfen keines haben mit den wenigen.)
Die Landsknechte kommen zurückgelaufen. Der Fähnrich bedroht die Bauersleute mit dem blanken Säbel. Sie sind wieder aufs Knie gesunken, wie zuvor vor ihrem Gott. Die Landsknechte bieten der Fremden einen Vergleich an. Annehmend, sie mache den Lärm, weil sie für ihre Mutter in der Stadt fürchtet, versprechen sie ihr, diese zu schonen. Die Trommelnde scheint nicht zu verstehen oder dem rufenden Landsknecht nicht zu glauben. Der Fähnrich tritt vor. Er wirft sich in die Brust, er bürgt ihr mit seinem Offiziersehrenwort. Die Stumme hebt die Schlegel höher als je zuvor, nach einer winzigen Pause, anzeigend, daß sie gehört und daß sie bedacht hat. Lauter als zuvor trommelt sie weiter. Der Fähnrich rast. Die Stumme macht ihn madig vor seinen Leuten. [...]
Der Landsknecht kommt zurück mit der Kugelbüchse. Er stellt sie auf die Gabel, er zielt aufs Dach. („Zum allerletzten Mal, hör auf mit Schlagen!“) Die Stumme beugt sich vor, sie hält ein mit Trommeln, sie schaut in den Büchsenlauf. In der größten Not drückt ihr weißes infantiles Gesicht noch einmal etwas aus: Furcht. Dann hebt sie mit einer mächtigen und zugleich erschöpften Bewegung die Arme mit den Schlegeln und schlägt, laut schluchzend, weiter. Der Landsknecht gibt Feuer, die Kugel erreicht sie, als sie eben beide Arme hoch erhoben hat. Sie sinkt vornüber. Einen Schlag schlägt sie noch, der zweite, letzte, kommt zustande, weil der andere Arm niedersinkt. Einen Augenblick herrscht Stille, in die der Fähnrich hinein sagt: „Schluß is mit'n Lärm.“ Dann lösen die Kanonen der Stadt, sie hört sie nicht mehr, die Trommelschläge ab. Die Stadt hat sie gehört.

Zukunftsgeschichten von gestern und heute

Gottfried August Bürger

Des Freiherrn von Münchhausen wunderbare Reise nach dem Monde

Ich habe Ihnen, meine Herren, schon ehemals von einer kleinen Reise erzählt, die ich nach dem Monde machte, um meine silberne Axt wiederzuholen. Ich kam nachher noch einmal auf eine viel angenehmere Art dahin und blieb lange genug daselbst, um von verschiedenen Dingen mich gehörig zu unterrichten, die ich Ihnen nun so genau, als mein Gedächtnis mir erlaubt, beschreiben will.

Ein weitläufiger Verwandter von mir hatte sich die Grille in den Kopf gesetzt, es müßte notwendig ein Volk geben, das dem an Größe gleichkäme, welches Gulliver in dem Königreich Brobdignag* gefunden haben will. Dies aufzusuchen, ging er auf eine Entdeckungsreise aus und bat mich, ihn zu begleiten. Ich meines Orts hatte nun zwar jene Erzählung nie für etwas mehr gehalten als für ein gutes Märchen und glaubte sowenig an ein Brobdignag als an ein Eldorado*; indes der Mann hatte mich zum Erben eingesetzt, und ich war ihm also wieder Gefälligkeiten schuldig. Wir kamen auch glücklich nach der Südsee, ohne daß uns irgend etwas aufstieß, das verdiente angeführt zu werden; außer einige fliegende Männer und Weiber, die in der Luft Menuett* tanzten oder Springerkünste machten, und dergleichen Kleinigkeiten. Den achtzehnten Tag, nachdem wir bei der Insel Otahiti* vorbeigekommen waren, führte ein Orkan unser Schiff wenigstens tausend Meilen von der Oberfläche des Wassers weg und hielt es geraume Zeit in dieser Höhe. Endlich füllte ein frischer Wind unsere Segel, und nun ging's mit unglaublicher Geschwindigkeit fort. Sechs Wochen waren wir über den Wolken gereiset, als wir ein großes Land entdeckten, rund und glänzend, gleichsam eine schimmernde Insel. Wir liefen in einen bequemen Hafen ein, gingen an das Ufer und fanden das Land bewohnt. Unter uns sahen wir eine andere Erde mit Städten, Bäumen, Bergen, Flüssen, Seen usw., das, wie wir vermuteten, die Welt war, die wir verlassen hatten. — Im Monde — denn das war die schimmernde Insel, an der wir gelandet hatten — sahen wir große Gestalten, die auf Geiern ritten, von denen jeder*

drei Köpfe hatte. Um Ihnen einen Begriff von der Größe dieser Vögel zu geben, muß ich Ihnen sagen, daß die Entfernung von einem Ende ihres Flügels bis zum andern sechsmal so lang war als das längste Segeltau an unserm Schiffe. — Anstatt wir nun in dieser Welt auf Pferden reiten, fliegen die Einwohner des Mondes auf diesen Vögeln umher.

Der König hatte gerade einen Krieg mit der Sonne. Er bot mir eine Offizierstelle an; allein ich verbat mir die Ehre, die Seine Majestät mir zudachte. Alles ist in dieser Welt außerordentlich groß; eine gewöhnliche Fliege z. B. ist nicht viel kleiner als eines unserer Schafe. Die vorzüglichsten Waffen, deren sich die Einwohner des Mondes im Kriege bedienen, sind Rettiche, die wie Wurfspieße gebraucht werden und den, der damit verwundet wird, augenblicklich töten. Ihre Schilde sind aus Pilzen gemacht, und wenn die Zeit der Rettiche vorbei ist, so vertreten Spargelstangen ihre Stelle.

Ich sah auch hier einige von den Eingebornen des Hundssterns, die der Handlungsgeist zu dergleichen Streifereien verleitet. Diese haben ein Gesicht wie große Bullenbeißer. Ihre Augen stehen zu beiden Seiten der Spitze oder vielmehr des untern Endes ihrer Nase. Sie haben keine Augenlider, sondern bedecken ihre Augen, wenn sie schlafen gehen, mit ihrer Zunge. Gewöhnlich sind sie zwanzig Fuß hoch; von den Einwohnern des Mondes aber ist keiner unter sechsunddreißig Fuß. Der Name, den die letztern führen, ist etwas sonderbar. Sie heißen nicht Menschen, sondern kochende Geschöpfe, weil sie ebenso wie wir ihre Speisen beim Feuer zurechtmachen. Übrigens nimmt ihnen das Essen sehr wenig Zeit weg; denn sie öffnen nur die linke Seite und schieben die ganze Portion auf einmal in den Magen hinein; dann schließen sie wieder zu, bis nach Verfluß eines Monats derselbe Tag wiederkommt. Sie haben mithin das ganze Jahr hindurch nicht mehr als zwölf Mahlzeiten — eine Einrichtung, die jeder, der kein Fresser oder Schlemmer ist, der unsern weit vorziehen muß.

Die Freuden der Liebe sind im Monde gänzlich unbekannt; denn sowohl unter den kochenden Geschöpfen als allen übrigen Tieren gibt es nur ein einziges Geschlecht. Alles wächst auf Bäumen, die aber nach ihren verschiedenen Früchten auch an der Größe und den Blättern sich sehr voneinander unterscheiden. Diejenigen, auf denen die kochenden Geschöpfe oder die Menschen wachsen, sind viel schöner als die andern, haben große, gerade Äste und fleischfarbene Blätter, und ihre Frucht besteht in Nüssen, die sehr harte Schalen haben und wenigstens sechs Fuß lang sind. Wenn diese reif sind, welches man an der Veränderung ihrer Farbe sehen kann, so werden sie mit großer Sorgfalt gepflückt und so lange, als man es für gut findet, aufgehoben. Will man nun den Samen dieser Nüsse lebendig haben, so wirft man sie in einen großen Kessel kochenden Wassers, und in wenigen Stunden öffnen sich die Schalen, und das Geschöpf springt heraus.

Ihr Geist ist immer schon, ehe sie in die Welt kommen, von der Natur zu einer besondern Bestimmung gebildet. Aus einer Schale kommt ein Soldat, aus einer andern ein Philosoph, aus einer dritten ein Gottesgelehrter, aus einer vierten ein Jurist, aus einer fünften ein Pächter, aus einer sechsten ein Bauer usf.; und jeder fängt sogleich an, sich in der Ausübung dessen, was er vorher bloß theoretisch wußte, vollkommen zu machen. — Der Schale mit Gewißheit anzusehen, was in ihr steckt, ist sehr schwer; doch machte ein lunarischer Theologe zu meiner Zeit mächtigen Lärm, er sei im Besitz dieses Geheimnisses. Man achtete aber wenig auf ihn und hielt ihn durchgängig für krank.*

Wenn die Leute im Monde alt werden, so sterben sie nicht, sondern lösen sich in Luft auf und verfliegen wie Rauch.

Trinken haben sie nicht nötig, denn es finden gar keine Ausleerungen bei ihnen statt, ausgenommen durch das Aushauchen. Sie haben nur einen Finger an jeder Hand, mit dem sie alles tun können, so gut oder noch besser als wir, die wir außer dem Daumen viere haben.

Ihren Kopf haben sie unter dem rechten Arm, und wenn sie auf eine Reise oder an eine Arbeit gehen, bei der sie sich heftig bewegen müssen, so lassen sie ihn gemeiniglich zu Hause; denn um Rat fragen können sie ihn, sie mögen von ihm entfernt sein, so weit sie wollen. Auch pflegen die Vornehmen unter den Mondbewohnern, wenn sie gerne wissen möchten, was unter dem gemeinen Volke vorgeht, nicht unter dasselbe sich zu begeben. Sie bleiben zu Hause, d. h., der Körper bleibt zu Hause und schickt nur den Kopf aus, der inkognito gegenwärtig sein kann und dann nach Gefallen seines Herrn mit der eingezogenen Kundschaft zurückkehrt.*

Die Traubenkerne im Monde sind vollkommen unserm Hagel ähnlich, und ich bin fest überzeugt, daß, wenn ein Sturm im Monde die Trauben von ihren Stielen abschlägt, die Kerne dann auf unsere Erde herunterfallen und den Hagel bilden. Ich glaube auch, daß diese meine Bemerkung manchen Weinverkäufern schon lange bekannt sein muß; wenigstens habe ich öfter Wein bekommen, der aus Hagelkörnern gemacht zu sein schien und vollkommen so schmeckte wie der Mondwein.

Einen merkwürdigen Umstand hätte ich bald vergessen. — Der Bauch tut den Leuten im Monde ganz die Dienste, die uns ein Ranzen tut; sie stecken in ihn hinein, was sie nötig haben, und schließen ihn ebenso wie ihren Magen nach Belieben auf und zu, denn mit Gedärmen, Leber, Herz und andern Eingeweiden sind sie nicht beschwert, ebensowenig als mit Kleidern, sie haben aber auch kein Glied an ihrem ganzen Körper, das ihnen die Schamhaftigkeit zu bedecken geböte.

Ihre Augen können sie nach Gefallen herausnehmen und einsetzen und ebensogut damit sehen, wenn sie in ihrem Kopfe, als wenn sie in ihrer Hand sind. Verlieren oder beschädigen sie zufälligerweise eines, so können sie ein anderes borgen oder kaufen und dasselbe so gut gebrauchen als ihr eigenes. Man trifft daher allenthalben im Monde Leute an, die mit Augen handeln, und in dieser einzigen Sache haben alle Einwohner durchaus ihre Grillen; bald sind grüne, bald gelbe Augen Mode.

Ich gestehe, diese Dinge klingen seltsam; aber ich stelle es jedem, der den geringsten Zweifel hat, frei, selbst nach dem Monde zu gehen und sich zu überzeugen, daß ich der Wahrheit so getreu geblieben bin als vielleicht nur wenige andere Reisende.

Jules Verne

Start zum Mond

Um das Jahr 1860 bildet sich in Baltimore (USA) eine Vereinigung aus einflußreichen Männern, die sich mit modernen Möglichkeiten der Kriegstechnik beschäftigen. Eines Tages kommen sie auf die Idee, sich im Innern eines bewohnbaren Geschosses, das aus einer Riesenkanone abgefeuert wird, auf den Mond katapultieren zu lassen. Als Abschußplatz wird Florida festgelegt. Die Amerikaner Barbicane und Nicholl sowie der Franzose Ardan bilden die Besatzung.

Der 1. Dezember nahte heran, ein bedeutungsvoller Tag, denn wenn der Abschuß der Projektils* nicht an diesem Abend um 10 Uhr 46 Minuten und 40 Sekunden durchgeführt würde, so würden über 18 Jahre verfließen, bevor der Mond unter denselben Bedingungen wieder in Erdnähe kommen und im Zenit* stehen würde. Es war prächtiges Wetter; trotz der Nähe des Winters glänzte die Sonne und badete in ihren Strahlen diese Erde, welche um einer neuen Welt willen zu verlassen drei ihrer Bewohner sich anschickten. Wie viele verbrachten die Nacht vor dem so ungeduldig ersehnten Tag schlaflos! So manche Brust war von der schweren Last des Wartens beklommen! Aller Herzen schlugen voll Unruhe, außer Michel Ardans. Dieser Mann, den nichts aus seiner Gemütsruhe brachte, kam und ging mit seiner gewöhnlichen Geschäftsmäßigkeit, und nichts an ihm ließ darauf schließen, daß sein Geist ungewöhnlich in Anspruch genommen sei.
Seit dem frühen Morgen bedeckte eine unzählbare Menge die Gefilde, welche sich unabsehbar um Stone's Hill herum bis in die Unendlichkeit hinein ausdehnen. Jede Viertelstunde brachte die Eisenbahn noch mehr Neugierige von Tampa Town* her; diese Zuwanderung stieg bald ins Fabelhafte, und nach Schätzung des *Tampa Town Observer* wandelten im Laufe dieses denkwürdigen Tages fünf Millionen Zuschauer auf dem Boden Floridas.
Seit einem Monat biwakierte der größte Teil dieser Menge in der Umgebung des Werkhofs und legte den Grund zu einer Stadt, die nachher Ardan's Town genannt wurde. Die Ebene war mit Baracken, Blockhäusern, Hütten, Zelten bedeckt; und diese vergänglichen Behausungen beherbergten eine so zahlreiche Bevölkerung, daß sie den Neid der größten Städte Europas weckte.
Da waren alle Völker der Erde vertreten; es wurden alle Sprachen der Welt gleichzeitig gesprochen, in wirrem Durcheinander, wie einst zu biblischen Zeiten um den Turm zu Babel. Hier vermengten sich die verschiedenen Klassen der amerikani-

schen Gesellschaft in absoluter Gleichheit. Bankiers, Landwirte, Seeleute, Kommissionäre, Makler, Baumwollpflanzer, Großhändler, Schiffsleute, Beamte drängten und stießen sich mit primitiver Ungeniertheit. Die Kreolen Louisianas fraternisierten mit den Farmern Indianas; die Gentlemen aus Kentucky und Tennessee, die eleganten und hochmütigen Virginier verkehrten mit den halbwilden Pelzjägern von den Seen und den Händlern aus Cincinnati.

Mit weißen, breitrandigen Bibermützen oder dem klassischen Panamahut auf dem Kopf, mit Hosen aus dem blauen Baumwollstoff der Fabriken von Opelousas, mit eleganten Blusen aus ungebleichtem Tuch, Stiefeln in glänzenden Farben, stellten sie auffällige Halsbinden aus Batist zur Schau und ließen an ihrem Hemd, ihren Manschetten, ihren Krawatten, ihren zehn Fingern, ja gar an ihren Ohren eine ganze Auswahl von Ringen, Nadeln, Brillanten, Gehängen und Uhrenketten glitzern, deren hoher Preis ihrem schlechten Geschmack entsprach.

Zur Essenszeit hätte man sehen sollen, wie diese Riesenmenge über die Spezialitäten des Südens herfiel und mit einem Appetit, der Floridas Vorräte gefährdete, die für einen europäischen Magen ekelhaften Gerichte wie Frosch-Frikassee, gedämpfte Affen, „Fish-Chowder*", gebratenes Opossum* und Waschbär-Rostbraten verschlang. Und wie viele Getränke und Schnäpse brauchte man erst, um diese fette Nahrung zu verdauen! Und welch aufmunterndes Geschrei, einladendes Zurufen hallte in den Schenkbuden und Gaststuben wider, die mit Gläsern, Humpen, Flaschen, Karaffen, unwahrscheinlich geformten Flakons, Zuckermörsern und Bündeln von Strohhalmen geschmückt waren.

„Hier Mint-Julep!"

„Sangaree mit Bordeaux!"

„Und Gin-Sling!"

„Und Cocktail! Brandy!"

„Wer will echten Mint-Julep* kosten, nach neuestem Rezept?" riefen die gewandten Verkäufer, indem sie so flink wie Taschenspieler Zucker, Zitrone, grüne Minze, zerstoßenes Eis, Wasser, Kognak, frische Ananas vermengten, aus denen dieser erquikkende Trank besteht.

So schollen Tag und Nacht lockende Zurufe, an lechzende, durch Gewürze gereizte Kehlen gerichtet, kreuzten sich in der Luft und erzeugten einen betäubenden Lärm.

Aber am 1. Dezember hörte man wenig von solchem Geschrei; die Schenkwirte hätten sich vergeblich heiser geschrien, um Kundschaft zu werben. Kein Mensch dachte an Essen und Trinken, und um 4 Uhr nachmittags hatten manche der in der Menge herumwandernden Zuschauer ihren gewohnten Lunch noch nicht zu sich genommen. Noch bezeichnender, der leidenschaftliche Spielteufel der Amerikaner unterlag der allgemeinen Erregung.

Wenn man die Kegel am Boden liegen sah, die Würfel in ihren Bechern schlafen, das Roulett unbewegt, den Cribbage* verlassen, die Karten für Whist*, Vingt-et-un, Rouge et noir, Monte und Faro in ihren Hüllen ruhig eingeschlossen, dann begriff man, wie sehr das Tagesereignis jedes andere Geschäft absorbiert hatte und keiner Zerstreuung Platz ließ.

Gegen Abend legte sich eine dumpfe, geräuschlose Bewegung, wie die Schwüle vor schweren Naturereignissen, auf diese harrende Menge. Unbeschreibliches Mißbehagen beherrschte die Geister, peinliche Niedergeschlagenheit, unerklärliche Beklemmung beengte die Gemüter. Jeder wünschte, „es möge vorüber sein".

Gegen 7 Uhr wurde dies bedrückende Schweigen plötzlich unterbrochen. Der Mond stieg am Horizont empor, begrüßt von etlichen Millionen Hurras. Er war pünktlich zum Treffen da. Das Geschrei drang bis zum Himmel empor — ein Orkan von Applaus —, während die blonde Phöbe* friedlich an einem wunderbaren Himmel glänzte und die berauschte Menge mit liebevollsten Strahlen streichelte.

In diesem Moment erschienen die drei unerschrockenen Reisenden. Bei ihrem Anblick verdoppelte sich der Lärm. Urplötzlich und wie aus einer riesigen Fontäne schoß der Nationalgesang hoch: „Yankee doodle" drang im Chor aus fünf Millionen Kehlen gleich rauschendem Sturmwind in die äußersten Bereiche der Luft hinauf.

Nach diesem unwiderstehlichen Aufschwung verstummte der Gesang, die letzten Akkorde verklangen nach und nach, die Geräusche legten sich, und eine schweigende Bewegung durchlief die tief ergriffene Menge.

Inzwischen waren der Franzose und die beiden Amerikaner in den umzäunten Raum getreten, an welchem die Wogen der Menschenmassen emporschlugen. Sie erschienen in Begleitung der Mitglieder des Gun Club und der von den europäischen Observatorien entsandten Deputationen. Barbicane erteilte mit kühler Ruhe seine letzten Befehle. Nicholl schritt mit geschlossenen Lippen, die Arme auf dem Rücken gekreuzt, mit festem, gemessenem Tritt umher. Michel Ardan, stets leichten Herzens, in perfekter Reisekleidung, mit Ledergamaschen und Reisetasche, von weiter braunsamtner Kleidung umwallt, mit der Zigarre im Mund, teilte im Vorbeigehen warme Händedrücke mit fürstlicher Freigebigkeit aus. In unversiegbarer Laune munterster Heiterkeit, lachend und scherzend, schnitt er dem würdigen J. T. Maston* Grimassen; mit einem Wort: „Franzose" und, was noch schlimmer ist, „Pariser" bis zur letzten Sekunde.

Es schlug 10, und nun wurde es Zeit, in dem Projektil Platz zu nehmen. Die zum Hinabsteigen notwendigen Verrichtungen, das Zuschrauben des Verschlusses, das Hinwegschaffen der Kräne und Gerüste über der Mündung der Columbiade* kosteten eine gewisse Zeit.

Barbicane hatte seinen Chronometer* fast bis auf eine Zehntelsekunde nach dem des Ingenieurs Murchison gerichtet, der beauftragt war, das Pulver vermittels des elektrischen Funkens zu entzünden. So konnten die in dem Projektil eingeschlossenen Reisenden mit dem Auge den Zeiger verfolgen, der ihnen genau den Augenblick der Abfahrt anzeigte.

Der Moment des Abschieds war gekommen – eine rührende Szene. Trotz seiner fieberhaften Munterkeit empfand Michel Ardan eine tiefe Gemütsbewegung. [. . .]
Nach einigen Augenblicken befanden sich die drei Reisegefährten im Projektil und hatten den Deckel der Öffnung innen fest zugeschraubt; die Mündung der Columbiade klaffte nach Entfernung des Gerüstes frei himmelwärts.
Nicholl, Barbicane und Michel Ardan waren in ihrem metallenen Waggon eingeschlossen.
Die allgemeine Bewegung der Gemüter zu schildern, die nun ihren Höhepunkt erreichte, ist unmöglich.
Der Mond verfolgte seine Bahn am Firmament in reinster Klarheit, die funkelnden Lichter der Sterne überstrahlend; er befand sich jetzt auf halbem Weg zwischen Horizont und Zenit. Jeder begriff also leicht, daß man vorhalten mußte, wie der Jäger vor den Hasen, den er treffen will.
Eine Stille zum Erschrecken lastete auf der ganzen Szene. Kein Windhauch über der Erde! Kein Atemzug aus den Lungen! Die Herzen wagten keinen Pulsschlag. Alle Blicke waren angstvoll auf die klaffende Mündung der Columbiade gerichtet. Murchisons Augen begleiteten den Zeiger seines Chronometers. Kaum noch 40 Sekunden – und jede dauerte eine Ewigkeit.
Bei der zwanzigsten lief ein Raunen durch die Menge; es fiel den Zuschauern ein, daß die eingeschlossenen Reisenden ebenso die schrecklichen Sekunden zählten! Man hörte einzelne Rufe:
„35! – 36! – 37! – 38! – 39! – 40! Feuer!!!"
Da drückte Murchison mit dem Finger auf die Taste des Zündapparats, stellte die Stromverbindung her und schickte einen elektrischen Funken auf den Grund der Columbiade.
Es ertönte ein fürchterlicher, unerhörter, übermenschlicher Knall, der nicht zu beschreiben ist, weder Blitzschlägen noch Vulkanausbrüchen vergleichbar.
Eine himmelhohe Feuersäule schoß aus dem Boden wie aus einem Krater empor. Die Erde erbebte – und kaum ein Zuschauer konnte den Bruchteil eines Augenblicks lang das Projektil sehen, wie es inmitten flammender Dünste siegreich in die Lüfte emporsauste.

Der Feuerstrahl, der sich weißglühend und ungeheuer hoch zum Himmel erhob, verbreitete sein Licht über ganz Florida, und für einen unmeßbar kurzen Augenblick trat über einem beträchtlichen Teil des Landes der Tag an die Stelle der Nacht. Die unermeßliche Feuergarbe wurde 100 Meilen weit auf dem Meere vom Golf wie vom Atlantik gesehen, und mancher Schiffskapitän trug in sein Logbuch* die Erscheinung eines riesenhaften Meteors* ein.
Ein wahres Erdbeben begleitete die Explosion; Florida wurde bis in die innersten Tiefen erschüttert. Die Pulvergase, durch die Hitze gedehnt, drängten mit unvergleichlicher Gewalt die Luftschichten zurück, und dieser künstliche Sturm, hundertmal stärker als Orkane, raste wie ein Wirbel mitten durch die Atmosphäre.
Nicht ein einziger Zuschauer blieb aufrecht stehen; Männer, Frauen, Kinder wurden umgelegt wie die Ähren beim Hagel. Es entstand ein entsetzlicher Tumult, eine große Anzahl Personen wurde schwer verletzt; J. T. Maston, der – aller Vorsicht zuwi-

der — sich allzuweit vorgewagt hatte, wurde 120 Fuß weit weggeschleudert und flog wie eine Kugel über die Köpfe seiner Mitbürger. 300 000 Menschen waren einen Moment betäubt und erstarrt.

Der Luftdruck warf die Baracken um, riß die Hütten nieder, entwurzelte die Bäume in einem Umkreis von 20 Meilen, verfolgte die Züge der Eisenbahn bis nach Tampa, stürzte wie eine Lawine über die Stadt und zerstörte eine Menge Häuser, unter anderm die Marienkirche und das neue Börsengebäude, welches seiner ganzen Länge nach gespalten wurde. Einige Fahrzeuge im Hafen wurden gegeneinander geworfen und versanken; ein Dutzend Schiffe, die vor der Reede ankerten, wurden an die Küste getrieben, nachdem ihre Ankerketten wie Baumwollfäden zerrissen waren.

Der Kreis dieser Zerstörungen war noch weiter ausgedehnt und reichte über die Grenzen der Vereinigten Staaten hinaus. Die Wirkungen des Stoßes wurden, von den Westwinden begünstigt, über 300 Meilen vom amerikanischen Ufer entfernt auf dem Atlantik verspürt. Ein unerwarteter, unnatürlicher Sturm, den der Admiral Fitz-Roy nicht hatte voraussehen können, traf die Schiffe mit unerhörter Gewalt. Mehrere davon, die nicht Zeit hatten, sich dem fürchterlichen Wirbel zu entziehen, liefen mit vollen Segeln auf Grund — unter anderem die *Childe Harold* aus Liverpool —, eine bedauerliche Katastrophe, die von seiten Englands lebhafte Anklage hervorrief.

Doch um auf Florida zurückzukommen: Als der erste Moment des Tumults vorüber war, erwachten die Verwundeten, die Betäubten, die ganze Menge, und wahnsinniges Geschrei: „Hurra für Ardan! Hurra für Barbicane! Hurra für Nicholl!" drang zum Himmel empor. Einige Millionen Menschen, mit der Nase in der Luft, mit Fernrohren, Brillen und Operngläsern bewaffnet, forschten in den Lüften, ihre Verletzungen und Erregungen vergessend, nur mit dem Projektil beschäftigt.

Aber sie suchten vergebens. Es war nicht mehr zu sehen.

Der Start ist gelungen. Das Geschoß steuert auf den Mond zu. Eine unvorhergesehene Begegnung mit einem Asteroiden lenkt es zwar nur geringfügig, aber immerhin so weit ab, daß es den Mond um 50 km verfehlt. Die Gefahr droht, daß es irgendwo im Weltraum verschwindet oder in eine Umlaufbahn um den Mond einschwenkt und auf Zeit und Ewigkeit dessen Trabant wird. Tatsächlich ist aber seine Geschwindigkeit, noch vergrößert durch falsch eingesetzte Bremsraketen, so hoch, daß es wieder in die Anziehungskraft der Erde gerät und auf sie zustürzt. Beim Aufprall auf den Pazifik wird es zufällig beobachtet und nach einigen Tagen, auf der Wasseroberfläche treibend, mit den lebenden Insassen geborgen.

H. G. Wells

Die ersten Menschen auf dem Mond

Dem einzelgängerischen Wissenschaftler Cavor gelingt es, einen Stoff, Cavorit genannt, zu entdecken, der für die Massenanziehungskraft, also auch die Erdanziehung, undurchlässig ist. Er konstruiert ein kugelförmiges Raumfahrzeug, das sich in jede Richtung bewegen läßt, indem es gegen die jeweilige Anziehungskraft der Gegenrichtung durch Cavorit-Jalousien abgeschirmt wird. Durch Zufall trifft er den Geschäftsmann Bedford, den Erzähler der Geschichte, der sich durch die Hoffnung auf gewinnbringende Entdeckungen dazu bewegen läßt, mit Cavor zusammen in der Kugel zum Mond zu starten. Start und Mondlandung gelingen ohne Schwierigkeiten. Beim ersten Erkundungsgang verirren sich die beiden jedoch und finden die Kugel nicht mehr. Plötzlich hören sie merkwürdige pochende Maschinengeräusche; dann stoßen sie auf eine ganze Herde von Mondkühen, die von Mondbewohnern, den Seleniten, gehütet werden. Sie entdecken einen ins Mondinnere führenden Schacht und folgen ihm. Von Hunger und Durst geplagt, essen sie schließlich Pilze, die zwar wohlschmeckend sind, aber betäubend wirken. Als sie erwachen, sind sie mit Ketten gefesselt und von den Seleniten, nicht ganz menschengroßen, aufrecht gehenden intelligenten Wesen mit insektenähnlichem Aussehen, in deren Höhlenwelt im Innern des Mondes verschleppt.

Gefangen in den Höhlen der Mondbewohner

Ich blickte auf und hielt jäh inne. Die Dunkelheit war wieder jenem bläulichen Licht gewichen. Die Tür öffnete sich, und mehrere Seleniten* traten lautlos in die Kammer. Ich wurde ganz still und betrachtete ihre grotesken Gesichter.

Und plötzlich schlug dieses Gefühl der Fremdheit in Interesse um. Ich bemerkte, daß der erste und zweite Schüsseln trugen. Ein elementares Bedürfnis zumindest hatten wir alle gemeinsam. Die Schüsseln waren aus einem Metall, das ebenso wie unsere Ketten in diesem blauen Licht dunkel wirkte. Der Inhalt jeder Schüssel bestand aus weißlichen Stücken. Alle dumpf empfundenen Schmerzen und das Elend unserer Lage, die mich bedrückten, verschmolzen jäh zu einem einzigen Verlangen: Hunger. Gierig betrachtete ich die Schüsseln. Und obwohl ich das alles zuweilen in Träumen erneut erlebe, machte es mir damals wenig aus, daß sich am Ende der Arme, die mir die Schüssel hinstreckten, nicht etwa Hände befanden, sondern eine Art Stumpf mit einem Daumen, dem Rüssel eines Elefanten ähnlich.

Die Nahrung in der Schüssel war weißlichbraun, von lockerer Beschaffenheit — so wie Stücke eines kalten Auflaufs — und roch ein wenig nach Pilzen. Nach einem zerteilten Mondkalb zu urteilen, das ich später einmal sah, muß es Mondkalbfleisch gewesen sein.

Meine Hände waren so fest aneinandergekettet, daß es mir kaum gelang, die Schüssel zu erreichen. Als sie sahen, welche Mühe ich hatte, nahmen zwei von ihnen behutsam meine Fessel von einer Hand. Ihre Fühlerhände empfand ich an meiner Haut als weich und kalt. Sogleich nahm ich einen Bissen von der Nahrung. Sie war in ihrer Festigkeit genauso locker, wie alle organischen Stoffe es auf dem Mond zu sein schienen. Das Ganze schmeckte am ehesten wie eine Waffel oder wie Schaumgebäck, aber keinesfalls unangenehm. Ich nahm noch zwei Bissen. „Das war es, was

ich brauchte — etwas zu essen!" sagte ich und biß ein noch größeres Stück ab.

Eine Zeitlang aßen wir, ohne unser selbst noch bewußt zu sein. Wir aßen und tranken schließlich wie Landstreicher in einem Asyl*. Niemals zuvor oder noch einmal seither bin ich von einem solchen Heißhunger befallen gewesen. Und hätte ich es nicht selber erlebt, hätte ich niemals geglaubt, daß man Hunderttausende Kilometer von der eigenen Welt entfernt, in völliger seelischer Zerrüttung, von Wesen umgeben, beobachtet und berührt, die in ihrer Seltsamkeit und Menschenunähnlichkeit den schlimmsten Angstträumen entsprungen zu sein schienen, so unbeeindruckt von alldem zu essen vermochte.

Die Seleniten umstanden uns und beobachteten uns beim Essen. Ab und zu gaben sie ein leises, kaum hörbares Gezirpe von sich. Ich glaube, es war ihre Sprache. Ich erschauerte nicht einmal unter ihrer Berührung. Und als meine erste Gier gestillt war, bemerkte ich, daß auch Cavor mit der gleichen schamlosen Hingabe gegessen hatte.

Als wir schließlich satt waren, schlossen die Seleniten unsere Hände wieder fest aneinander. Dann lockerten sie die Ketten an unseren Fußgelenken, um uns ein wenig mehr Bewegungsfreiheit zu geben. Danach lösten sie die Ketten um unsere Körper. Um das zu tun, mußten sie uns immer wieder anfassen, und ab und zu kam einer ihrer seltsamen Köpfe meinem Gesicht ganz nah, oder eine weiße Fühlerhand strich über meinen Kopf oder meinen Nacken. Ich entsinne mich nicht, daß ich damals Angst empfand oder ihre Nähe mich abstieß. Ich glaube allerdings, daß wir uns dank unserer unheilbaren Neigung, Menschliches auf andere Wesen zu übertragen, einbildeten, daß hinter diesen Masken menschliche Gesichter verborgen wären. Ihre Haut wirkte wie alles andere bläulich, aber das war auf das Licht zurückzuführen. Sie war hart und glänzend, ganz nach Art eines Käferflügels, also nicht zart oder feucht oder haarig wie bei irgendeinem Wirbeltier. Auf dem Scheitel des Kopfes verlief von hinten nach vorn ein niedriger Wulst weißlicher Stacheln, und ein sehr viel größerer Wulst zog sich in einem Bogen auf beiden Seiten über den Augen hin. Der Selenit, der meine Ketten löste, benutzte seinen Mund zur Unterstützung der Hände.

„Sie scheinen uns frei zu machen", meinte Cavor. „Vergessen Sie nicht, daß wir uns auf dem Mond befinden! Machen Sie also keine unbedachten Bewegungen!"

Experimente der Verständigung

Wir rührten uns nicht, und nachdem die Seleniten fertig waren, traten sie von uns zurück und schienen uns anzusehen. Ich sage, sie *schienen* uns anzusehen, denn da sich ihre Augen nicht vorn, sondern auf der Seite befanden, fiel es einem genauso schwer, sich über die Richtung ihrer Blicke klarzuwerden, wie etwa bei einem Huhn oder einem Fisch. Sie unterhielten sich miteinander in ihren dünnen Lauten, die nachzuahmen oder genauer zu definieren mir unmöglich schien. Die Tür hinter uns öffnete sich weiter, und dahinter erblickte ich verschwommen einen großen Raum, in dem eine ganz beträchtliche Anzahl von Seleniten versammelt war. Von ihnen stieg ein seltsames Gemisch von Lauten auf.

„Erwarten sie etwa von uns, daß wir diese Laute nachahmen?" fragte ich Cavor.

„Das glaube ich nicht", antwortete er.

„Mir scheint, sie versuchen, uns etwas verständlich zu machen."

„Ich kann ihren Gesten überhaupt nichts entnehmen. Haben Sie den da drüben bemerkt, der seinen Kopf bewegt wie ein Mann, der einen unbequemen Kragen trägt?"

„Nicken wir ihm doch einmal zu."

Wir taten es, aber da es ohne Wirkung blieb, versuchten wir, die Bewegungen der Seleniten nachzuahmen. Das schien sie zu interessieren. Auf jeden Fall machten sie nun alle die gleichen Bewegungen. Da dies jedoch zu nichts weiter zu führen schien, gaben wir es schließlich auf. Sie taten es auch und begannen, sich pfeifend miteinander zu unterhalten. Dann hockte sich einer von ihnen, kleiner und sehr viel dicker als die anderen, der auch einen besonders großen Mund hatte, plötzlich neben Cavor nieder und brachte seine Hände und Füße in die gleiche Stellung, in der Cavors Gliedmaßen zusammengekettet waren. Dann erhob er sich mit einer gewandten Bewegung.

„Cavor", rief ich, „sie wollen, daß wir aufstehen!"

Er sah mich mit offenem Mund an. „Richtig!" sagte er.

Mühsam und stöhnend erhoben wir uns, was uns wegen unserer zusammengeketteten Hände schwerfiel. Die Seleniten machten unseren elefantenhaften Bewegungen Platz und schienen jetzt noch eifriger miteinander zu zirpen. Sobald wir standen, trat der untersetzte Selenit auf uns zu, berührte unsere Gesichter mit seinen Fühlern und ging auf die offene Tür zu. Auch das war ja klar genug, und wir folgten ihm. Uns fiel auf, daß vier der Seleniten, die in der Tür standen, sehr viel größer waren als die anderen und ebenso gekleidet wie jene, die wir im Krater gesehen hatten, nämlich mit runden, mit Spitzen bewehrten Helmen und zylindrischen Körperpanzern. Jeder der vier trug einen Stock mit einem Stachel und einem Stichblatt aus dem gleichen stumpf glänzenden Metall wie unsere Schüsseln. Diese vier traten, als wir aus unserer Kammer in die Höhle hinausgingen, aus der das Licht zu uns eingedrungen war, zu uns und begleiteten uns, jeder auf einer Seite.

Wir konnten die Höhle nicht auf einmal überblicken. Dazu war unsere Aufmerksamkeit zu sehr von den Bewegungen und vom Benehmen der Seleniten in unserer unmittelbaren Nähe gefesselt, auch durch die Notwendigkeit, unsere Bewegungen zu kontrollieren, damit wir sie nicht durch einen allzu großen Schritt beunruhigten und in Angst versetzten. Vor uns ging das untersetzte kleine Wesen einher, das das Problem gelöst hatte, uns zum Aufstehen zu bewegen, indem es Gesten gemacht hatte, die uns allen verständlich waren. Immer wieder wandte es sein schnauzenähnliches Gesicht mit einer Schnelligkeit, die offensichtlich einer forschenden Unsicherheit entsprang, uns zu. Wie gesagt, eine Weile waren wir von diesen Dingen ganz in Anspruch genommen.

Mit der Zeit jedoch trat der große Raum, in dem wir uns bewegten, immer deutlicher hervor. Zumindest ein großer Teil des dröhnenden Lärms, der unsere Ohren erfüllt hatte, seitdem wir uns von der Wirkung des Pilzes erholten, stammte von riesigen Maschinenanlagen. Sie arbeiteten, und die sausenden und sich drehenden Teile waren über uns und zwischen den Körpern der uns begleitenden Seleniten hindurch undeutlich zu erkennen. Aber nicht nur die Geräusche, die wie ein Netz alles umspannten, kamen von diesen Maschinen her, sondern auch das seltsame blaue Licht, das den ganzen Raum mit seinem Strahlen erhellte. Wir hatten es als ganz selbstverständlich betrachtet, daß eine unterirdische Höhle künstlich beleuchtet sein würde. Und obwohl ich diese Tatsache doch mit meinen Augen wahrzunehmen vermochte, ging mir ihre Bedeutung erst so richtig auf, als wir uns bald darauf der Finsternis näherten. Den Sinn und die Konstruktion dieser riesigen Anlage, die wir da sahen, kann ich nicht erklären, da keiner von uns jemals erfuhr, wozu sie diente oder wie sie funktionierte. Immer wieder stießen große metallische Stangen aus dem Mittelpunkt hervor, und ihre Enden schienen mir eine parabolische Bahn* zu beschreiben. Jede Stange bewegte beim Erreichen des höchsten Punktes einen Seitenarm und ließ diesen wiederum in einen aufrecht stehenden Zylinder eintauchen, den sie niederdrückte. Ringsum wimmelte es von schmächtigen, kleinen Gestalten, die sich von den Wesen unserer Begleitung ein wenig zu unterscheiden schienen. Jedesmal, wenn einer der hängenden Seitenarme der Maschine hinabstieß, gab es ein Rasseln, dem ein Dröhnen folgte, und aus dem aufrechten Zylinder strömte jene weißliche Substanz hervor, die den Raum erhellte, wie kochende Milch über den Rand eines Topfes hinweg. Leuchtend tropfte sie in einen Lichtbehälter darunter. Es war ein kaltes, blaues Licht, eine Art phosphoreszierenden* Glühens, jedoch unendlich viel heller. Aus den Behältern, in die es rann, strömte es in Kanälen quer durch die Höhle.

In gleichmäßigem Stampfen stießen die Arme dieser uns unverständlichen Anlage empor und wieder zurück, während die Lichtsubstanz zischte und strömte. Zunächst erschien mir das Ganze nicht besonders groß, dann aber

bemerkte ich, wie klein dagegen die Seleniten wirkten, und da erst wurde ich mir über die riesigen Ausmaße der Höhle und der Maschinenanlage klar. Ich betrachtete nun die Gesichter der Seleniten mit neuem Respekt. Ich blieb stehen, ebenso wie Cavor, und wir sahen uns diese ungeheure Maschine an.
„Aber das ist ja unglaublich!“ rief ich. „Wozu mag sie wohl dienen?“
Cavors blau beleuchtetes Gesicht zeigte seine tiefe Achtung. „Ich kann es mir nicht vorstellen. Menschen könnten so etwas nicht zustande bringen. Sehen Sie sich nur dieses Gestänge an. Ob es auf Kurbelwellen läuft?“
Der untersetzte Selenit war, ohne daß wir ihn noch beachtet hatten, einige Schritte weitergegangen. Er kam zurück und trat zwischen uns und die große Maschine. Ich vermied es, ihn anzusehen, denn mir war klar, daß er uns zum Weitergehen veranlassen wollte. Er machte einige Schritte in der Richtung, in der wir gehen sollten, drehte um, kehrte zurück und berührte unsere Gesichter, um unsere Aufmerksamkeit auf sich zu lenken.
Cavor und ich sahen einander an.
„Können wir ihm nicht verständlich machen, daß uns diese Maschine interessiert?“ fragte ich.
„Ja“, antwortete Cavor. „Das wollen wir versuchen.“ Er wandte sich zu unserem Führer um, lächelte, deutete immer wieder auf die Maschine, dann auf seinen Kopf und wieder auf die Maschine. Es war zweifellos etwas unlogisch, aber er schien sich einzubilden, daß diese Gesten durch Erklärungen in gebrochenem Englisch verständlicher würden.
„Ich das ansehen, ich finden, das sein sehr interessant, verstanden?“
Sein Verhalten dämpfte einen Augenblick lang den Wunsch des Seleniten, uns zum Weitergehen zu bewegen. Sie sahen einander an, drehten ihre seltsamen Köpfe hin und her und erhoben ihr sonderbar dünnes, rasches Gezirpe. Dann jedoch schlang einer von ihnen, ein schlankes, hochgewachsenes Wesen, das zusätzlich zu den Gamaschen, die die anderen trugen, eine Art Mantel umgeworfen hatte, seinen rüsselartigen Arm um Cavors Hüfte und zog ihn sacht mit sich, um unserem Führer zu folgen, der wiederum auf uns wartete.
Cavor jedoch widersetzte sich ihm.
„Wir können ebensogut jetzt gleich damit beginnen, uns ihnen verständlich zu machen. Vielleicht halten sie uns nur für neue Tiere, eine andere Art von Mondkühen! Es ist äußerst wichtig, daß wir von Anfang an ein verständliches Interesse zeigen.“
Nun schüttelte er energisch den Kopf.
„Nein, nein“, erklärte er, „ich nicht gleich kommen, ich das erst ansehen.“
„Könnten Sie es nicht bei dieser Gelegenheit mit einer geometrischen Figur versuchen?“ schlug ich vor, als die Seleniten erneut miteinander redeten.
„Möglicherweise ein Paraboloid* ...“, begann er.
Dann stieß er einen gellenden Schrei aus und machte einen Sprung von zwei Metern oder mehr.
Einer der vier bewaffneten Mondmänner hatte ihn mit der Spitze seines Stocks angetrieben!
Ich wandte mich mit einer schnellen, drohenden Bewegung gegen diesen Stockträger, und er fuhr zurück. Dies und Cavors plötzlicher Aufschrei und sein Sprung ver-

setzten die Seleniten offensichtlich in Erstaunen. Die Gesichter uns zugewandt, wichen sie eilig vor uns zurück. Es war einer jener Augenblicke, die ewig zu währen schienen. Zornig und aufgebracht standen wir da, umgeben von einem Halbkreis dieser menschenunähnlichen Geschöpfe.

„Er hat mit der Spitze zugestoßen!" rief Cavor, und seine Stimme überschlug sich. „Ich habe es gesehen", antwortete ich. „Hol' euch der Teufel!" schrie ich den Seleniten zu. „Das lassen wir uns nicht bieten! Für wen in aller Welt haltet ihr uns wohl?" Rasch blickte ich nach rechts und links. In der Ferne, in der bläulichen Weite der Höhle, sah ich eine Schar anderer Seleniten auf uns zustürmen. Sie waren breit und geschmeidig, und einer hatte einen größeren Kopf als die anderen. Diese Höhle war von ungeheurer Tiefe und verlor sich nach allen Richtungen hin in Dunkelheit. Ihre Decke, dessen entsinne ich mich noch, schien nach unten gewölbt, wie von dem Gewicht der riesigen Felsenmassen, die uns einschlossen, durchgedrückt. Es gab keinen Ausweg, nicht die geringste Aussicht auf Entkommen.

Über uns, unter uns, in jeder Richtung lag das Unbekannte, und dazu diese unmenschlichen Geschöpfe, die uns mit Gesten und Stachelstöcken gegenübertraten, und wir nur zwei Männer ohne jede Hilfsmittel.

Flucht aus dem Innern des Mondes

Als der Marsch in das Innere des Mondes sich immer länger dehnt, der Weg gefährlicher wird und sie zudem von Seleniten mit ihren spitzen Stöcken zur Eile angetrieben werden, beschließen Bedford und Cavor, sich nicht mehr länger auf dieses Abenteuer mit seinem ungewissen Ende einzulassen, und nutzen die nächste Gelegenheit zur Flucht. Verfolgt von den Seleniten, hasten sie durch steile Felsgänge nach oben, wo sie den Ausgang zur Mondoberfläche zu finden hoffen. Kurz bevor sie den Ausgang erreichen, werden sie in einer großen Höhle von den Seleniten gestellt, und es kommt zum Kampf. Aufgrund ihrer körperlichen Überlegenheit gelingt es Cavor und Bedford aber, die Mondbewohner zurückzuschlagen und die Flucht erfolgreich fortzusetzen.

Rettung und neue Gefahr

Unser Weg in die Außenwelt war unerwartet einfach. Die gewundene Galerie setzte sich in einem steil ansteigenden geraden Tunnel fort. Der Boden war von Spuren der Mondkühe bedeckt. Er war im Verhältnis zu seiner hohen Wölbung so gerade und kurz, daß nirgends völlige Dunkelheit herrschte. Fast sofort begann es heller zu werden, und schon bald zeichnete sich in der Ferne und in großer Höhe mit einem geradezu schmerzhaften Leuchten die Öffnung zur Außenwelt ab. Dahinter erhob sich ein Hang von alpenartiger Steilheit, an den Rändern von Stachelgestrüpp überwachsen, eine dornige Silhouette gegen die Sonne, hie und dort schon verwelkt, ausgedörrt und tot*.

Und es ist doch seltsam, daß wir Menschen, denen diese Vegetation vor kurzer Zeit noch so ungewöhnlich und entsetzlich erschienen war, sie nun mit der Rührung eines heimgekehrten Verbannten betrachteten, die diesen beim Anblick seiner Heimat überkommen mag. Wir empfanden sogar die dünne Luft als angenehm, die unser Herz beim Laufen heftiger klopfen ließ und die das Sprechen so sehr erschwerte, so daß es Mühe kostete, sich zu verständigen. Immer größer und größer wurde der von der Sonne erhellte Kreis über uns, während hinter uns der Tunnel in undurchdringlicher Finsternis versank. Das abgestorbene Stachelgestrüpp hatte nun nichts Grünes mehr an sich, sondern war braun, trocken und hart. Der Schatten seiner oberen Äste, unseren Blicken völlig entzogen, warf ein vielfach verschlungenes Muster auf das Trümmergestein. Unmittelbar vor dem Ausgang des Tunnels war der Boden von den Mondkühen zertrampelt.

Als wir hinaustraten, empfanden wir Licht und Hitze als unerträglich. Mühsam durchquerten wir das Gelände, das keinen Schatten bot. Dann stiegen wir zwischen den Ästen des Gestrüpps einen Hang hinauf und ließen uns schließlich keuchend an einer hochgelegenen Stelle im Schatten einer zerklüfteten Lavamasse nieder. Noch im Schatten fühlte sich das Gestein heiß an.

Die Luft war von einer mörderischen Hitze erfüllt, unter der wir körperlich sehr litten. Aber dafür waren wir ja auch einem Alptraum entronnen. Wir hatten das Gefühl, nun wieder in unserem eigenen Element zu sein — unter den Sternen. Alle Furcht und gespannte Erregung unserer Flucht durch die dunklen Gänge und Felsenspalten waren von uns gewichen. Der letzte Kampf mit den Seleniten hatte uns mit ungeheurer Zuversicht erfüllt, soweit es die Seleniten betraf. Fast ungläubig blickten wir zu der schwarzen Öffnung zurück, aus der wir gerade aufgetaucht waren. Dort unten lag das alles, in einem blauen Lichtschimmer, der nun in unserer Erinnerung der absoluten Finsternis am nächsten kam. Dort waren wir diesen Wesen begegnet, die wie Karikaturen von Menschen wirkten, helmköpfige Geschöpfe, vor denen wir uns gefürchtet hatten. Wir hatten uns ihnen unterworfen, bis es nicht länger möglich war. Darauf waren sie wie Wachs zerschmolzen und wie Spreu verweht. Sie waren geflohen und wie Geschöpfe eines Traums verschwunden.

Ich rieb mir die Augen. Ich zweifelte, ob wir nicht doch vielleicht eingeschlafen wären und dies alles geträumt hätten, weil wir von diesem Pilzfleisch gegessen hatten. Plötzlich jedoch entdeckte ich das Blut in meinem Gesicht und merkte, daß mein Hemd schmerzhaft an Arm und Schulter anklebte.

„Hol's doch der Teufel!“ rief ich und tastete meine Verletzungen ab. Und plötzlich wurde der ferne Tunnelausgang zu einem Auge, das uns mißtrauisch beobachtete.

„Was werden sie wohl jetzt versuchen, Cavor?“ fragte ich. „Und was werden wir unternehmen?“

Er schüttelte den Kopf, den Blick auf den Tunnel geheftet. „Wie könnte man sagen, was sie vorhaben?“

„Das hängt davon ab, wie sie uns einschätzen. Und ich wüßte nicht, wie wir das beurteilen sollen. Und es kommt wohl auch darauf an, was sie noch alles in Reserve haben. Es ist so, wie Sie sagen, Cavor, wir haben ja erst das Äußerste dieser Welt berührt. Dort unten können sie ja noch alles mögliche haben. Selbst mit diesen Schußwaffen könnten sie uns noch hart zusetzen. Und dennoch“, fuhr ich fort, „selbst wenn wir die Kugel nicht sogleich finden, sind wir doch noch nicht verloren. Wir könnten durchhalten und auch die Nacht überstehen. Wir könnten ja dort wieder hinuntersteigen und um unser Leben kämpfen.“

Ich sah mich forschend um. Durch das gewaltige Wachstum und das folgende Welken der Vegetation hatte sich der Charakter der Landschaft völlig verändert. Der

Felsrücken, auf dem wir saßen, war hoch. Von ihm aus hatte man einen weiten Blick über das Kratergelände, und wir sahen nun alles trocken und dürr im späten Herbst des Mondnachmittags vor uns liegen. Weite Hänge und Felder, braun und zertreten, wo die Mondkühe geweidet hatten. In der Ferne, unter der erbarmungslosen sengenden Sonne, ruhte schläfrig eine Herde. Die Tiere lagen einzeln verstreut, jedes mit einem Schattenflecken an seiner Seite, wie Schafe in einem dürftigen Hügelland. Aber nirgends eine Spur eines Seleniten. Ob sie nach unserem Auftauchen aus dem Innern geflohen waren oder ob es bei ihnen üblich war, nach dem Hinaustreiben der Mondkühe wieder zu verschwinden, weiß ich nicht. Damals nahm ich an, das erste träfe zu.

„Wenn wir das alles in Brand steckten, würden wir die Kugel vielleicht in der Asche leichter finden", meinte ich.

Cavor schien mich nicht zu hören. Unter seiner Hand hervor blickte er zu den Sternen auf, von denen trotz des Sonnenlichts noch viele am Himmel zu sehen waren.

„Was glauben Sie", fragte er schließlich, „wie lange wir wohl hiergewesen sind?"

„Wo gewesen?"

„Auf dem Mond."

„Vielleicht zwei Erdentage lang."

„Mehr als zehn. Ist Ihnen klar, daß die Sonne ihren Zenit überschritten hat und tief im Westen steht? Noch vier Tage oder weniger, und die Nacht bricht herein."

„Aber wir haben doch nur ein einziges Mal etwas gegessen!"

„Das weiß ich. Und ... Aber nach den Sternen zu urteilen, ist es so!"

„Aber warum sollte die Zeit uns anders erscheinen, nur weil wir uns auf einem kleinen Himmelskörper befinden?"

„Ich weiß es nicht. Ich stelle nur die Tatsache fest."

„Wie kann man die Zeit denn sonst noch messen?"

„Durch Hunger, Müdigkeit — aber das alles ist hier oben ja anders. Alles ist hier anders. Ich habe das Gefühl, daß eigentlich nur ein paar Stunden verstrichen sind, seitdem wir die Kugel verlassen haben — wenn auch immerhin lange Stunden."

„Zehn Tage", murmelte ich, „dann bleiben uns noch ..." Ich blickte zur Sonne hinauf und stellte fest, daß sie etwa in der Mitte zwischen dem Zenit und dem westlichen Gebirgsrand stand. „Vier Tage! ...Cavor, wir dürfen hier nicht sitzen bleiben und träumen. Irgendwo müssen wir anfangen, aber wo, was meinen Sie?"

Ich sprang auf.

„Wir müssen uns einen festen Punkt suchen, den wir wiedererkennen können — wir müssen eine Art Flagge hochziehen, ein Taschentuch oder irgend etwas dergleichen. Wir müssen das Gelände aufteilen und uns von diesem festen Punkt aus vorarbeiten."

Nun erhob auch er sich.

„Ja", antwortete er, „es bleibt uns nichts anderes übrig, als nach der Kugel zu suchen. Nichts weiter. Vielleicht finden wir sie. Bestimmt sogar. Und wenn nicht ..."

„Wir müssen eben suchen."

Er blickte in die eine und die andere Richtung, hinauf zum Himmel und zum Tunnel hinab. Ich wunderte mich über diese plötzlichen Zeichen von Ungeduld bei ihm. „Ach, wie dumm haben wir uns benommen! In eine solche Lage zu geraten! Stellen Sie sich nur einmal vor, wie alles hätte sein können. Was hätten wir sonst alles unternommen!"

„Wir können ja noch immer etwas unternehmen."

„Niemals mehr das, was wir hätten tun können. Hier unter unseren Füßen liegt eine Welt. Wie mag diese Welt aussehen? Denken Sie nur an die Maschine, die wir gesehen haben, an den großen Deckel und den Schacht! Das alles gehörte ja nur zur äußersten Zone. Und die Geschöpfe, die wir gesehen und mit denen wir gekämpft haben, nichts weiter als unwissende Bauern, Bewohner des Grenzgebiets, unzivilisierte Tölpel, dem Tier noch nahe. Aber in der Tiefe! Höhlen unter Höhlen, Tunnel, technische Wunderwerke, Straßen ... Es muß alles weiter werden, je tiefer man kommt, größer, geräumiger und dichter bevölkert. Bestimmt. Bis hinab zu dem Zentralmeer, das den Kern des Mondes umspült. Stellen Sie sich einmal dieses düstere Wasser in dem fahlen Lichtschimmer vor — falls die Augen der Seleniten überhaupt des Lichts bedürfen! In Wasserfällen herabrauschende Flüsse, die es nähren. Die Gezeiten, in denen sich das Meer hebt und senkt, die Strömungen und Wirbel von Ebbe und Flut! Vielleicht haben sie Schiffe, mit denen sie es befahren. Vielleicht gibt es dort unten riesige Städte, von Seleniten wimmelnde Straßen, eine Weisheit und Ordnung, die den Verstand der Menschen übersteigen. Und wir sterben vielleicht hier oben und werden niemals die Herren zu sehen bekommen, die mit Gewißheit über dies alles herrschen! Wir können hier oben erfrieren und umkommen, die Luft wird um uns gefrieren und wieder tauen und dann ...! Dann werden sie uns finden, unsere erstarrten, stillen Körper. Sie werden die Kugel finden, die wir nicht haben finden können. Und endlich werden auch sie begreifen, wie viele Gedanken und Bemühungen hier vergeblich vertan wurden — aber zu spät!"

Seine Stimme klang wie am Telefon, schwach und weit entfernt.

„Aber die Dunkelheit", warf ich ein.

„Über die könnte man hinwegkommen."

„Wie denn?"

„Ich weiß es nicht. Wie sollte ich das wissen? Man könnte vielleicht eine Fackel tragen oder eine Lampe haben. Die anderen werden es schon verstehen."

Er blieb einen Augenblick regungslos stehen. Seine Arme hingen hilflos herab, und sein Gesicht drückte tiefste Enttäuschung aus, während er über die Weite hinwegblickte, die ihm getrotzt hatte. Dann wandte er sich mit einer entsagenden Handbewegung zu mir um und machte seinerseits Vorschläge für die systematische Suche nach der Kugel.

„Wir können ja zurückkommen", versuchte ich ihn zu trösten.

Er blickte um sich. „Zunächst einmal müssen wir auf die Erde zurückkehren."

„Wir müßten Grubenlampen und Steigeisen und eine Unzahl anderer notwendiger Dinge mitnehmen."

„Ja", antwortete er.

„Und wir werden mit diesem Gold* ein Unterpfand für den Erfolg auf die Erde bringen."

Er betrachtete meine goldenen Stangen und sagte eine Weile gar nichts. Mit auf dem Rücken gefalteten Händen blickte er über den Krater hinweg. Schließlich seufzte er auf. „*Ich* war es, der den Weg hierher gefunden hat. Aber einen Weg zu finden ist nicht immer gleichbedeutend damit, ihn auch zu beherrschen. Was wird geschehen, wenn ich mit meinem Geheimnis auf die Erde zurückkehre? Mir erscheint es völlig unmöglich, mein Geheimnis ein Jahr lang oder auch nur für ein paar Monate zu bewahren. Früher oder später kommt alles heraus, und es könnten ja auch andere Menschen die gleiche Erfindung noch einmal machen. Und dann ... Die Regierungen, die Staaten werden alles daransetzen, um hierherzugelangen. Sie werden miteinander und mit diesen Mondbewohnern kämpfen. Der Krieg wird dadurch in noch mehr und weitere Räume getragen, und die Kriegsgelegenheiten werden vervielfältigt. Nach kurzer Zeit, nach sehr kurzer Zeit wird dieser Planet bis in seine tiefsten Höhlungen hinein von toten Menschen erfüllt sein. Manches andere mag zweifelhaft erscheinen, dies jedoch ist sicher. Es ist ja nicht so, daß der Mensch den Mond wirklich braucht. Was würde der Mond den Menschen nützen? Was haben sie denn anderes aus ihrem eigenen Planeten gemacht als ein Schlachtfeld und einen Schauplatz für ihre bodenlose Torheit? So klein die Welt des Menschen auch ist, so kurz bemessen seine Zeit, so hat er doch in seinem kurzen Leben dort unten weit mehr Aufgaben, als er lösen kann. Nein! Die Wissenschaft hat sich allzu lange darum bemüht, Wahnsinnigen Waffen in die Hände zu legen. Es wäre an der Zeit, daß sie damit innehält. Soll der Mensch doch — meinetwegen in tausend Jahren — selber erneut darauf kommen." [...]

Verzweifelte Suche nach der Raumkugel

Cavor und Bedford markieren ihren Standort mit einem Taschentuch und machen sich nach einem genauen Plan getrennt auf die Suche nach der Kugel. Vollkommen erschöpft, schläft Bedford nach vergeblichem Suchen ein. Als er wieder erwacht, steht die Sonne schon tief. Erschrocken macht er sich erneut auf die Suche. Er hat schon beinahe alle Hoffnung aufgegeben, als er plötzlich vor der Kugel steht. Glücklich kriecht er in sie hinein. Doch er muß noch einmal hinaus, um Cavor ebenfalls vor dem Kältetod in der hereinbrechenden Mondnacht zu retten.

Wo ist Cavor geblieben?

Ich sah mich nach einer Stelle um, von der aus ich Cavor ein Zeichen geben könnte, und entdeckte die gleiche Felsplatte, auf die er damals von meinem jetzigen Standort aus gesprungen war. Sie lag noch immer kalt und öde in der Sonne. Einen Augenblick lang zögerte ich, mich so weit von der Kugel zu entfernen. Dann jedoch schämte ich mich meines Zauderns und sprang.

Von diesem hochgelegenen Punkt aus konnte ich erneut den Krater überblicken. In der Ferne, am Ende des riesigen Schattens, den ich warf, sah ich das kleine weiße Taschentuch an einem der Büsche flattern. Es sah nun sehr klein und sehr weit entfernt aus. Aber Cavor war nirgends zu erblicken. Mir schien, daß er inzwischen nach mir Ausschau halten müßte. So lautete unsere Verabredung. Aber keine Spur von ihm.

Da stand ich nun und wartete, die Hände schützend über die Augen gelegt. Jetzt mußte ich ihn ja gleich entdecken. Ich versuchte zu rufen, aber dann fiel mir die Andersartigkeit der Luft ein. Unentschlossen machte ich einen Schritt zurück zur Kugel. Aber die Furcht vor den Seleniten erwachte erneut und ließ mich davor zurückschrecken, meine Anwesenheit dadurch zu bekunden, daß ich eine unserer Schlafdecken auf einem nahen Busch als Signal ausbreitete. Wieder suchte ich den Krater mit den Augen ab.

Er wirkte so verlassen, daß es mir durch Mark und Bein ging. Und diese entsetzliche Stille. Sogar alle Geräusche aus der Welt der Seleniten unter mir waren erstorben. Es herrschte völlige Stille. Abgesehen von dem leisen Rascheln des Gestrüpps um mich her, in der leichten Brise, die sich erhob, war nicht der geringste Laut zu vernehmen. Und diese Brise wurde immer kühler.

Zum Teufel mit Cavor!

Ich tat einen tiefen Atemzug und legte beide Hände an den Mund. „Cavor!“ brüllte ich, und es klang, als hätte in weiter Ferne ein zwergenhaftes Wesen gerufen.

Ich sah das Taschentuch, ich blickte hinter mich auf die immer tieferen Schatten an der westlichen Felswand und spähte unter meiner Hand hervor zur Sonne hinüber. Ich hatte den Eindruck, daß man ihre Bewegung zum Horizont hinab fast sehen konnte.

Ich wußte, daß ich sogleich etwas unternehmen müßte, wenn ich Cavor noch retten sollte. Ich zog meine Weste aus und warf sie als Zeichen auf die dürren Stacheln des Gestrüpps hinter mir und ging dann in gerader Linie auf das Taschentuch zu. Es mochte ein paar Kilometer entfernt sein – nichts weiter als ein paar hundert Schritte und Sprünge. Ich habe ja bereits erzählt, wie man bei diesen Sprüngen auf dem Mond in der Luft zu schweben schien. Bei jedem dieser Schwebesprünge spähte ich nach Cavor aus und fragte mich, wieso er sich versteckt hätte. Bei jedem Sprung fühlte ich, wie die Sonne hinter mir dem Horizont entgegeneilte. Jedesmal, wenn ich den Boden berührte, fühlte ich mich versucht, umzukehren.

Ein letzter Sprung, und ich befand mich in der Schlucht unterhalb unseres Taschentuchs, ein Schritt, und ich stand auf unserem früheren Aussichtsplatz, nur auf Armlänge von ihm entfernt. Ich richtete mich auf und suchte das Gelände um mich her ab, das nun von immer längeren Schatten bedeckt wurde. In weiter Ferne, am Ende einer langen Senke, war die Öffnung des Tunnels zu erkennen, durch den wir geflohen waren. Mein Schatten fiel ihm entgegen, streckte sich ihm entgegen und berührte ihn schließlich wie ein Finger der Nacht.

Nicht eine Spur von Cavor, nicht ein Laut in all der Stille, nur das Rascheln des Gestrüpps und seine Bewegungen und die seiner Schatten, die immer stärker wurden. Plötzlich erschauerte ich heftig. „Cav ...", begann ich und wurde mir nochmals der Nutzlosigkeit der menschlichen Stimme in dieser dünnen Luft bewußt.

Schweigen. Das Schweigen des Todes.

Dann fiel mein Blick auf etwas — ein kleiner Gegenstand, der etwa fünfzig Meter entfernt weiter unten auf dem Hang lag, inmitten verbogener und zerbrochener Äste. Was war es? Ich wußte es und wollte es eigentlich gar nicht wissen.

Ich ging näher heran. Es war die kleine Kricketmütze, die Cavor getragen hatte. Ich rührte sie nicht an, stand nur da und betrachtete sie.

Dann bemerkte ich, daß die Äste ringsumher auf eine Weise zerbrochen und zertreten waren, die auf Gewalt schließen ließ. Noch zögerte ich, trat dann aber vor und hob die Mütze auf.

Mit Cavors Mütze in der Hand stand ich da und starrte die zertretenen Äste und Dornen um mich her an.

An einigen von ihnen klebte etwas Dunkles, etwas, das ich nicht zu berühren wagte. Etwa ein Dutzend Schritt weiter ließ der immer stärkere Wind etwas aufflattern, es war klein und weiß.

Ein kleines zusammengeknülltes Stück Papier, als hätte jemand es fest in der Hand gehalten. Ich hob es auf. Es war rot verschmiert. Ich erkannte schwache Bleistiftzeichen, glättete es und sah eine unregelmäßige, immer wieder unterbrochene Schrift, die schließlich in einem krummen Strich endete.

Ich versuchte sie zu entziffern.

„Ich habe mir mein Knie verletzt, ich glaube, es ist die Kniescheibe. Ich kann weder laufen noch kriechen", begann die Mitteilung, die bis dahin noch recht deutlich geschrieben war.

Dann jedoch weniger lesbar: „Sie hetzen mich schon seit einer Weile, und es ist nur eine Frage der ..." — das Wort „Zeit" schien dort gestanden zu sein, war dann ausgestrichen worden, und was nun da stand, war nicht mehr lesbar — „bis sie mich haben. Sie suchen das Gelände um mich herum ab."

Dann wurde die Schrift immer nervöser.

„Ich kann sie deutlich hören", bedeutete wohl dieser Satz, und dann war ein Stück gar nicht mehr zu entziffern. Es folgte ein völlig deutlicher Absatz:

„Eine ganz andere Art von Seleniten, sie scheinen die Führer im ..." Und wieder wurde die Schrift ein wirres Gekritzel.

„Sie haben größere Hirnschalen — sehr viel größere und schlanke Körper und sehr kurze Beine. Sie geben sanfte Laute von sich und scheinen bei ihren Unternehmungen einem festen Plan zu folgen ... Und obwohl ich verletzt bin und hilflos hier sitze, erfüllt mich ihr Aussehen dennoch mit ein wenig Hoffnung ... Sie haben auch noch nicht auf mich geschossen oder ... mich zu verletzen versucht. Ich habe mich bemüht ..."

Das war echt Cavor.

Es folgte der jähe Bleistiftstrich quer über das Papier, und auf der anderen Seite und an den Rändern fanden sich die Blutspuren.

Und während ich noch verblüfft und niedergeschmettert dort stand, mit diesem erschütternden Zettel in Händen, berührte etwas Sanftes, Leichtes, Kühles meine Hand und war schon wieder vergangen. Wie ein Schatten trieb noch ein kleiner weißer Punkt schräg vor meinen Augen vorbei. Eine winzige Schneeflocke, eine der ersten, ein Vorbote der hereinbrechenden Nacht.

Wettlauf mit dem Tod

Erschrocken blickte ich auf. Der Himmel hatte sich verfinstert, war nun schon fast dunkel. Er war von Sternen übersät, deren Zahl sich rasch zu vergrößern schien. Kalte, wachsame Sterne. Ich blickte nach Osten: Das Licht dieser verdorrten Welt war von einem düsteren Bronzeton erfüllt. Im Westen berührte die Sonne, nun durch einen sich verdichtenden Nebelschleier ihrer Wärme und ihres Glanzes halb beraubt, den Rand des Kraters. Sie sank allmählich aus meinem Blickfeld, und das Gestrüpp und die zackigen Felstrümmer zeichneten sich nun, eine Welt erstarrter Unordnung, schwarz gegen ihren letzten Schein ab. Ein riesiger Nebelschleier sank langsam auf den großen See der Finsternis im Westen herab. Ein eisiger Windstoß ließ die Kraterlandschaft erschauern. Plötzlich umwirbelte mich ein Schneegestöber, hinter dem die Welt grau und verschwommen versank.

Da vernahm ich das gleiche Läuten, das auch das Heraufsteigen des Tages angekündigt hatte, nicht laut und durchdringend wie damals, sondern schwach und unklar wie die Stimme eines Sterbenden:

Bum! ... Bum! ... Bum! ...

Was war mit Cavor geschehen? Ratlos stand ich da, bis auch der letzte Ton des Läutens verklungen war.

Und plötzlich schloß sich der Eingang zum Tunnel dort hinten wie ein müdes Auge und verschwamm mit seiner Umgebung.

Nun war ich tatsächlich ganz allein.

Über mir, um mich herum, von allen Seiten auf mich eindringend, war das Ewige. Das, was vor allem Anfang war und über das Ende triumphieren würde. Diese grenzenlose Leere, in der alles Licht, alles Leben und Sein nur das schwache flüchtige Aufglühen einer Sternschnuppe ist, die Kälte, die Stille, das Schweigen — die unendliche Nacht des Weltraums, vor der es kein Entrinnen gab.

Dieses Gefühl der Einsamkeit und Verlassenheit weckte in mir das Bewußtsein eines übermächtigen Wesens, das sich über mir erhob und mich fast berührte.

„Nein", schrie ich. „*Nein!* Noch nicht! Noch nicht! Warte! Warte! Ach, warte doch noch!" Ich warf das zerknüllte Papier weg, stieg zurück auf die Höhe, um meine

Richtung festzulegen, und sprang dann mit aller mir noch verbliebenen Energie auf das Zeichen zu, das ich aufgestellt hatte. So schwach war es nun zu sehen, so fern, schon fast von den Schatten verschlungen.

Ich sprang und sprang, und jeder Sprung erschien mir wie eine Ewigkeit.

Immer tiefer sank vor mir der noch sichtbare Teil der Sonnenscheibe, von einer Korona züngelnder Flammen überstrahlt. Übermächtig schob sich der Schatten über die Mondlandschaft hin und drohte meine Kugel zu verschlingen. Ich mochte noch etwa drei Kilometer von ihr entfernt sein, rund hundert Sprünge oder mehr, und um mich her wurde die Luft immer dünner, wie wenn man einen Behälter mit einer Luftpumpe auspumpt. Die Kälte umklammerte meine Gelenke. Wäre ich umgekommen, wäre es wahrscheinlich mitten in einem Sprung geschehen. Einmal und noch einmal glitt ich auf dem sich anhäufenden Schnee aus und mußte meine Sprünge verkürzen. Ein anderes Mal verfehlte ich meinen Aufsprung und fiel in ein Gestrüpp, das klirrend zerbrach und sich zu Staubteilchen und in nichts auflöste. Und noch ein anderes Mal strauchelte ich beim Aufkommen, rollte Hals über Kopf in einen Abgrund, erhob mich zerschlagen und blutig und war mir über meine Richtung nicht mehr im klaren.

Aber all diese Zwischenfälle waren nichts im Vergleich zu jener Zeitspanne, jenen entsetzlichen Pausen, wenn ich durch die Luft auf die aufsteigende Flut der Nacht zutrieb.

Mein Atem wurde zu einem pfeifenden Geräusch, und ich hatte das Gefühl, als würden meine Lungen von Messern zerwühlt. Mein Herz schien oben in meinem Gehirn zu schlagen. „Werde ich es schaffen? Du lieber Himmel! Werde ich es schaffen?"

Ich bestand nur noch aus Angst.

„Leg dich nieder!" schrie Schmerz und Verzweiflung in mir. „Bleib liegen!"

Je näher ich kam, desto ferner erschien mir die Kugel. Ich war körperlich schon gefühllos, stolperte, schlug und schnitt mich und blutete doch nicht mehr.

Aber die Kugel war in Sicht.

Ich fiel zu Boden, und meine Lungen schmerzten.

Auf allen vieren kroch ich weiter. Auf meinen Lippen bildete sich Reif, von meinem Schnurrbart hingen Eiszapfen, und ich war von der gefrierenden Luft ganz weiß.

Nur noch ein Dutzend Schritt von der Kugel entfernt. Vor meinen Augen verschwamm alles. „Leg dich nieder!" schrie die Verzweiflung in mir. „Bleib liegen!"

Ich berührte die Kugel und hielt inne. „Zu spät!“ schrie die Verzweiflung. „Bleib liegen!“

Mit steifen Gliedern kämpfte ich mich weiter. Ich stand am Rand der Einstiegluke, völlig benommen und schon halb tot. Rings um mich her wirbelte der Schnee. Ich zog mich hinein. Drinnen umfing mich etwas wärmere Luft.

Die Schneeflocken — oder die Luftflocken — tanzten hinter mir hinein, und mit ungelenken Händen versuchte ich, den Schraubdeckel hineinzupressen und ihn fest einzudrehen. „Ich will“, schluchzte ich, und mir klapperten die Zähne. Dann wandte ich mich mit Fingern, die zitterten und mir mürbe und brüchig vorkamen, den Schaltern für die Verschlüsse zu.

Während ich mich noch mit den Schaltern befaßte — niemals zuvor hatte ich sie bedient —, erblickte ich durch das beschlagene Glas verschwommen die glühendroten Strahlen der sinkenden Sonne. Sie schienen im Schneesturm zu tanzen und zu flakkern. Der Schnee wurde zusammengeweht, und das schwarze Gestrüpp bog sich und zerbrach unter seiner Last. Dichter und dichter wirbelte der Schnee dunkel gegen das Licht.

Was würde geschehen, wenn jetzt die Verschlüsse nicht funktionierten?

Ich hörte ein leise knackendes Geräusch unter meinen Händen, und schon war die Mondwelt meinen Blicken verborgen. Ich befand mich in der Stille und Dunkelheit des weiten Raums zwischen den Planeten.

Das Ende der Expedition

Es gelingt Bedford, die Kugel zu starten und mit ihr auf die Erde zurückzukehren, ja sogar wenige Meter vor der englischen Küste wohlbehalten zu landen. Bewohner des nahen Küstenstädtchens entdecken ihn und bringen ihn in ein Hotel. Während er sich dort ausschläft, klettert ein neugieriger Junge in die verlassene Raumkapsel, spielt an den Startknöpfen, bringt die Kugel dadurch zum Abflug und verschwindet mit ihr ungewollt auf Nimmerwiedersehen im Weltall. Da Bedford nicht im Besitz der Herstellungsformel für Cavorit ist und deshalb auch keine neue Raumkugel zu konstruieren vermag, ist hiermit die Aussicht auf eine zweite Mondexpedition und die Rettung Cavors vertan.

Wochen später werden aber von einem Schweizer Weltraumobservatorium rätselhafte Funksprüche aus dem Weltraum aufgefangen. Bedford reist hin und erkennt die Funksprüche als Botschaften Cavors. In langen, allerdings von häufigen technischen Störungen verstümmelten Mitteilungen berichtet Cavor von seinem Leben bei den Seleniten. Es geht ihm gut, und er wird von den Mondbewohnern wohlwollend behandelt. Ausführlich schildert er den Aufbau und das Funktionieren der friedlichen und sinnvoll geordneten Gesellschaft der Seleniten und berichtet, daß er sich mit den Seleniten zunehmend auch sprachlich verständigen kann.

Bedford empfängt auf diese Weise mehrere Wochen Funksprüche von Cavor, die aber eines Tages plötzlich und endgültig unterbrochen werden, als Cavor versucht, die Formel für Cavorit und die Bauanleitung für seine Weltraumkugel auf die Erde zu funken. Offensichtlich ist den Seleniten durch Cavors Berichte über die irdische Zivilisation klargeworden, was es für ihre friedliche Mondgesellschaft bedeuten würde, wenn es den Erdbewohnern möglich würde, in großen Scharen auf den Mond zu kommen, und sie haben deshalb gerade noch rechtzeitig Cavors Funkanlage zerstört. Weitere Nachrichten von Cavor werden nicht mehr aufgefangen.

Unsere Korrespondentin Marlene Manthey kabelt von Kap Kennedy

Negerführer Abernathy brachte seine 4 Esel mit

Sozialkritische Einlage beim großen Mondflugvolksfest
Im Fernsehsessel sah man den Start bequemer

KAP KENNEDY, 16. Juli 1969

Die Sonne ist strahlend über dem Kap aufgegangen. Das Wetter ist sogar besser, als gestern vorausgesagt worden war. Das Leck in der Brennstoffleitung, das über Nacht entdeckt worden war, ist repariert. „All systems go."

Wer nicht in den frühen Morgenstunden dieses Kap der großen Hoffnungen erreicht hatte, blieb ab 7 Uhr auf der Straße viele Meilen entfernt stecken. Denn der Sheriff von Brevard County hat für Ordnung gesorgt. Was sich in den letzten zwei Stunden vor dem Abschuß auf dem Highway 1 a bewegte, waren nur noch offizielle Wagen. Alle anderen Autos säumten wie glitzernde Ketten den Straßenrand. Die Sonne scheint den Tausenden von Ehrengästen direkt ins Gesicht. Mrs. Johnson schirmt unentwegt ihr Gesicht mit der Hand ab, während die anderen Ehrengäste herandrängen, um ihr und dem Expräsidenten die Hand zu schütteln. Lyndon Johnson, der mit seiner grünen Brille aussieht wie sein eigener Secret-Service-Agent*, hebt sich über die Menschenmenge heraus. Er hat als Vizepräsident und dann als Präsident mehr als irgendein anderer dazu beigetragen, daß Amerika heute versuchen kann, einen Mann auf dem Mond zu landen.

Bis zur Jahrhundertwende hoffe man, auf dem Mars gelandet zu sein, hat der jetzige Vizepräsident Spiro Agnew heute früh gesagt. Denn die Menschheit werde unentwegt zu immer neuen Grenzen vorstoßen wollen. Im Senat freilich sind vor allem jene gegen diese Zukunftsmusik, die bei der nächsten Wahl die Stimmen jener brauchen, deren höhere Wohlfahrtssätze aus einem gekürzten Raumfahrtprogramm bezahlt werden sollen.

Die Frauen von zwei Astronauten verfolgen am Fernsehschirm in Houston den Start, nur Mrs. Armstrong ist am Kap, wo es allerdings weit unbequemer ist, als es ein Logenplatz vor dem eigenen Fernsehschirm wäre. Alle drei Männer haben am Dienstag abend das amerikanische Wunschgericht gegessen: Steak, Kartoffelpüree und Spargel. Um 9 Uhr gingen sie zu Bett, um 4.15 Uhr standen sie auf, um 4.30 Uhr wurde ihnen das übliche Frühstück mit Orangensaft, Steak und Eiern serviert, um 5.45 Uhr fuhren sie in einem kleinen verschlossenen weißen Lieferwagen die zehn Kilometer zur Rampe 39. Um 7 Uhr waren sie die 100 Meter zur Raumkapsel an der Raketenspitze mit dem Fahrstuhl hinaufgefahren. In den letzten zwei Stunden hielten sie mit dem Kommandozentrum über Telefon und geschlossenen Fernsehkreis Verbindung. 450 Ingenieure waren derweil an ihren Kontrollkonsolen im Bunker fünf Kilometer entfernt versammelt, wo die roten und weißen Lichter unentwegt aufblinken und verlöschen.

Und dann um 9.32 Uhr: Fast unerwartet für die Hunderttausende, die so lange auf diesen Augenblick gehofft hatten, begannen die fünf Triebwerke der Saturn zu röhren, die weiße Wolke aus Schaum und Glut donnerte den silbernen Pfeil hinauf, die Erde schien zu beben, und langsam, unendlich langsam stieg die Saturn ins Blaue. Nach zwei Minuten und 40 Sekunden und bereits 60 Kilometer hoch trennte sich die erste Stufe ab und fiel in den Atlantik. Die fünf kleineren Triebwerke der zweiten Stufe zogen mit einem feurigen Schweif davon. Die 25 Meter hohe zweite Stufe trieb die Last auf fast 200 Kilometer hoch, wo die Astronauten mit dem einen Triebwerk der dritten Stufe den Erdumlauf vollziehen.

Damit hat der erste Teil des großen Dramas begonnen. Zwei Menschen wollen ihre Füße auf den Mond setzen. Es ist der uralte Traum der Menschheit, aus der Gefangenschaft des Erdplaneten auszubrechen. Das Kontrollzentrum in Houston übernahm nun die Steuerung der Mission. Für Kap Kennedy ist nicht nur der Apollo-11-Flug, sondern eine Epoche beendet, wie sie nicht wilder und bunter hätte sein können.

Der weißhaarige Senator, der sich gerade noch so munter mit ein paar Reportern in der offenen Halle der Holiday Inn unterhalten hatte, verstummte mitten im Satz. Sein von 40 Grad im Schatten gerötetes Gesicht wurde noch röter, und er fuhr sich mit dem Finger zwischen Hals und Kragen. „Um Himmels willen, er hat einen Sonnenstich", murmelte einer der Zeitungsmänner. Der Senator blickte hilflos um sich und dann auf sein Martiniglas, als ob es die Schuld an der Vision oder auch Halluzination trage, die ihm zu Gesicht gekommen war. Aber es war weder der Alkohol noch die Hitze am Kap Kennedy. Es war in der Tat erst ein Esel, dann ein zweiter, dritter, vierter, der um die Ecke kam. Dahinter das schweißtropfende schwarze Gesicht von Hosea Williams Abernathy, gefolgt von anderen schwarzen Seelen, denen ebenfalls der Schweiß in dunkelbraunen Streifen die Khakihosen hinablief.

Pastor Abernathy und seine Anhänger von der Anti-Armutbrigade sind aus 25 südlichen Wahlbezirken zum Mondschuß herbeigeströmt, um jedermann vor Augen zu halten, wie verwerflich es ist, einen Mann zum Mond zu schicken, wo man doch hienieden so viel Gutes mit den 24 Milliarden Dollar hätte stiften können, die hier im Lauf der Zeit verpufft worden sind. „Der Unglücksrabe hat hier gerade nicht gefehlt", meinte ein anderer Senator, der in die Tür trat, um die Szene besser zu überblicken. Er ist ein Demokrat, und nicht wenige seiner Parteigenossen sind überzeugt, daß es kein anderer als Abernathy gewesen sei, der sie die letzte Präsidentschaftswahl gekostet hat. Es waren nämlich dieser Negerführer und seine Esel, die auf dem demokratischen Parteitag in Chicago vor einem Jahr so viel Aufsehen erregten, daß die Studenten die Polizeilinien durchbrachen, die Polizisten zu den Knüppeln und die Reporter zu den Kameras griffen, was so viel ungute Publizität aufwirbelte, daß die Demokraten schließlich die Wahl verloren. So jedenfalls behaupten sie.

Abernathys Auftritt hier am Kap ist gut gewählt. Denn alles, was fein und teuer ist, hat sich aus Washington und von anderswoher hier versammelt. 267 Kongreßleute wurden am Dienstag in Militärmaschinen und auf Kosten der Steuerzahler herbefördert. Jeder durfte ein Familienmitglied kostenlos mitbringen. Desgleichen waren zur Mittagszeit rund 70 ausländische Botschafter als Gäste der Regierung anmarschiert. Auf zehn Privatflugplätzen drängten sich die Beechcraft-Maschinen und die Cessnas, in denen die Honoratioren, die Industriekapitäne, die Lobbyisten und natürlich auch die Creme der Kaffeehausgesellschaft angekommen sind.

Letztere wiederum haben den Schwarm der Gesellschaftsreporterinnen angezogen, die täglich in alle Welt berichten, wie plüschig und romantisch die Parties sind, mit denen die obere Kruste der Erfolgsgesellschaft den Schritt in den Weltraum feiert. Da sind Ölkönige, die ihre Gäste auf gemieteten Hausbooten tanzen lassen. Dinners, die in den Nebenzimmern der übervollen Hotels serviert werden, und Cocktailparties, die des Morgens begonnen haben und nicht aufhörten, bevor die drei Astronauten oben waren.

In der Tat kann man sich die Zeit kaum anders als mit dem Glas in der Hand vertreiben. Cocoa Beach und die anderen Nester, denen das Unglück widerfuhr, in den Sog der Auspuffgase der Mondraketen zu geraten, sind ein einziger Tingeltangel aus Plastik, Rockmusik, Burleske, minibekleideten Kellnerinnen und Superlativen. „Die größte Rakete der Welt" wird von hier zum „gewaltigsten Abenteuer der Menschheit" abgeschossen, was die „massivste Kollektivanstrengung aller Zeiten" zur Krönung bringt.

Aus: Stuttgarter Nachrichten vom 17. Juli 1969

Ein Riesensprung für die Menschheit

Apollo 11

Funksprechverkehr zwischen der Bodenstation in Houston und der Besatzung der Mondfähre „Adler" beim Ausstieg und während der Außenarbeit auf dem Mond am 21. Juli 1969:

HOUSTON: Basis Tranquility, ihr könnt jetzt die Dekompression* vornehmen.

ALDRIN: Sehr gut.

ARMSTRONG: Ich denke, ich mach jetzt auf.

HOUSTON: Neil, hier ist Houston. Wie steht es mit dem Öffnen der Luke?

ARMSTRONG: Alles ist „go" hier. Wir warten nur noch darauf, daß der Druck in der Kabine tief genug ist, um zu öffnen. Wir haben jetzt 0,1.

HOUSTON: Neil, hier ist Houston. Unsere Instrumente zeigen einen relativ gleichbleibenden Druck in eurer Kabine. Meinen Sie, daß Sie die Luke öffnen können?

ARMSTRONG: Die Luke geht jetzt auf.

ALDRIN (der Armstrong beim Aussteigen dirigiert): Roll dich nach links. Okay, jetzt kommst du klar... Okay, du bist noch nicht gerade ausgerichtet... etwas nach rechts. Jetzt ist's gut... links ist noch viel Platz... rechts immer noch zu nah.

ARMSTRONG: Komme ich so zurecht?

ALDRIN: Großartig.

ARMSTRONG: Okay, Houston, ich bin auf der Plattform.

HOUSTON: Und wir kriegen ein Bild auf den Fernsehschirm... viel Kontraste drin.

HOUSTON: Okay, Neil, wir können Sie jetzt die Leiter runterkommen sehen.

ARMSTRONG: Okay, ich hab gerade probiert, auf die erste Stufe zurückzusteigen... sie steht genau richtig, um wieder raufzukommen.

ARMSTRONG: Ich bin am Fuß der Leiter. Die Tellerfüße [der Mondfähre LEM] sind nur etwa drei oder fünf Zentimeter tief eingesunken, obgleich die oberste Bodenschicht sehr feinkörnig zu sein scheint... fast wie Puder... Ich gehe jetzt von der Fähre weg. Für einen Menschen ist es nur ein kleiner Schritt, für die Menschheit aber ein Riesensprung.

HOUSTON: Sieht wunderschön von hier aus, Neil!

ARMSTRONG: Ist von ganz eigener Schönheit, fast wie die Wüstenlandschaft in den Vereinigten Staaten. Es ist anders, aber sehr schön.

ARMSTRONG: Der Boden ist fein und pulverig. Ich kann ihn mit der Fußspitze locker aufnehmen. Er

klebt wie Holzkohlenpulver als dünner Überzug an meinen Stiefeln und Schäften. Ich sinke nur ganz wenig ein... vielleicht ein paar Millimeter, aber ich kann meine Fußstapfen in dem feinsandigen Boden erkennen.

ARMSTRONG: Es scheint keine Schwierigkeiten zu machen, hier herumzulaufen... geht vielleicht sogar leichter als bei der Simulation von 1/6 G [G = Erdanziehungskraft]... Absolut keine Schwierigkeit, herumzulaufen... Der Abstiegsmotor hat nicht den kleinsten Krater hinterlassen... Wir sind auf einem recht ebenen Platz. Der Feuerstrahl aus dem Abstiegsmotor hat zwar Spuren hinterlassen, aber nur in ganz unbedeutendem Maße.

HOUSTON: Neil, hier spricht Houston. Wir haben das Bild, aber Sie sind zur Zeit nicht drauf. Wir können die Tasche am Fuß erkennen, wird gerade von Buzz bewegt. Aha, jetzt kommen Sie wieder ins Bild.

ARMSTRONG: Buzz, laß mich das noch dorthin bringen — muß für dich Platz machen.

ALDRIN: Okay. Fertig? Kann ich herauskommen?

ARMSTRONG: Yeah! Bleib nur noch eine Sekunde stehen — ich schiebe das übers Geländer.

ARMSTRONG: Okay.

ALDRIN: Allright. Jetzt ist's richtig. Bist du fertig?

ARMSTRONG: Alles in Ordnung.

ALDRIN: Okay. Ich stehe auf der obersten Sprosse... ist sehr einfach abzusteigen.

ARMSTRONG: Die Leiter ist recht bequem, und das Laufen ist auch bequem.

ALDRIN: Okay. Ich lasse mal den einen Fuß noch oben, und... jetzt beide Hände an die vierte Sprosse.

ARMSTRONG: Na, also!

ARMSTRONG: Noch ein bißchen! Gut so jetzt!

ALDRIN (springt vollends herunter): Ein schöner Hüpfer!

ARMSTRONG: Na, ist das nichts? Herrlicher Ausblick hier.

ALDRIN: Diese Einsamkeit — einfach überwältigend.

HOUSTON: Beide Versorgungssysteme [gemeint sind die Versorgungstornister mit Sauerstoff, Batterien, Funkausrüstungen etc.] normal im Verbrauch.

ALDRIN: Sieht aus, als hätte die zweite Leitersprosse von der Hitze was abgekriegt, Neil.

ARMSTRONG: Okay, Buzz. Können wir die Kamera [gemeint ist die Fernsehkamera] herunterholen?

ALDRIN: Bin schon fertig. Ich denke, so geht's ganz gut...

ARMSTRONG: Okay — es ist ganz dunkel hier im Schatten... Jetzt kann ich sie herunternehmen.

ALDRIN: Halte sie nicht so nah am Körper. Okay?

(Die Fernsehkamera wird dem „Adler" gegenüber postiert.)

ARMSTRONG: Ich habe jetzt meine ersten Fotos gemacht.

HOUSTON: Roger. Neil, wir können euch laut und deutlich hören. Denken Sie auch daran, gleich ein paar Fotos zu machen und die ersten Proben zu nehmen?

ARMSTRONG: Allright — sobald ich mit dieser Bildserie fertig bin.

HOUSTON: Ah, sieht ja wunderbar aus, Commander.

ARMSTRONG: Ist von ganz eigener Schönheit hier...

ALDRIN: Wunderbar, wunderbar.

ALDRIN: Übrigens, diese Felsen auf der pulverigen Oberfläche... Ich meine, diese Felsen sind ziemlich glatt...

ALDRIN: Man scheint ganz gut voranzukommen... Ich komme etwas aus dem Gleichgewicht... man muß sorgfältig darauf achten, daß man sich in der Bewegungsrichtung nach vorn neigt.

ALDRIN: He, Neil, habe ich nicht gesagt, wir könnten ein paar rote Steine finden?

ARMSTRONG: Einen roten gefunden?

ALDRIN: Jawohl.

ARMSTRONG: Für die, die die Metalltafel nicht gelesen haben, werden wir den Wortlaut jetzt vorlesen... Sie zeigt die beiden Erdhemisphären. Darunter heißt es: Hier betraten Menschen vom Planeten Erde zum erstenmal den Mond. Juli 1969 A. D. Wir kamen in Frieden für die ganze Menschheit.

Oriana Fallaci

Interview mit dem Astronauten Roger Chaffee

„Ich nehme an, Herr Leutnant, daß der Gedanke, auf den Mond zu gehen, für Sie sehr aufregend ist."

„Kein bißchen. Ich werde hingehen, ohne Zweifel. Aber Gefühle wie Ungeduld oder Neugier quälen mich nicht. Der Mond ist für mich nichts anderes als eine

Art, meinem Land zu dienen, und die erste Reise zum Mond bedeutet nichts anderes, als die technische Leistungsfähigkeit zu demonstrieren, über die die NASA* und mein Land verfügen, um zum Mond zu gelangen. Alles übrige sind Phantastereien. Und Erwachsene leben nicht von Phantastereien."

„Wie?! Sie machen sich nichts daraus, auf dem Mond zu landen?"

„Den Fuß darauf zu setzen, meinen Sie?"

„Ja, den Fuß darauf zu setzen!"

„Vom technischen Standpunkt aus ist die Leistung sehr interessant, indem sie eine Menge Probleme aufwirft, die nicht leicht zu lösen sind; aber es würde mir auch nichts ausmachen, derjenige zu sein, der mit der Apollo-Kapsel in der Umlaufbahn bleibt, anstatt mit der Landefähre hinunterzugehen. Unsere Aufgabe ist eine kollektive Aufgabe, und ich nehme an ihr teil."

„Herr Leutnant, warum sind Sie eigentlich Astronaut geworden?"

„Aus demselben Grund, wie ein Automobilist den Wunsch hat, mit einem Ferrari ein Rennen zu fahren: Es ist für einen Piloten selbstverständlich, Astronaut werden zu wollen, vorausgesetzt, er hat die nötigen Eigenschaften. Ich habe sie."

„Sie werden begeistert gewesen sein, als Sie erfuhren, daß dieses Weltraumprogramm existiert."

„Kein bißchen. Wer auch immer bei der Luftfahrttechnik war, wußte, daß es nur eine Frage der Zeit sein konnte, und ich studierte Luftfahrttechnik, seit ich sechzehn war. Warum ich das studierte? Gewiß nicht um der Romantik willen. Der Traum, den Mond zu sehen, und solches Zeug hat mich nie gereizt, ich sage es noch einmal."

Die Astronauten Virgil Grissom, Edward White und Roger Chaffee verbrannten am 27. 1. 1967 bei einer Routineübung in der Apollo-Raumkapsel, mit der sie am 21. 2. 1967 zu einem zweiwöchigen Flug starten sollten.

Christine Busta

Wovon träumt der Astronaut auf der Erde?

Daß er wie Löwenzahnsamen fliegt
von Stern zu Stern,
fremde Erze entdeckt
und niegesehene Steine.

Wovon wird er als Mann im Mond
einst träumen?

Daß er als Sternschnuppe heimfallen darf
und ein Gärtchen wiederfindet,
wo die Bienen die Sonnenblumen
erobern.

Ein Mensch erblickt das Licht der Welt

– Doch oft
hat sich herausgestellt,
nach manchem
trüb
verbrachtem Jahr,
daß dies
der einzige Lichtblick
war.

EUGEN ROTH

Cartoon: Paul Flora

Humoristische Dichter

Wilhelm Busch

Einleitung

Der Weise, welcher sitzt und denkt
Und tief sich in sich selbst versenkt,
Um in der Seele Dämmerschein
Sich an der Wahrheit zu erfreun,
Der leert bedenklich seine Flasche,
Hebt seine Dose aus der Tasche,
Nimmt eine Prise, macht habschih!
Und spricht: „Mein Sohn, die Sach' ist die:

Eh' man auf diese Welt gekommen
Und noch so still vorliebgenommen,
Da hat man noch bei nichts was bei;
Man schwebt herum, ist schuldenfrei,
Hat keine Uhr und keine Eile
Und äußerst selten Langeweile.
Allein man nimmt sich nicht in acht,
Und schlupp! – ist man zur Welt gebracht.

Zuerst hast du es gut, mein Sohn,
Doch paß mal auf, man kommt dir schon!

Bereits dein braves Elternpaar
Erscheint dir häufig sonderbar.
Es saust der Stab, dann geht es schwapp!
Sieh da, mein Sohn, du kriegst was ab!
Und schon erscheint dir unabwendlich
Der Schmerzensruf: Das ist ja schändlich!

Du wächst heran, du suchst das Weite,
Jedoch die Welt ist voller Leute;
Vorherrschend Juden, Weiber, Christen,
Die dich ganz schrecklich überlisten
Und die, anstatt dir was zu schenken,
Wie du wohl möchtest, nicht dran denken.
Und wieder scheint dir unabweislich
Der Schmerzensruf: Das ist ja scheußlich!

Doch siehe da, im trauten Kreis
Sitzt Jüngling, Mann und Jubelgreis,
Und jeder hebt an seinen Mund
Ein Hohlgemäß, was meistens rund,
Um draus, in ziemlich kurzer Zeit,
die drin enthaltene Flüssigkeit
Mit Lust und freudigem Bemühn
Zu saugen und herauszuziehn.
Weil jeder dies mit Eifer tut,
So sieht man wohl, es tut ihm gut.
Man setzt sich auch zu diesen Herrn,
Man tut es häufig, tut es gern,
Und möglichst lange tut man's auch;
Die Nase schwillt, es wächst der Bauch,
Und bald, mein Sohn, wirst du mit Graun
Im Spiegelglas dein Bildnis schaun,
Und wieder scheint dir unerläßlich
Der Schmerzensruf: Das ist ja gräßlich!!

Mein lieber Sohn, du tust mir leid.
Dir mangelt die Enthaltsamkeit.
Enthaltsamkeit ist das Vergnügen
An Sachen, welche wir nicht kriegen.
Drum lebe mäßig, denke klug.
Wer nichts gebraucht, der hat genug!"

So spricht der Weise, grau von Haar,
Ernst, würdig, sachgemäß und klar,
Wie sich's gebührt in solchen Dingen;
Läßt sich ein Dutzend Austern bringen,
Ißt sie, entleert die zweite Flasche,
Hebt seine Dose aus der Tasche,
Nimmt eine Prise, macht habschüh!
Schmückt sich mit Hut und Paraplü*,
Bewegt sich mit Bedacht nach Haus
Und ruht von seinem Denken aus.

Wilhelm Busch

Humor

Es sitzt ein Vogel auf dem Leim,
er flattert sehr und kann nicht heim.
Ein schwarzer Kater schleicht herzu,
die Krallen scharf, die Augen gluh.
Am Baum hinauf und immer höher
kommt er dem armen Vogel näher.

Der Vogel denkt: Weil das so ist
und weil mich doch der Kater frißt,
so will ich keine Zeit verlieren,
will noch ein wenig quinquilieren
und lustig pfeifen wie zuvor.
Der Vogel, scheint mir, hat Humor.

Wilhelm Busch

Der Begleiter

Hans, der soeben in der Stadt
Sein fettes Schwein verwertet hat,
Ging spät nach Haus bei Mondenschein.
Ein Fremder folgt und holt ihn ein.

Grüß Gott, rief Hans, das trifft sich gut,
Zu zweit verdoppelt sich der Mut.

Der Fremde denkt: Ha zapperlot,
Der Kerl hat Geld, ich schlag' ihn tot,
Nur nicht von vorn, daß er es sieht,
Dagegen sträubt sich mein Gemüt.

Und weiter gehn sie allgemach,
Der Hans zuvor, der Fremde nach.

Jetzt, denkt sich dieser, mach' ich's ab.
Er hob bereits den Knotenstab.

Was gilt die Butter denn bei euch?
Fragt Hans und dreht sich um zugleich.

Der Fremde schweigt, der Fremde stutzt,
Der Knittel senkt sich unbenutzt.

Und weiter gehn sie allgemach,
Der eine vor, der andre nach.

Hier, wo die dunklen Tannen stehn,
Hier, denkt der Fremde, soll's geschehn.

Spielt man auch Skat bei euch zuland?
Fragt Hans und hat sich umgewandt.

Der Fremde nickt und steht verdutzt,
Der Knittel senkt sich unbenutzt.

Und weiter gehn sie allgemach,
Der eine vor, der andre nach.

Hier, denkt der Fremde, wo das Moor,
Hier hau' ich fest ihm hinters Ohr.

Und wieder dreht der Hans sich um.
Prost, rief er fröhlich, mögt Ihr Rum?
Und zog ein Fläschlein aus dem Rock.

Der Fremde senkt den Knotenstock,
Tät einen Zug, der war nicht schwach,
Und weiter gehn sie allgemach.

Schon sind sie aus dem Wald heraus,
Und schau, da steht das erste Haus.
Es kräht der Hahn, es bellt der Spitz.

Dies, rief der Hans, ist mein Besitz.
Tritt ein, du ehrlicher Gesell,
Und nimm den Dank für dein Geleit.

Doch der Gesell entfernt sich schnell,
Vermutlich aus Bescheidenheit.

Christian Morgenstern

Palmström

Palmström steht an einem Teiche
und entfaltet groß ein rotes Taschentuch:
Auf dem Tuch ist eine Eiche
dargestellt sowie ein Mensch mit einem Buch.

Palmström wagt nicht, sich hineinzuschneuzen.
Er gehört zu jenen Käuzen,
die oft unvermittelt-nackt
Ehrfurcht vor dem Schönen packt.

Zärtlich faltet er zusammen,
was er eben erst entbreitet.
Und kein Fühlender wird ihn verdammen,
wenn er ungeschneuzt entschreitet.

Cartoon: Paul Flora

Christian Morgenstern

Die unmögliche Tatsache

Palmström, etwas schon an Jahren,
wird an einer Straßenbeuge
und von einem Kraftfahrzeuge
überfahren.

„Wie war“ (spricht er, sich erhebend
und entschlossen weiterlebend)
„möglich, wie dies Unglück, ja –:
daß es überhaupt geschah?

Ist die Staatskunst anzuklagen
in bezug auf Kraftfahrwagen?
Gab die Polizeivorschrift
hier dem Fahrer freie Trift?

Oder war vielmehr verboten,
hier Lebendige zu Toten
umzuwandeln – kurz und schlicht:
Durfte hier der Kutscher nicht –?“

Eingehüllt in feuchte Tücher,
prüft er die Gesetzesbücher
und ist alsobald im klaren:
Wagen durften dort nicht fahren!

Und er kommt zu dem Ergebnis:
„Nur ein Traum war das Erlebnis.
Weil“, so schließt er messerscharf,
„nicht sein *kann,* was nicht sein *darf.*“

Christian Morgenstern

Die Behörde

Korf erhält vom Polizeibüro
ein geharnischt Formular,
wer er sei und wie und wo.

Welchen Orts er bis anheute war,
welchen Stands und überhaupt,
wo geboren, Tag und Jahr.

Ob ihm überhaupt erlaubt,
hier zu leben und zu welchem Zweck,
wieviel Geld er hat und was er glaubt.

Umgekehrten Falls man ihn vom Fleck
in Arrest verführen würde, und
darunter steht: Borowsky, Heck.

Korf erwidert darauf kurz und rund:
„Einer hohen Direktion
stellt sich, laut persönlichem Befund,

untig angefertigte Person
als nichtexistent im Eigen-Sinn
bürgerlicher Konvention*

vor und aus und zeichnet, wennschonhin
mitbedauernd nebigen Betreff,
Korf. (An die Bezirksbehörde in –)"

Staunend liest's der anbetroffne Chef.

Cartoon: Paul Flora

Erich Kästner

Kurzgefaßter Lebenslauf

Wer nicht zur Welt kommt, hat nicht viel verloren.
Er sitzt im All auf einem Baum und lacht.
Ich wurde seinerzeit als Kind geboren,
eh' ich's gedacht.

Die Schule, wo ich viel vergessen habe,
bestritt seitdem den größten Teil der Zeit.
Ich war ein patentierter Musterknabe.
Wie kam das bloß? Es tut mir jetzt noch leid.

Dann gab es Weltkrieg statt der großen Ferien.
Ich trieb es mit der Fußartillerie.
Dem Globus lief das Blut aus den Arterien.
Ich lebte weiter. Fragen Sie nicht, wie.

Bis dann die Inflation* und Leipzig* kamen.
Mit Kant und Gotisch, Börse und Büro,
mit Kunst und Politik und jungen Damen.
Und sonntags regnete es sowieso.

Nun bin ich beinah vierzig Jahre
und habe eine kleine Versfabrik.
Ach, an den Schläfen blühn schon graue Haare,
und meine Freunde werden langsam dick.

Ich setze mich sehr gerne zwischen Stühle.
Ich säge an dem Ast, auf dem wir sitzen.
Ich gehe durch die Gärten der Gefühle,
die tot sind, und bepflanze sie mit Witzen.

Auch ich muß meinen Rucksack selber tragen!
Der Rucksack wächst. Der Rücken wird nicht breiter.
Zusammenfassend läßt sich etwa sagen:
Ich kam zur Welt und lebe trotzdem weiter.

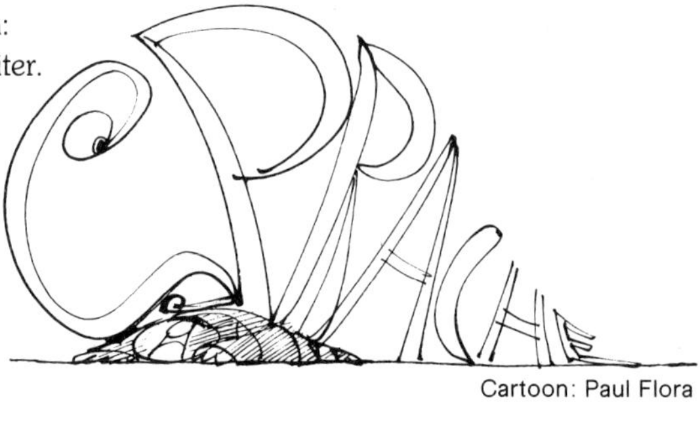

Cartoon: Paul Flora

Erich Kästner

Im Auto über Land

An besonders schönen Tagen
ist der Himmel sozusagen
wie aus blauem Porzellan.
Und die Federwolken gleichen
weißen, zart getuschten Zeichen,
wie wir sie auf Schalen sahn.

Alle Welt fühlt sich gehoben,
blinzelt glücklich schräg nach oben
und bewundert die Natur.
Vater ruft, direkt verwegen:
„'n Wetter, glatt zum Eierlegen!"
(Na, er renommiert* wohl nur.)

Und er steuert ohne Fehler
über Hügel und durch Täler.
Tante Paula wird es schlecht.
Doch die übrige Verwandtschaft
blickt begeistert in die Landschaft.
Und der Landschaft ist es recht.

Um den Kopf weht eine Brise
von besonnter Luft und Wiese,
dividiert durch viel Benzin.
Onkel Theobald berichtet,
was er alles sieht und sichtet.
Doch man sieht's auch ohne ihn.

Den Gesang nach Kräften pflegend
und sich rhythmisch fortbewegend,
strömt die Menschheit durchs Revier.
Immer rascher jagt der Wagen.
Und wir hören Vatern sagen:
„Dauernd Wald und nirgends Bier."

Aber schließlich hilft sein Suchen.
Er kriegt Bier, wir kriegen Kuchen.
Und das Auto ruht sich aus.
Tante schimpft auf die Gehälter.
Und allmählich wird es kälter.
Und dann fahren wir nach Haus.

Erich Kästner

Die Entwicklung der Menschheit

Einst haben die Kerls auf den Bäumen gehockt,
behaart und mit böser Visage*.
Dann hat man sie aus dem Urwald gelockt
und die Welt asphaltiert und aufgestockt,
bis zur dreißigsten Etage.

Da saßen sie nun, den Flöhen entflohn,
in zentralgeheizten Räumen.
Da sitzen sie nun am Telefon.
Und es herrscht noch genau derselbe Ton
wie seinerzeit auf den Bäumen.

Sie hören weit. Sie sehen fern.
Sie sind mit dem Weltall in Fühlung.
Sie putzen die Zähne. Sie atmen modern.
Die Erde ist ein gebildeter Stern
mit sehr viel Wasserspülung.

Sie schießen die Briefschaften durch ein Rohr.
Sie jagen und züchten Mikroben*.
Sie versehn die Natur mit allem Komfort.
Sie fliegen steil in den Himmel empor
und bleiben zwei Wochen oben.

Was ihre Verdauung übrigläßt,
das verarbeiten sie zu Watte.
Sie spalten Atome. Sie heilen Inzest*.
Und sie stellen durch Stiluntersuchungen fest,
daß Cäsar Plattfüße hatte.

So haben sie mit dem Kopf und dem Mund
den Fortschritt der Menschheit geschaffen.
Doch davon mal abgesehen und
bei Lichte betrachtet, sind sie im Grund
noch immer die alten Affen.

Karl Valentin

Ich bin ein armer magerer Mann

Ach, es ist doch schrecklich gwiß,
Wenn der Mensch recht mager ist;
Ich bin mager, welche Pein,
Mager wie ein Suppenbein.

Was muß ich denn verbrochen haben, daß mich die Natur gar so grauslich zsammgricht hat. – Ich versteh das nicht, in unserer Familie kann das unmöglich liegen, denn mein Vater wiegt über drei Zentner, meine Mutter über zwei Zentner und meine Schwester hat einen Bahnexpeditor* geheiratet und gerade ich muß so mager sein. Ja, jetzt tuts es ja noch, aber früher sollns mich gsehn habn, gleich nach der Geburt, da hab ich ausgschaut wie a Salami. – Darum hab ich auch als kleines Kind keine Wiege gebraucht, mich hat meine Mutter ganz einfach in einen Lampenzylinder neingsteckt und mich am Tisch umhergewalkerlt, so mager war ich. – Und trotzdem ist mein Vater stolz auf mich, der mag die fetten Kinder selber nicht und grad deshalb, weil ich so mager bin, drum *mag er* mich so gern. Er sagt, Vetter kann ich immer noch werdn, wenn amal mei Schwester heirat. Einmal bin ich in einem Kaffeehaus an einem Billard dort glehnt und weil ich so mager bin und weil ich am Billard dortglehnt bin, jetzt hat einer glaubt, ich bin der Billardmager*. –

Aber die größte Gaudi war das, wie ich zur Musterung gehen hab müssen, also habn die da drobn a Gaudi ghabt, wies mich gsehn haben. – Net, und ich hab doch, wenn ich ausgezogen bin, so Rippen da rüber, quer rüber, mich hat halt früher meine Mutter zum Meerrettichreiben hergnommen. – Kurz und gut, wie die mich gsehn habn, habns gsagt: Ja, Kerl, Sie kommen ja daher wie a Bahnwärterhäusl aus Wellblech. – Aber trotzdem daß ich so gebaut war, habns mich nicht gnommen zu den Soldaten, nicht amal zum Militär habns mich brauchen können.

Natürlich bin ich auch furchtbar leicht; wenn ich zum Beispiel in einem Restaurant sitz und da Wirt reibt an Ventilator auf*, da muß ich mich immer am Tisch anbinden, daß 's mich net ins Röhrl neizieht. – Dann hat amal einer zu mir gsagt: Sie sind doch wirklich a gräuslicher Kerl, Sie können Ihnen jetzt schon in der Anatomie* verkaufen; dann bin ich auch hingegangen zu dem Anatomieprofessor und hab mich offeriert, nun hat er gsagt: Was verlangen S' denn für Ihnen? – Ja, sag ich, unter achtzig Mark kann ich mich nicht hergeben, weil auf fünfzig Mark komm ich mich ja selbst. – Ja, sagt der Herr Professor, wie können Sie das behaupten, daß Sie fünfzig Mark wert sind? – Ja, sag i, ich hab mich kürzlich ausgezogen und hab meine Knochen so abgegriffen und da hab ich rausgefunden, daß ich fünfzig Knochen hab und weil ich in jedem Knochen *a Mark* hab, bin ich fünfzig Mark wert. –

Dann hab ich amal was glesen von einem Leichenverbrennungsverein, denk ich mir, da gehst auch hin und laßt dich amal verbrennen, wennst gstorben bist: dann bin ich auch hingegangen und hab den Leichenverbrennungsvorstand gfragt, ob das überhaupt geht bei mir. Dann hat er mich angschaut und hat gsagt: Ja, Sie sind ja schon arg dürr, Ihnen müß ma immer zuerst mit zehn Pfund Schweinsfett einreibn, daß S' überhaupt brennen und zweitens kommts bei Ihnen bedeutend teurer. – Ja, sag ich, warum denn grad bei mir? – Ja,

sagt er, weil ma bei Ihnen im Verbrennungsofen drin an neuen Rost brauchen, weil Sie durch den jetzigen unbedingt durchrutschen würden. –
Und trotzdem ist die Magerkeit mein Lebensretter, denn wie ich einmal in Afrika war bei den Kannibalen, da habn mich die Menschenfresser erwischt und habn mich braten wollen. Da habns a Feuer gmacht und habn mich ausgezogen – wie mich die auszogen gsehn habn, sinds alle davonglaufen, weils denen graust hat vor mir und mein Leben war gerettet.

Karl Valentin

Das Aquarium

Weil wir grad vom Aquarium redn, ich hab nämlich früher – nicht im Frühjahr – früher in der Sendlinger Straße gwohnt, nicht *in* der Sendlinger Straße, das wär ja lächerbar, *in* der Sendlinger Straße könnt man ja gar nicht wohnen, weil immer die Straßenbahn durchfährt, in den Häusern hab ich gwohnt in der Sendlinger Straße. Nicht in allen Häusern, in einem davon, in dem, das zwischen den andern so drin steckt, ich weiß net, ob Sie das Haus kennen. Und da wohn ich, aber nicht im ganzen Haus, sondern nur im ersten Stock, der ist unterm zweiten Stock und ober dem Parterre*, so zwischen drin, und da geht in den zweiten Stock eine Stiege nauf, die geht schon wieder runter auch, die Stiege geht nicht nauf, wir gehn auf die Stiege nauf, man sagt halt so.
Und da hab ich, in dem Wohnzimmer, wo ich schlaf, ich hab ein extra Wohnzimmer, wo ich schlaf, und im Schlafzimmer wohn ich und im Wohnzimmer hab ich zu meinem Privatvergnügen ein Aquarium, das steht so im Eck drin, das paßt auch wunderschön in das Eck hinein.
Ich hätt ja so ein rundes Aquarium auch haben können, dann wär das Eck halt nicht ausgefüllt. Das ganze Aquarium ist nicht größer als so (*zeigend*), sagn wir, das sind die zwei Glaswände – das sind meine Hände, ich erklärs Ihnen nur, daß Sies besser verstehn – und das sind auch zwei Wände und unten ist der Boden, ders Wasser haltet, damits Wasser nicht unten wieder durchläuft, wenn man oben eines hineinschüttet. Wenn der Boden nicht wär, da dürfen Sie oben zehn, zwanzig, dreißig Liter neinschütten, das tät alles wieder unten durchrinnen. Bei einem Vogelhaus ist das ganz etwas anderes.
Bei einem Vogelhaus sind die Wände auch so ähnlich wie bei einem Aquarium, nur sind die beim Vogelhaus nicht aus Glas, sondern aus Draht. Das wär natürlich ein großer Unsinn, wenn das bei einem Aquarium auch so wär, weil dann das Aquarium 's Wasser nicht halten könnt, da rinnets Wasser immer neben dem Draht heraus. Drum is eben alles von der Natur so wunderbar eingrichtet. Ja, und ich hab eben in dem Aquarium Goldfisch drin, und im Vogelhaus hab ich einen Vogel; jetzt hat mich neulich einmal die Dummheit plagt, hab ich die Goldfisch ins Vogelhaus und den Kanarienvogel ins Aquarium getan.
Natürlich sind die Goldfisch im Vogelhaus immer wieder vom Stangl runtergrutscht und der Kanarienvogel wär mir im Aquarium bald ersoffen, dann hab ich wieder die ganze Gschicht beim alten lassen und hab den Vogel wieder ins Vogelhaus und die Goldfisch wieder ins Aquarium getan, wos hingehören.

Jetzt sind die Fisch wieder lustig im Aquarium umhergeschwommen, zuerst so nüber, dann so nunter, die schwimmen fast jeden Tag anders. Vorgestern ist mir nun ein Malheur* passiert, ich hab gesehn, daß die Fisch mehr Wasser brauchen, und hab einen Wassereimer voll nachgfüllt, derweil war das zu viel, jetzt ist das Wasser so hoch *(zeigend)* über das Aquarium herausgstandn, das hab ich aber erst den andern Tag bemerkt, und ein Goldfisch ist über den Rand nausgschwommen und ist am Boden nuntergfallen, weil wir in dem Zimmer, wo das Aquarium steht, habn wir unten einen Boden, und da ist er dann dortglegn, aber erst, wie ers Falln aufgehört hat.

Jetzt hat aber der Fisch am Boden kein Wasser ghabt, weil wir so außer im Aquarium habn wir weiter kein Wasser im Zimmer.

Dann hat meine Hausfrau gsagt: „Sie werden sehn, der Fisch wird am Boden drunt kaputt, es ist das beste, Sie bringen den Fisch um.“ Daß er nicht so lang leiden muß, hab ich mir gedacht, mitn Hammer erschlagn? Schließlich haust dich aufn Finger, also erschieß ich ihn. Dann hab ich mir aber gedacht: Schließlich triffst ihn nicht recht, dann muß er erst recht leiden, da ists schon gscheiter, hab ich gsagt, ich nehm den Fisch und trag ihn in die Isar und tu ihn ertränken.

Karl Valentin

Im Zoologischen Garten

BILLETTEUR: Bitte die Herrschaften Billetten vorzeigen!

VALENTIN: Was heißt: Billetten vorzeigen! Haben Sie noch kein Billett gesehn vom Zoologischen Garten?

Cartoon: Paul Flora

BILLETTEUR: Schon viele, aber die Ihren noch nicht.

VALENTIN: Die sind doch alle gleich.

KARLSTADT: Dös is doch weg'n der Kontrolle.

VALENTIN: I brauch koa Kontrolle, i bin koa Schwindler, oder glaub'n Sie ...

KARLSTADT: Geh zua, werst wohl net streiten weg'n dene 2 Billetten! – Ah, da schau nüber, da is schon ein Riesenelefant.

VALENTIN: Wo?

KARLSTADT: Da drüben.

VALENTIN: Dös is doch kein Elefant, dös is doch ein Nilpferd.

KARLSTADT: Ja ja, ich weiß schon, ich hab mich nur versprochen.

VALENTIN: Da schau her, Kunigunde, der wunderbare Tintenfisch da oben!

KARLSTADT: Wo oben?

VALENTIN: Da oben!

KARLSTADT: Dös is doch kein Tintenfisch, dös is ja a Steinadler.

VALENTIN: Ja ja, Steinadler wollt ich sagen, ich hab mich auch nur versprochen.

KARLSTADT: Ah, da schau her, sibirische Wölfe, und wie die unheimlich heulen.

VALENTIN: Ja ja, dös sind auch unheimliche Raubtiere, die müssen auch unheimlich heulen, das würde sich dumm anhören, wenn die Wölfe zwitschern würden.

KARLSTADT: Na ja, genauso blöd wäre es, wenn a Schwalbe heulen würde. – Käfig Nr. 5 ‚Das Nashorn'. Warum heißt das Nashorn?

VALENTIN: Weil's auf der Nase ein Horn hat.

KARLSTADT: Ja, wia is denn dös dann beim Elefant?

VALENTIN: Na ja, der hat eine Ele am Fant.

KARLSTADT: Nein, der hat einen Rüssel am Kopf, der müßte eigentlich Rüsselkopf heißen!

VALENTIN: Sag's ihm!

KARLSTADT: Wem, dem Elefant?

VALENTIN: Nein, dem Zoologischen Besitzer. – Du, da schau her, die netten kleinen Affen, da sagen die Leut immer, wir gleichen den Affen, *(Schreien)* dös find' i net, mir san doch viel größer!

KARLSTADT: Da schau her, das ist eine Gemeinheit, da zahlt man 1 Mark Eintritt *(Zwitschern)* und da sieht man einen gewöhnlichen Spatz!

VALENTIN: Stimmt, das ist ein Spatz, vielleicht is der in Zoologischen Garten hereing'flog'n. Wenn er nicht im Katalog steht, gehört er nicht herein. – Schau, Nr. 22 ‚Pelikane'.

KARLSTADT: Und was sind das für kleine weiße Dreckhäufchen, die auf dem Beton liegen?

VALENTIN: Das ist der Abfall von de Pelikane, das Pelikanol*, das wird in Tuben gefüllt und kostet dann 30 Pfennige.

KARLSTADT: Hier ist ein Orang-Utan, ein Menschenaffe.

VALENTIN: Der schaut aber wirklich blöd. Alte, stell dich net so nah an das Gitter hin, sonst weiß der Aff net, bist du im Käfig oder er. *(Gebrüll).*

KARLSTADT: Horch, was is denn das für ein Gebrüll?

VALENTIN: Das sind wahrscheinlich die Brillenschlangen. – Käfig Nr. 24 ‚Der Fuchs'! – Moanst, Alte, daß dös der Fuchs is?

KARLSTADT: Was für a Fuchs?

VALENTIN: No ja, der wo damals die Gans g'stohl'n hat.

KARLSTADT: Du fad's Mannsbild, mit deine blöden Witz'! – Ja, was is denn dös, dös is ja a Storch! Du, Alter, moanst, dös is der Storch?

VALENTIN: Was denn für a Storch?

KARLSTADT: No ja, der wo die kleinen Kinder bringt.

VALENTIN: Du fad's Frau'nzimmer du, mit deine blöden Witz'! *(Raubtiergebrüll).*

KARLSTADT: Du, jetzt müass ma ins Raubtierhaus – um 4 Uhr ist Fütterung sämtlicher Raubtiere! – Komm!

VALENTIN: Nein, das mag ich nicht sehn.

KARLSTADT: Warum nicht?

VALENTIN: Ich kann's auch nicht leiden, wenn mir wer beim Essen zuschaut.

Aber Jakob habe ich geliebt – Jugendroman

Katherine Paterson

Aber Jakob habe ich geliebt

216 Seiten.
Aus dem Amerikanischen von Hans Erik Hausner.
Umschlag von Günter Sramek.
Mädchen ab 14.
12,5 × 20 cm, Leinen
DM 18,50, sfr 18,50, S 149,—
ISBN 3 8000 2681 3

Seit Louise denken kann, steht sie im Schatten ihrer Zwillingsschwester Caroline, die alle Vorzüge der Natur in sich vereint. Alle Liebe Gottes und der Welt gehört Caroline. In dieser Überzeugung wächst Louise heran. Aber die Eifersucht auf die Schwester ist es nicht allein, die Louise das Leben schwermacht. Der wahre Grund liegt in ihr selbst.

Ueberreuter

Dieses Buch wurde mit der »Newbery Medal« 1981 — dem höchsten Jugendbuchpreis in den USA — ausgezeichnet

Katherine Paterson, als Tochter von Missionaren in China geboren, studierte in Japan. Ihre Jugendbücher wurden mit zahlreichen Preisen ausgezeichnet. Heute lebt sie mit ihrem Mann und ihren vier Kindern in Norfolk, Virginia. Bei Ueberreuter erschienen: »Gilly Hopkins«, mit fünf wichtigen amerikanischen Preisen ausgezeichnet sowie mit dem »Preis der Leseratten« 1980 im ZDF.

»Wenn man dreizehn ist, beginnt das Leben alles auf den Kopf zu stellen. Heute weiß ich das. Damals aber bildete ich mir ein, irgend jemand hätte schuld an meiner Bekümmernis — Caroline oder meine Großmutter oder Mutter oder vielleicht ich selbst. Bald konnte ich dem Krieg die Schuld geben . . .«
Seit Louise denken kann, steht sie im Schatten ihrer Zwillingsschwester Caroline, die alle Vorzüge der Natur in sich vereint. Alle Liebe Gottes und der Welt gehört Caroline. In dieser Überzeugung wächst Louise heran. Auf Rass, einer kleinen Insel in der Chesapeake Bay, führt die Familie das einfache Leben der Fischer und Krabbenfänger. Eine ärmliche, enge Welt, in der sich das ganze Leben zwischen Geburt und Tod so hautnah abspielt wie eben in jeder kleinen Gemeinschaft. Während Caroline eine Musikausbildung erhält, sorgt Louise zum Teil schon für den Lebensunterhalt der Familie. Aber die Eifersucht auf die Schwester ist es nicht allein, die Louise das Leben schwermacht. Der wahre Grund liegt in ihr selbst.
»Wahrscheinlich wußte ich, daß Rass keine Zukunft für mich bereithielt. Wie konnte ich mein ganzes Leben mit passivem Warten zubringen? Warten, daß die Boote am Nachmittag hereinkamen. Warten, daß einem Kinder geboren wurden. Warten, daß die Kinder heranwuchsen. Warten, daß Gott mich schließlich heimrufen würde . . .« Und wirklich: Wie der Sturm, der 1942 über die Insel hinwegfegt, bricht die passive, unbestimmte Sehnsucht in Louise eines Tages mit elementarer Gewalt aus und verwandelt sich in aktives Wollen. Caroline heiratet den Mann, den Louise zu lieben glaubt. Louise aber verläßt die Insel, um ihr eigenes Leben zu beginnen.

Katherine Paterson

Aber Jakob habe ich geliebt

(Ausschnitte)

Die Insel Rass

Sobald der Schnee schmilzt, fahre ich zur Insel Rass* und hole meine Mutter. In Crisfield nehme ich das Fährboot und klettere in die Kabine hinunter, in der für gewöhnlich die Frauen sitzen. Aber nachdem ich es vierzig Minuten auf der harten Bank der Kabine ausgehalten habe, werde ich aufstehen, aus dem hohen Vorderfenster gucken und nach meiner Insel Ausschau halten.

Das Fährboot wird schon fast dasein, bevor ich Rass sehen kann, das flach wie der Rückenpanzer einer Dosenschildkröte auf dem ausgebleichten olivfarbenen Wasser der Chesapeake Bay liegt. Doch plötzlich wird der Kirchturm der Methodistenkirche aus der Bucht springen und eine Kette weißer Holzhäuser nachziehen. Und dann, fast schon im nächsten Augenblick, werden wir im Hafen sein und neben Captain Billys rohem, zweigeschossigem Fährhaus festmachen, das sich träge an einen langen niedrigen Schuppen lehnt, den der Captain für sein Krabbenversandgeschäft benutzt. Gleich daneben, aber steif und zurückhaltend in ihrem giftgrünen Anstrich, befindet sich Kellams Gemischtwarenhandlung, die auch das Postamt beherbergt, und dahinter, auf einer schmalen Landzunge, stehen die Häuser und die weißen Lattenzäune des Dorfes. Es gibt nur einige wenige, zu lang und zu dünn gewachsene Bäume, und es ist das Übermaß an Schneeballbüschen, das allen Innenhöfen eine grüne Färbung zu vermitteln scheint.

Der Pier*, auf den ich treten werde, ist Teil eines ganzen Labyrinths von Anlegestellen. Mein Auge könnte über jede einzelne Beplankung gleiten und würde an ihrem Ende eine Baracke finden, die ein Fischer zum Lagern und Verpacken seiner Krabben* errichtet hat. Wenn ich im späten Frühling komme, werden die Krabbenhäuser von Drahtkörben eingeschlossen sein, die die sich schälenden Krabben schützen und im Wasser der Bucht belassen, bis sie gehäutet haben. Dann werden die nun hüllen- und schutzlosen Krabben in Seegras gepackt und in Kisten zu Captain Billy gebracht, um nach dem Festland verschifft zu werden.

Wichtiger aber als die Krabbenhäuser sind die Boote, die an den Pieren liegen. Doch obwohl jedes seine Persönlichkeit hat, nicht weniger ausgeprägt als die des Fischers, dem es gehört, sehen sie sich doch täuschend ähnlich – eine kleine Kabine nahe dem Bug, die Setzborde, die breit genug sind, daß ein Mann darauf stehen kann, laufen vom Bug bis zum Heck. Im Bootsbauch vor und hinter dem Motor stehen etwa ein Dutzend Fässer, die auf den Fang des nächsten Tages warten, ein oder zwei übrige Krabbenkörbe, die aussehen wie Behälter aus feinmaschigem Drahtgeflecht, und ein paar leere Köderkörbe*. Nahe der Winde, die die Körbe vom Grund der Chesapeake Bay heraufholt, steht ein großer Waschzuber, und in diesen wird jeder Krabbenkorb geschüttet; dann werden die Tiere, die die richtige Marktgröße haben – hartschalige, häutende, hautlose –, aussortiert aus der Menge ihrer kleineren Verwandten, der

Kugelfische, Seenesseln, Muscheln, Algen und des Unrats – aussortiert aus der unwillkommenen Ernte, die die Bucht auf so großzügige Weise darbringt. Am Heck trägt jedes Boot seinen Namen. Fast immer sind es Frauennamen, für gewöhnlich der Name der Mutter oder Großmutter des Fischers, je nachdem, wie lange das Boot schon in der Familie ist.

Das Dorf, in dem wir Bradshaws seit über zweihundert Jahren gelebt haben, erstreckt sich über kaum ein Drittel der Länge unserer Insel. Der Rest ist Salzwassersumpfland. Als Kind begrüßte ich den ersten warmen Frühlingstag heimlich, indem ich mir die Schuhe auszog und bis an die Hüften ins Besengras watete, um den kalten Schlamm zwischen den Zehen quatschen zu spüren. Ich suchte mir die Stelle sorgfältig aus, denn das Besengras allein ist schon rauh genug, um die Haut aufzureißen, und es verbarg nur zu oft verbogenes Blech, Glas- oder Steingutscherben oder gezackte Muschelschalen, die von der Flut noch nicht glattgeschliffen worden waren. In meiner Nase vermischte sich der leise Geruch von Gras und Heu mit dem des brackigen Wassers der Bucht, während mir der kalte Frühjahrswind um die Ohren pfiff und mir eine Gänsehaut über die Arme laufen ließ. Dann hielt ich die Hand vor die Augen, um sie vor der Sonne zu schützen, und blickte weit über das Wasser, in der Hoffnung, das Boot meines Vaters zu sehen, der auf der Heimfahrt war.

Ich liebe die Insel Rass, obwohl ich lange Zeit nicht so dachte, und es schmerzt mich sehr, daß, wenn unsere Mutter einmal von uns geht, keiner mehr dort leben wird, der den Namen Bradshaw trägt. Aber es gab nur uns zwei, meine Schwester Caroline und mich, und wir konnten beide nicht bleiben.

Kapitel 1

Im Sommer 1941 bestiegen McCall Purnell und ich an jedem Wochentag frühmorgens beim Höchststand der Flut mein kleines Ruderboot und gingen auf Krabbensuche. Call und ich waren geschickte Krabbenfänger, und wir kamen jedesmal mit etwas Geld und reichlich Krabben zum Mittagessen wieder nach Hause. Call war ein Jahr älter als ich und wäre normalerweise niemals mit einem Mädchen auf Krabbenfang gegangen, aber sein Vater war tot, und so hatte er keinen Mann, der ihn an Bord eines richtigen Krabbenkutters genommen hätte. Außerdem war er ein Junge, der nur langsam heranreifte, er war fett und kurzsichtig und wurde daher von den meisten Jungen der Insel ausgeschlossen.

Wir waren schon ein rechtes Paar, Call und ich. Mit dreizehn war ich grobknochig und lang aufgeschossen und voll falscher Vorstellungen von Schönheit und Romantik. Er war vierzehn, klein und dick, Brillenträger und bar jeglicher Sentimentalität.

„Call“, sagte ich einmal und betrachtete den von der Morgenröte gefärbten Himmel über der Chesapeake Bay, „ich hoffe, ich werde an dem Tag, an dem ich heirate, auch einen solchen Himmel haben.“

„Wer würde dich heiraten?“ gab Call zurück. Es war nicht bös gemeint; er hielt sich nur an die Tatsachen.

„Ach“, erwiderte ich, „er ist mir noch nicht begegnet.“

„Hier wird dir auch keiner begegnen. Unsere Insel ist ziemlich klein.“

„Es wird keiner von der Insel sein."

„Mr. Rice hat eine Freundin in Baltimore."

Ich seufzte. Alle Mädchen auf der Insel waren in Mr. Rice verliebt, einen der zwei High-School*-Lehrer. Er war der einzige mehr oder weniger ungebundene Mann weit und breit. Aber Mr. Rice hatte selbst das Gerücht ausgestreut, daß sein Herz einer Dame in Baltimore gehörte.

„Was meinst du", fragte ich, während ich das Boot stakte und sich meine romantischen Betrachtungen von meinem eigenen Hochzeitstag auf den von Mr. Rice verlagerten, „meinst du, ihre Eltern haben etwas gegen diese Verbindung einzuwenden?"

„Was sollten sie schon dagegen haben?" Call, der auf der Backbordseite auf dem Setzbord stand, hatte den Kopf einer, wie es schien, riesigen Dosenschildkröte gesichtet und hielt seinen Blick mit gespannter Aufmerksamkeit auf sie gerichtet.

Ich wechselte die Stange nach steuerbord. Für eine Dosenschildkröte dieser Größe konnten wir hübsch ein paar Münzen einstecken. Das Tier schien zu merken, daß wir unsere Richtung geändert hatten, und tauchte geradewegs durch das Seegras auf den Schlammboden, aber Call hatte das Netz parat, und als der alte Kerl in sein Versteck wollte, wurde er an die Oberfläche geholt und in einem bereitstehenden Eimer deponiert. Call brummte zufrieden. Für diesen einen Fang würden wir bis zu fünfzig Cent kassieren können, zehnmal soviel wie für eine weiche Krabbe.

„Vielleicht leidet sie unter irgendeiner geheimnisvollen Krankheit und möchte ihm nicht zur Last fallen."

„Wer?"

„Mr. Rices Gesponsin." Ich hatte das Wort irgendwo gelesen. Die meisten Inselbewohner hatten es wohl nicht in ihrem Wortschatz.

„Seine *was?*"

„Seine Verlobte, du Dummkopf."

„Wie kommst du auf die Idee, daß sie krank ist?"

„Etwas verzögert ihre eheliche Verbindung."

Call hob den Kopf, um mir einen seiner berühmten Blicke zuzuwerfen, aber das Setzbord eines Ruderbootes ist ein recht unsicherer Halt, und darum starrte er mich nicht lange genug an, um ein kühles Bad zu riskieren, außerdem wäre es sowieso nur Zeitverschwendung gewesen. Er überließ mich meiner, wie er es sah, Verrücktheit und wandte seine Aufmerksamkeit wieder dem Seegras zu. Wir waren ein gutes Team auf dem Wasser. Ich konnte das Boot rasch und geschickt staken, und dank seiner Kurzsichtigkeit war er imstande, die Scherenspitze einer Krabbe inmitten von Gras und Algen auszumachen. Nur selten übersah er eine, und er wußte, daß ich im entscheidenden Augenblick nie eine falsche Bewegung machen würde. Ich bin ganz sicher, daß er es nur darum mit mir aushielt. Ich hielt es mit ihm aus, weil wir gut miteinander arbeiteten und weil wir so gut aufeinander eingespielt waren, daß ich mich gleichzeitig meinen romantischen Phantasien hingeben konnte. Daß dieser Teil meines Wesens auf Call ohne Wirkung blieb, spielte keine Rolle. Er hatte keine Freunde außer mir, und darum war es unwahrscheinlich, daß er, was ich zu ihm sagte, jemandem weitererzählen würde, der sich darüber lustig machen könnte.

[...]

Otis, Captain Billys Sohn, kümmerte sich um den Versand der Krabben, während sein Vater und zwei Brüder das Fährboot betrieben. Wir verkauften Otis unsere weichen Krabben, die, die am Häuten waren, und die Dosenschildkröte und teilten dann das Geld und die harten Krabben. Call lief zum Essen nach Hause, und ich ruderte zurück, um die Insel herum, bis zum South Gut, wo ich die Ruder mit der Stange vertauschte und den Rest des Weges nach Hause stakte. Der South Gut war ein Wassergraben, einer der vielen, die Rass durchquerten, und ein natürlicher Müllabladeplatz. Voriges Jahr im Sommer hatten Call und ich ihn ausgeräumt (er war mit rostigen Dosen und Krabbenkörben und sogar alten Bettfedern verstopft gewesen), damit ich das Boot bis zu unserem eigenen Hinterhof staken könne. Rass mochte knapp an Bäumen sein, aber da standen eine junge Weihrauchkiefer und ein Feigenbaum, den Mutter auf unserer Seite des Kanals gepflanzt hatte, sowie eine verwaiste Zeder auf der anderen. Ich band mein Boot an die Kiefer und trabte, einen Eimer mit harten Krabben in der einen, eine Faust voll Geld in der anderen Hand, auf die hintere Veranda zu.

Großmutter fing mich noch vor der Tür ab. „Louise Bradshaw! Daß du mir nicht ins Haus kommst! Wie du nur aussiehst! Du lieber Himmel, so was von schmutzig! Susan!“ rief sie zu Mutter in die Küche hinein. „Jetzt hat sie auch noch den letzten Rest ihrer Sachen kaputtgemacht!“

Ich wollte nicht mit ihr diskutieren. Ich stellte den Krabbeneimer am Rand der Veranda ab und stieg aus meiner Latzhose. Darunter hatte ich mein ältestes Baumwollkleid an.

„Jetzt häng das Zeug auf die Wäscheleine.“

Ich gehorchte und befestigte die Träger sicher an der Leine. Sofort blies ein Windstoß sie auf, so als ob Peter Pan* hineingefahren wäre, um damit über unseren Hof und ins Wolkenkuckucksheim jenseits der Bucht zu fliegen.

Ich war bereit, aller Welt mit Wohlwollen zu begegnen. „Komm, Du Quelle allen Segens“, summte ich vor mich hin, „spiele auf meinem Herzen, auf daß ich Dein Lob singe …“ Heute konnte Großmutter mir nichts anhaben. Ich hatte einen reichen Fang gemacht.

Caroline saß am Küchentisch und enthülste Erbsen. Ich lachte meine Zwillingsschwester freundlich an.

„Barmherziger Himmel, Wheeze*, du stinkst ja wie ein Krabbenschuppen.“

Ich knirschte mit den Zähnen, aber das Lächeln war noch da.

„Zwei Dollar“, sagte ich zu meiner Mutter am Herd, „zwei Dollar und fünfundvierzig Cent.“

Sie sah mich strahlend an und langte über den Propangasherd nach dem irdenen Topf, in dem wir unser Geld hatten. „Du meine Güte“, sagte sie, „da hattest du aber einen guten Tag! Sobald du dich frisch gemacht hast, können wir essen.“

Es gefiel mir, wie sie das machte. Nie ließ sie anklingen, daß ich schmutzig war oder stank. Nur „sobald du dich frisch gemacht hast …“. Sie war eine richtige Dame, meine Mutter.

Während des Essens bat sie mich, nachher zu Kellams zu gehen, um Sahne und Butter zu holen. Ich wußte, was das hieß. Es hieß, daß ich so viel Geld gebracht hatte, daß sie über die Schnur hauen und Krabbensuppe zum Abendessen kochen konnte.

Sie war nicht auf der Insel geboren, aber sie kochte die beste Krabbensuppe auf ganz Rass. Großmutter mäkelte immer, daß keine gute Methodistin* jemals Alkohol ins Essen geben würde, aber Mutter ließ sich nicht einschüchtern. In unserer Suppe waren immer ein oder zwei Löffel ihres sorgsam gehüteten Sherrys*. Großmutter bemängelte es, aber sie ließ nie auch nur einen Tropfen im Teller zurück.

Ich saß da, freute mich des Lebens und dachte, wie froh Vater sein würde, wenn er vom Krabbenfang heimkam und seine Lieblingssuppe roch. Ich bedachte meine Schwester und meine Großmutter mit freundlichen Gefühlen, die sie beide nicht verdienten, als Caroline das Wort ergriff. „Da ich diesen Sommer außer Üben nichts zu tun habe, werde ich ein Buch über mein Leben schreiben. Wenn man einmal bekannt ist", setzte sie uns so umständlich auseinander, als ob wir schwachsinnig wären, „wenn man einmal berühmt ist, können solche Informationen sehr wertvoll sein. Wenn ich es jetzt nicht zu Papier bringe, könnte ich etwas vergessen." Sie sagte das alles mit der Stimme, bei der mir immer ein wenig übel wurde; in dem Ton, den sie anschlug, wenn sie am Samstag abend von ihren Musikstunden auf dem Festland zurückkam, wo man ihr zum hundertstenmal versichert hatte, daß sie unheimlich begabt war.

Ich stand auf und bat, mich zu entschuldigen. Das hatte mir heute gerade noch gefehlt: wieder einmal die Lebensgeschichte meiner Schwester zu hören, in der ich nur eine sehr untergeordnete Rolle spielen durfte.

Kapitel 2

[...]

Wenn Mutter und Großmutter von unserer Geburt erzählten, vergaßen sie nie, zu erwähnen, daß Caroline nicht atmen wollte. Sie erzählten, wie die Hebamme ihr einen Klaps nach dem anderen verabreicht, wie sie gebetet und auf den kleinen Brustkorb eingeredet hatte, er möge sich doch endlich in Bewegung setzen. Und wie alle einen Freudenschrei ausstießen, als sie den ersten schwachen Schrei hörten – „nicht lauter als das Miauen einer Katze".

„Aber wo war ich?" fragte ich einmal. „Während sich alle mit Caroline beschäftigten, wo war ich?"

Die Augen meiner Mutter verschleierten sich, und ich begriff, daß sie sich nicht erinnerte. „Im Körbchen", antwortete sie. „Großmutter hat dich gebadet und angezogen und ins Körbchen gelegt."

„Hast du das wirklich, Oma?"

„Wie soll ich das wissen?" fuhr mich meine Großmutter an. „Das ist schon lange her."

Mir wurde kalt, so als würde ich ein zweites Mal geboren, zur Seite gelegt und vergessen.

Trotz eines winterlichen Sturmes und der Gefahr, vom Eis eingeschlossen zu werden, brachte Mutter zehn Tage nach unserer Geburt Caroline mit dem Fährboot ins Krankenhaus nach Crisfield. Vater hatte kein Geld für Ärzte und Krankenhäuser, aber Mutter ließ sich nicht beirren. Caroline war so klein und zerbrechlich, man mußte ihr

jede Chance geben. Damals lebte Mutters Vater noch. Vielleicht hat er die Rechnungen bezahlt. Ich habe es nie erfahren. Ich weiß nur, daß Mutter Tag für Tag acht- bis zehnmal ins Krankenhaus fuhr, um Caroline die Brust zu geben, denn sie glaubte fest daran, daß die Milch einer liebenden Mutter mehr Heilkraft besaß als alle Ärzte zusammen.

„Und ich? Wer hat sich um mich gekümmert, während du weg warst?"

Ihren Worten nach zu schließen, lag die andere, die kräftigere Zwillingsschwester stets gewaschen und angezogen im Körbchen. Sauber und kalt und mutterlos.

Wieder der Unsicherheit verratende Blick und das Lächeln.

„Dein Vater war hier und deine Großmutter."

„War ich ein braves Baby, Oma?"

„Jedenfalls nicht schlimmer als die meisten."

„Wie habe ich mich aufgeführt, Oma? Erzähl mir von der Zeit, als ich ein Baby war!"

„Wie soll ich mich daran erinnern? Es ist schon so lange her."

Mutter merkte meinen Kummer. „Du warst ein sehr braves Baby, Louise. Du hast uns nie Sorgen gemacht." Sie wollte mich trösten, aber ihre Antwort bedrückte mich noch mehr. Hätte ich ihnen nicht wenigstens ein bißchen Sorge machen sollen? Waren es die vielen sorgenvollen Monate gewesen, die ihnen allen Carolines Leben so teuer gemacht hatten?

[...]

Mein Vater ging alles andere als zimperlich mit mir um; nicht ganz so derb, wie er einen Sohn behandelt hätte, aber gewiß anders, als er Caroline begegnete. Vater war Fischer wie fast alle Männer auf der Insel. Das bedeutete, daß er sechs Tage in der Woche lange vor Tagesanbruch in seinem Boot saß. Von November bis März pflückte er Austern, und von Ende April bis weit in den Herbst hinein fing er Krabben. Es gibt wenige Beschäftigungen auf der Welt, die körperlich so anstrengend sind wie die Arbeit dieser Männer, die ihren Lebensunterhalt aus dem Wasser holen. Für einen teilweise lahmen Mann allein in einem Boot war die Arbeit doppelt schwer. Er hätte einen Sohn gebraucht, und ich hätte weiß Gott was darum gegeben, dieser Sohn zu sein, aber auf Rass war Männer- und Frauenarbeit in jenen Tagen scharf voneinander getrennt, und ein Fischkutter war nicht der Platz für ein Mädchen.

Als ich sechs war, brachte Vater mir bei, ein Skiff, ein kleines einsitziges Ruderboot, zu staken; so konnte ich in Küstennähe Krabben im Seegras fangen. Das war mein Trost dafür, daß ich nicht mit ihm an Bord der *Portia Sue* gehen durfte. So froh ich auch war, mein eigenes kleines Boot zu haben, es entschädigte mich nicht für seine Weigerung, mich mit auf sein Boot zu nehmen. Ich liebte den Kutter meines Vaters so leidenschaftlich, daß ich zu Gott betete, er möge mich in einen Jungen verwandeln.

[...]

Obwohl unser Haus eines der kleinsten der etwa vierzig Häuser auf der Insel war, besaßen wir das einzige Klavier. Es kam eines Tages mit dem Fährboot, nachdem mein Großvater, der auf dem Festland gelebt hatte, gestorben war. Ich glaube, Caroline und ich waren vier, als es bei uns eintraf. Sie sagt, sie erinnere sich noch, wie sie es am Pier erwartete und ihm folgte, während sechs Männer meinem Vater halfen, es auf einem fahrbaren Gestell zu uns nach Hause zu rollen, denn es gab weder Autos noch Lastwagen auf der Insel.

Caroline sagt auch, daß sie gleich anfing, Melodien nach Gehör zu spielen und sich ihre eigenen Liedchen auszudenken. Es könnte stimmen. Ich kann mich kaum an eine Zeit erinnern, wo Caroline nicht schon gut genug Klavier spielte, um sich beim Singen selbst zu begleiten.

Da Mutter nicht auf der Insel geboren war und die gebürtigen Inselbewohner keine Erfahrung mit Klavieren hatten, machte sich anfangs niemand über die Wirkung Gedanken, die salzhaltige Feuchtluft auf das Instrument haben würde. Nach wenigen Wochen war es kläglich verstimmt. Meine einfallsreiche Mutter löste das Problem, indem sie auf das Festland fuhr und in Crisfield einen Klavierstimmer fand, der auch Stunden geben konnte. Er kam einmal im Monat mit dem Fährboot und gab einem halben Dutzend Inselkindern, einschließlich Caroline und mir, Klavierstunden. Während der Wirtschaftskrise war er froh, etwas nebenbei zu verdienen. Für Verpflegung und Nachtquartier und den Gebrauch unseres Pianos stimmte er es und gab Caroline und mir Gratisstunden. Der Rest, die ein wenig wohlhabenderen Inselkinder, zahlte fünfzig Cent die Stunde. Außerdem zahlten sie uns je zwanzig Cent die Woche, um auf unserem Klavier üben zu dürfen. In diesen Tagen waren achtzig Cent eine fürstliche Summe.

Ich war nicht besser und nicht schlechter als die meisten. Bis zu „Für Elise*" schafften wir es gerade noch; weiter brachten wir es nicht. Caroline aber spielte schon mit neun Jahren Chopin*. Manchmal blieben Leute vor dem Haus stehen, nur um zuzuhören, wie sie übte. Immer wenn ich mich versucht fühle, armen oder ungebildeten Menschen ihren billigen Geschmack anzukreiden, sehe ich das Gesicht von Tantchen Braxton vor mir, wie sie stocksteif vor unserem Lattenzaun steht; ihre Lippen sind halb geöffnet und lassen ihre fast zahnlosen Kiefer sichtbar werden, und mit leuchtenden Augen trinkt sie eine Polonaise* in sich hinein, als ob es himmlischer Nektar wäre.

Doch als wir unseren zehnten Geburtstag feierten, stellte sich heraus, daß Carolines wahre Begabung ihre Stimme war. Sie hatte schon immer tonrein gesungen, aber je älter sie wurde, desto lieblicher klang ihre Stimme. In dem Jahr, als Caroline und ich in die fünfte Klasse gingen, sandte uns die Schulaufsichtsbehörde auf dem Festland, die sich üblicherweise wenig, wenn überhaupt, um die Inselschule kümmerte, plötzlich und ohne ihren Schritt zu begründen ein Klavier. Und was nur ein beglückender Zufall sein konnte: Im Jahr darauf war der neue Lehrer, den sie uns schickten und der die eine Hälfte des Schulpersonals verkörperte, ein junger Mann, der nicht nur Klavier spielen konnte, sondern auch das Talent und die Willenskraft besaß, einen Chor ins Leben zu rufen. Caroline war natürlich seine Inspiration* und die Person, um die sich alles drehte. Da es auf der Insel nicht viel gab, um die Jugend zu unterhalten, sangen wir eben, und weil wir jeden Tag sangen und Mr. Rice ein begabter Lehrer war, sangen wir überraschend gut für Kinder, die in ihrem Leben noch wenig mit Musik zu tun gehabt hatten. […]

Mr. Rice hatte meine Eltern schon vor einiger Zeit davon überzeugt, daß Caroline Gesangsunterricht nehmen sollte. Sie hatten zuerst nichts davon wissen wollen – nicht wegen der Zeit und der Mühe, die es kosten würde, Caroline jeden Sonnabend auf das Festland zu bringen, sondern weil kein Geld dafür da war. Aber Mr. Rice gab nicht auf. Er fuhr mit Caroline ins College nach Salisbury und ließ sie dem Leiter der

Musikabteilung vorsingen. Nicht nur willigte der Mann ein, Caroline als Privatstudentin zu unterrichten, er verzichtete sogar auf sein Honorar. Dennoch stellten die zwei Hin- und Rückfahrkarten für die Fähre und das Taxi nach Salisbury eine unglaubliche Belastung für das wöchentliche Budget* dar, aber Caroline ist eben eine Person, für die Opfer zu bringen andere Menschen als Selbstverständlichkeit ansehen.

Ich war stolz auf meine Schwester, aber in diesem Jahr fing etwas an zu schwären unter diesem Stolz. Wenn man dreizehn ist, beginnt das Leben alles auf den Kopf zu stellen. Heute weiß ich das. Damals aber bildete ich mir ein, irgend jemand hätte schuld an meiner Bekümmernis – Caroline oder meine Großmutter oder Mutter oder vielleicht ich selbst.

[...]

Kapitel 6

Es fällt mir auch heute noch schwer, über mein Verhältnis zu Caroline in jenen Tagen zu sprechen. Wir schliefen in einem Raum, wir aßen an einem Tisch, wir saßen neun Monate im Jahr im selben Klassenzimmer, aber all das brachte uns nicht näher. Wie sollte es auch, wo doch die Tatsache, daß wir zur gleichen Zeit im selben Schoß empfangen worden waren, nichts dazu beigetragen hatte, uns aneinanderzubinden. Aber wie kam es, daß, obwohl wir uns nicht nahestanden, nur Caroline imstande war, mich mit einem einzigen Blick auf die Palme zu bringen?

Da kam ich zum Beispiel einmal verschwitzt und verdreckt vom Austernpflücken heim. Beiläufig ließ Caroline die Bemerkung fallen, meine Fingernägel seien schmutzig. Wie sollten sie es auch nicht sein? Aber statt die Tatsache einfach zur Kenntnis zu nehmen, geriet ich in maßlose Wut. Wie konnte sie es wagen, mich schmutzig zu nennen? Wie konnte sie es wagen, in mir das Gefühl wecken zu wollen, sie wäre mir mit ihrer reinen kalten Schönheit überlegen? Es ging ja nicht um meine Fingernägel, dessen war ich ganz sicher. Sie nahm meine Fingernägel zum Anlaß, um meine Seele anzuklagen. Genügte es ihr nicht, die personifizierte Vollkommenheit zu sein – mußte sie auch noch auf mir herumhacken? Wollte sie mir keine Tugend zugestehen – kein Restchen Stolz oder Anstand?

Nun brüllte ich schon. War ich es nicht, die das Extrageld verdiente, mit dem wir ihre Fahrten nach Salisbury bezahlten? Auf den Knien sollte sie mir dafür danken, was ich für sie tat. Wie konnte sie es wagen, mich zu kritisieren? Wie konnte sie es wagen?

Ihre Augen weiteten sich. Noch während ich sie anschrie, fühlte ich, wie sich ein Bächlein Genugtuung in die Flut meines Zornes mischte. Sie wußte, daß ich recht hatte, und das brachte sie aus der Fassung. Aber sehr bald verengten sich ihre schönen Augen zu Schlitzen, preßten sich ihre Lippen zusammen. Ohne ein Wort zu sagen, machte sie kehrt und verließ das Zimmer, noch bevor ich fertig war, so daß meine aufgestauten Gefühle in meiner Brust weiterwüteten. Sie war nicht bereit, mit mir zu kämpfen. Vielleicht war es das, was mehr als alles andere den Haß in mir schürte.

Haß. Das war das verbotene Wort. Ich haßte meine Schwester. Ich, die ich mich zu einer Religion bekannte, die da lehrte, daß es schon genüge, auf jemanden zornig zu sein, um von Gott zur Verantwortung gezogen zu werden, und daß Haß gleichbedeutend mit Mord war.

Oft träumte ich, daß Caroline tot war. Manchmal erhielt ich Nachricht von ihrem Tod: Das Fährschiff war mit ihr und Mutter an Bord gesunken, oder – das träumte ich häufiger – das Taxi war mit einem anderen Wagen zusammengestoßen und in Brand geraten und ihr lieblicher Körper von den Flammen zerstört worden. Immer waren es zwei Gefühle, die der Traum in mir weckte: ein jauchzendes Frohlocken, daß ich jetzt von ihr befreit war, und – ein schreckliches Schuldgefühl. Einmal träumte ich sogar, ich hätte sie mit meinen eigenen Händen getötet. Ich hatte die schwere Eichenstake in der Hand, mit der ich mein Boot steuerte. Sie war ans Ufer gekommen und bat, mitfahren zu dürfen. Als Antwort hatte ich die Stake erhoben und auf sie eingeschlagen, immer wieder auf sie eingeschlagen. Ihr Mund öffnete sich, wie um zu schreien, aber kein Laut war zu hören. Das einzige Geräusch war mein eigenes Lachen. Ich erwachte lachend; es war ein Lachen, das mich erbeben ließ und sogleich in Schluchzen überging.

„Was ist los, Wheeze?“ Ich hatte sie geweckt.

„Ich hatte einen bösen Traum“, antwortete ich. „Ich träumte, du wärst tot.“

Sie war zu verschlafen um Aufhebens davon zu machen. „Es war nur ein Traum“, sagte sie, drehte das Gesicht wieder zur Wand und kuschelte sich unter die Decke.

Aber es war deine Zwillingsschwester, die dich getötet hat! Ich wollte es herausschreien – um ein Geständnis abzulegen oder um sie zu ängstigen, ich weiß es nicht. Ich habe dich mit meiner Stake erschlagen. Ich habe gemordet wie Kain. Aber sie atmete gleichmäßig, weder durch mich noch durch meinen Traum beunruhigt.

Manchmal wütete ich gegen Gott, gegen seine himmelschreiende allmächtige Ungerechtigkeit. Aber das Wüten wandelte sich stets zu Gewissensbissen. Meine Schlechtheit war unverzeihlich, und doch betete ich zu unserem Herrn, Er möge sich meiner, einer Sünderin, erbarmen. Hatte Gott nicht auch David verziehen, der nicht nur gemordet, sondern auch Ehebruch begangen hatte? Und ich dachte daran, daß David einer von Gottes Lieblingen gewesen war. Gott findet immer einen Weg, um seine Lieblinge ungestraft davonkommen zu lassen. Wie war es denn mit Moses gewesen? Und mit Paulus, der die Kleider in Verwahrung nahm, während Stephanus gesteinigt wurde?

Ich forschte in der Heiligen Schrift, aber nicht, um mich zu erleuchten oder zu unterrichten. Ich suchte nach dem kleinsten Beweis dafür, daß ich, weil ich meine Schwester haßte, darum nicht der ewigen Verdammnis anheimfallen würde. Bereue, und du wirst gerettet werden! Aber sobald ich bereut und gelobt hatte, nie wieder zu hassen, drängte sich ein Dämon in meine Seele und flüsterte: „Siehst du die Verzückung im Blick deiner Mutter, während sie zuhört, wie Caroline übt? Hat sie dich schon einmal so angesehen?“ Und ich wußte, daß sie mich nie so angesehen hatte.

Nur auf dem Wasser herrschte Frieden. Wenn der Unterricht Mitte Mai beendet war, fing ich an, lange vor Tagesanbruch aufzustehen, um auf Krabbenfang zu gehen. Call kam mit – etwas widerwillig, weil ich nicht bereit war, ihm eine Erklärung für meinen großen Arbeitseifer zu geben. Ich hatte mir einen Fluchtplan zurechtgelegt. Ich würde

doppelt soviel Krabben fangen, die Hälfte des Geldes aber für mich behalten und Mutter den üblichen Betrag überlassen. Meine Hälfte würde ich sparen, bis ich genug beisammen hatte, um ins Internat in Crisfield aufgenommen zu werden. Auf der Insel Smith südlich von Rass gab es keine High School, nicht einmal die traurige Parodie einer solchen, wie wir sie bei uns hatten. Darum schickte die Regierung unseres Staates alle Kinder von der Insel Smith, die über die Grundschule hinaus studieren wollten, in ein Internat nach Crisfield. Das Schulgeld war nicht übermäßig hoch. Gewiß zu hoch, als daß eine Familie auf der Insel es ohne staatliche Hilfe in Erwägung ziehen würde, aber nicht zu hoch, daß ich nicht davon träumen und darauf sparen konnte. Wenn es mir gelang, von der Insel fortzukommen, daran glaubte ich fest, würde ich frei sein von Haß und Schuld und Verdammnis und vielleicht sogar von Gott selbst.

[...]

Nach jahrzehntelanger Abwesenheit kehrt Hiram Wallace, genannt der Captain, nach Rass zurück und zieht in das Haus seiner verstorbenen Eltern ein. Call und Sarah-Louise helfen ihm, das Haus instand zu setzen. Im Sommer 1942 geht ein schwerer Hurrikan über die Insel hinweg. Hiram Wallace, der in seinem außerhalb der Ortschaft gelegenen Haus besonders gefährdet ist, findet bei den Bradshaws Zuflucht.
Das folgende 11. Kapitel des Romans spielt am Morgen nach der Sturmnacht.

Kapitel 11

Es war der hellste und klarste Sommertag. Köstlich jeder Atemzug, mit gerade so viel sauberer, salziger Würze, um alle unsere Sinne zu schärfen. Wenn der Captain und ich nur mit geschlossenen Augen auf der Veranda gestanden wären, es würde ein vollkommener Tag gewesen sein. Denn während sich unsere Nasen und Lungen an der Herrlichkeit der Natur ergötzten, wurden unsere Augen von den Zeugnissen ihrer Wildheit und Grausamkeit beleidigt.

Das Wasser war aus unserem Wohnzimmer abgeflossen, stand aber noch immer im Vorgarten, der mit der Veranda auf einer Ebene lag. Auf der schlammigen Oberfläche trieben Teile von Lattenzäunen, riesige Baumäste, Krabbenkörbe, Reste von Hältern und Krabbenhütten, Booten ... und ... „Was ist das?“ Ich umklammerte den Arm des Captain.

„Ein Sarg“, antwortete er nüchtern. „Diese Stürme graben manchmal welche aus. Man muß sie eben noch einmal beerdigen. Das ist alles.“ Offenbar waren es nicht die Toten, die jetzt seine Gedanken beherrschten. „Sieh mal“, sagte er, „heute morgen komme ich kaum trockenen Fußes zu meinem Haus. Am besten gehen wir wieder hinein und helfen deiner Mutter beim Aufräumen.“

Die Vorstellung des glitschigen Unrats in unserem Erdgeschoß lastete auf mir wie ein Bleigewicht auf einem Krabbenkorb. „Interessiert es Sie denn nicht, wie es Ihrem Haus ergangen ist?“ fragte ich. Dieser Tag gehörte dem Abenteuer, nicht der Plakkerei.

„Dazu bleibt immer noch Zeit, wenn das Wasser einmal gefallen ist“, erwiderte er und schickte sich an, ins Haus zurückzugehen.

„Mein Boot!“ Das war die Lösung. Wir konnten das Boot zu seinem Haus hinunterstaken und um die Trümmer herumfahren, als ob es Eisschollen wären. Er legte den Kopf zur Seite. Sicher bezweifelte er, daß mein stämmiges kleines Boot den Sturm überlebt haben könnte.

Es ließ sich nicht auf den ersten Blick feststellen. Die Fahrrinne war unter der ein Fuß hohen Flut verschwunden, die den gleichen treibenden Unrat gebracht hatte, der im Vorgarten herumwirbelte. Am Tag zuvor hatte Vater das Boot nicht nur an die Kiefer gebunden, an der ich für gewöhnlich die Bugleine festmachte; er hatte auch vom Heck Leinen zum Feigenbaum auf der einen und zum Zedernbaum auf der anderen Seite gespannt. Die drei Bäume waren noch da und erinnerten in ihrem Aussehen an kleine Jungen nach ihrem Sommerhaarschnitt. Von der Veranda konnte ich die drei gespannten Leinen ausmachen und dann, knapp über dem Wasserspiegel, das Setzbord.

„Es ist da!“ Ich war schon halb von der Veranda herunter, als der Captain mich zu fassen bekam.

„Möchtest du Starrkrampf bekommen oder Typhus oder beides?“ Er deutete auf meine nackten Beine und Füße.

Ich war zu gut aufgelegt, um beleidigt zu sein. „Okay“, sagte ich, „ich bin gleich wieder da.“ Er wartete, bis ich Vaters alte Stiefel geholt hatte. Er hatte seine guten angezogen, als er vor einer Weile fortgegangen war, um nach seinem eigenen Boot und der Krabbenhütte zu sehen.

Wir schöpften das Boot aus, bis es munter auf den Wellen tanzte. Der Captain löste die Leinen auf der dem Haus zugekehrten Seite der noch unsichtbaren Rinne; dann kletterte ich ins Boot, zog mich am Seil bis zur Zeder* und löste auch diesen Knoten. Der Captain holte die Stake aus der Küche, reichte sie mir ins Heck, stieg ins Boot und setzte sich, die Arme über der Brust verschränkt, mir gegenüber.

Er ließ mich das Boot durch die Trümmer der Flut steuern, ohne auch nur einen Blick über die Schulter zu werfen, um zu sehen, ob ich irgendwo anstieß. Ich hielt mich beim Staken an eine Linie, unter der ich die Fahrrinne vermutete. Das Wasser war zu trübe und schlammig, um etwas sehen zu können. Für gewöhnlich tauchte meine Stake nur einen Fuß tief ins Wasser, ging aber dann plötzlich drei Fuß tief hinunter, und ich wußte, daß ich die Rinne wiedergefunden hatte.

Der Captain machte ein so ernstes Gesicht, daß ich mir fast vorstellen konnte, ich wäre eine ägyptische Sklavin, die den Pharao auf dem überschwemmten Nildelta spazierenfuhr. In der Geschichtsstunde hatten wir viel Zeit damit verbracht, uns über die überfluteten Flußdeltas der Alten Welt Sorgen zu machen. Ich würde eine jener Sklavinnen sein, die lesen und schreiben konnten und es wagen durften, ihren Herrn zu beraten. In diesem Fall zum Beispiel würde ich dem Pharao versichern, daß die Flut ein Geschenk der Götter war und daß nach ihrem Zurückweichen die fruchtbare Erde des Deltas reichlich Getreide hervorbringen würde. Unsere Vorratshäuser würden überquellen, wie sie es getan hatten, als Joseph Minister des Pharaos gewesen war.

Meine Tagträume wurden durch heiseres Krähen und Gackern aus einem kleinen

Häuschen unterbrochen, das an uns vorbeitrieb. „He!“ sagte ich. „Das sieht ja wie das Hühnerhaus der Lewises aus.“ Während sie dahinsegelten, taten die fünf Bewohner des Korbes mit lautem Kreischen der Welt ihre Trübsal kund.

Der Sturm war launisch gewesen. Er hatte Dächer abgedeckt, während gleich nebenan nicht nur das Haus, sondern auch Zaun und Schuppen intakt geblieben waren. In einigen Vorgärten waren die Bewohner schon dabei, ihre Sachen zusammenzusuchen und die Trümmer wegzuräumen, die zwischen den Latten ihrer Zäune steckten. Ich rief sie an und winkte.

Sie winkten zurück und erwiderten meine Grüße. „Hallo, Wheeze. Seid ihr gut durchgekommen?“

„Jawohl“, antwortete ich. „Wenigstens dem Haus ist nichts passiert.“ Noch selten hatte ich solche Herzenswärme seitens meiner Nachbarn empfunden. Ich nickte und winkte und lächelte. Ich liebte sie alle an diesem Morgen.

Ich war schon am letzten Haus in der Dorfstraße vorbei, als mir bewußt wurde, daß ich die Orientierung verloren hatte. Ich sollte mich jetzt über dem Marschland befinden. Die Sonne war auf der Steuerbordseite, und das hieß, daß ich genau auf das Haus des Captain zuhalten sollte.

Aus meiner Kehle kam ein sonderbarer Quiekser, der den Captain aufschreckte; er kehrte mir den Rücken zu, um zu sehen, wo ich hinstarrte.

Aber es gab nichts, wo ich hinstarrte. Nichts. Keinen Baum, kein Brett. Es war nichts mehr zu sehen auf dem Fleck, wo noch gestern das Haus des Captain gestanden hatte.

Wir brauchten beide ein paar Minuten, um zu kapieren, was geschehen war. Ich umkreiste die Stelle mit dem Boot oder versuchte es zumindest. Meine Stake tauchte zu tief ein, als daß ich mich weiter hinausgewagt hätte. Es gab nichts, woran zu erkennen gewesen wäre, ob wir uns über dem südlichen Marschland oder dem Platz befanden, auf dem das Wallace-Haus gestanden hatte. Es war jetzt alles Bucht.

Ich konnte zuerst nichts anderes tun als nur immer wieder auf das schlammige Wasser starren. Schließlich wagte ich einen verstohlenen Blick auf den Captain. Seine Augen waren glasig, und mit den Fingern der linken Hand zupfte er an seinem Bart. Er merkte, daß ich ihn ansah, und räusperte sich.

„Wir hatten einmal Kühe“, sagte er. „Wußtest du das?“

„Ich habe davon gehört. Ja.“

„Wenngleich die Welt unterginge“, murmelte er, „und die Berge mitten ins Meer sänken ...“

Ich wollte ihm sagen, wie leid es mir tat, aber es kam mir kindisch vor. Ich hatte nicht einmal meine Stake verloren. Er hatte alles verloren.

Er verschränkte die Arme noch fester über der Brust, kniff die Augen zu und brummte: „Na ja. Das war's.“

Während ich wendete, versuchte ich herauszufinden, was er damit meinte. Schließlich fragte ich ihn: „Wohin soll ich Sie bringen?“

Sein Lachen klang wie eine Art Schnauben. Ich nahm die Stake herein und setzte mich auf die Bank ihm gegenüber. „Es tut mir wirklich leid“, sagte ich.

Er schüttelte den Kopf, so als wollte er meine Fürsorge abschütteln. Seine Augen glitzerten. Er ließ die Hände in den Schoß fallen. Er trug Kleider, die ihm mein Vater geborgt hatte: ein altes Arbeitshemd und eine blaue Drillichhose, die ihm ein wenig zu klein war. Er schien seinen rechten Daumen zu beobachten, der über die Knöchel seiner linken Hand strich. Trotz seines weißen Barts sah er wie ein kleiner Junge aus, der sich sehr bemühte, nicht zu weinen. Ich hatte entsetzliche Angst, ich könnte Tränen in seinen Augen sehen, und um mir diesen Anblick zu ersparen – das vor allem anderen –, ließ ich mich von der Ruderbank herabgleiten, rutschte auf den Knien zu ihm hinüber und schlang die Arme um ihn. Das rauhe Hemd kratzte an meinem Kinn, und ich spürte den Druck seiner Knie gegen meinen Bauch.

Und dann, plötzlich, geschah etwas. Ich kann es nicht erklären. Seit meiner frühesten Kindheit hatte ich keinen Menschen mehr umarmt. Es mag die ungewohnte Nähe gewesen sein. Ich weiß es nicht. Ich hatte ihn nur trösten wollen, doch als ich seinen Schweiß roch und die steifen Haare seines Bartes an meiner Wange spürte, lösten diese Sinneswahrnehmungen Alarm in meinem Körper aus. Mir wurde ganz heiß, und ich hörte mein Herz klopfen, als wollte es mir die Brust zersprengen. „Laß los, du blöde Gans“, schalt mich ein Teil meiner selbst, während eine andere Stimme, die ich kaum als meine eigene wiedererkannte, mich drängte, ihn fester zu halten.

Ich fuhr jäh zurück, griff nach der harten verläßlichen Stake, stand auf, stieg über die Ruderbank und stieß die Stange ins Wasser. Ich wagte es nicht, zu sprechen, und weniger noch, ihn anzusehen. Was mußte er von mir denken? Ich wußte, daß alles, was in einem Menschen solche Gefühle weckt, wie ich sie in diesem Augenblick empfand, eine Todsünde sein mußte. Im Moment lag mir allerdings weniger an dem, was Gott, sondern an dem, was der Captain von mir hielt. Wenn er mich nun auslachte? Wenn er es jemandem erzählte? Call oder, was Gott verhüten möge, Caroline?

Ich wagte einen Blick auf seine Hände zu werfen. Mit den Fingern seiner Rechten klopfte er nervös auf sein Knie. Ich hatte nie bemerkt, wie lang seine Finger waren. Seine Nägel waren groß und rund und sauber geschnitten; es waren die reinsten Fingernägel, die ich bei einem Mann je gesehen hatte – die Männerhand in den Zeitungsreklamen, die der gepflegten Frauenhand einen Ring ansteckt. Wieso war mir nie aufgefallen, was für schöne Hände er hatte? Ich hätte eine in meine beiden Hände nehmen und die Fingerspitzen küssen mögen. O du Heilige! Das war wirklich verrückt. Wenn ich nur seine Hände betrachtete, ergriff mich die gleiche wilde Unruhe in den geheimsten Stellen meines Körpers, die mich ergriffen hatte, als ich die Arme um ihn geschlungen hatte.

Ich stakte schneller und bemühte mich, Augen und Gedanken darauf zu konzentrieren, das Boot nach Hause zu bringen. Immer wieder stieß ich mit Trümmern zusammen. Ganz sicher merkte er, wie aufgeregt ich war. Ich wartete, daß er etwas sagen würde. Irgend etwas.

„Tja!“ sagte er. Mein Herz flatterte gegen meine Rippen. „Tja!“ Ein explosives Seufzen. „Das war's.“

Das war's? In meinem Kopf dröhnte es. Ich stieß mit dem Boot gegen die hintere Veranda, sprang heraus und machte die Leine an einem Pfosten fest. Dann lief ich, ohne einen Blick zurückzuwerfen, ins Haus und hinauf in das Refugium meines Schlafzimmers.

„Was ist denn los, Wheeze?“ Kein Refugium. Kein Versteck. Caroline war da, um

mich auszufragen, als ich mich auf mein Bett warf und den Kopf unter dem Kissen vergrub. „Um Himmels willen, Wheeze! Was in aller Welt ist denn los?“
Als ich ihr die Antwort schuldig blieb, zog sie sich fertig an und ging nach unten. Ich konnte Stimmen hören, wenn auch durch das Kissen gedämpft. Ich wartete auf das Lachen, aber während ich mich allmählich beruhigte, wurde mir klar, daß der Captain weder meiner Mutter noch meiner Oma jemals erzählen würde, was auf dem Boot geschehen war. Call und Caroline vielleicht, aber nicht den anderen.
Aber selbst wenn er keiner Menschenseele etwas erzählte, wie sollte ich ihm jemals wieder gegenübertreten? Wenn ich nur an seine Ausdünstung dachte, an das rauhe Hemd an meiner Wange, an seine Finger, überlief es mich heiß. Er ist älter als deine Großmutter, sagte ich mir immer wieder. Als deine Großmutter noch mit Puppen spielte, war er schon fast ein Mann. Großmutter war dreiundsechzig. Sie sah aus wie hundert, aber sie war dreiundsechzig. Ich wußte das, weil Vater geboren wurde, als sie sechzehn war. Der Captain mußte siebzig sein oder noch älter. Und ich war vierzehn. Du lieber Himmel. Vierzehn von siebzig macht sechsundfünfzig. *Sechsundfünfzig.* Und dann kehrten meine Gedanken zu seinem vollkommenen Daumennagel zurück, und mein Körper flammte auf wie Kienteer.
[...]

Eines Tages eröffnet Hiram Wallace den Bradshaws, daß er mit dem Geld, das ihm seine Frau hinterlassen hat, Caroline ein Musikstudium in Baltimore ermöglichen will.

Kapitel 15

Ich servierte den Tee mit einem einzementierten Lächeln.
„Danke, Louise“, sagte Mutter.
Der Captain nickte mir zu, als er seine Tasse vom Tablett nahm. Caroline, vor Freude außer sich, schien mich überhaupt nicht wahrzunehmen. Ich trug die Tasse, die ich für sie vorgesehen hatte, in die Küche zurück. Ich streifte an Großmutter an, die grinsend in der Tür stand. Nachdem ich das Tablett abgestellt hatte, mußte ich mich noch einmal an ihr vorbeidrängen, bevor ich mich in mein Zimmer flüchten konnte.
„Jakob habe ich geliebt ...“, begann sie, aber ich hastete, so schnell ich konnte, die Treppe hinauf.
Ich schloß die Tür hinter mir. Dann zog ich, ohne nachzudenken, mein Kleid aus, hängte es auf und schlüpfte in mein Nachthemd. Ich kroch unter die Decke und schloß die Augen. Es war halb vier Uhr nachmittag.
Ich hatte wohl den Wunsch, nie wieder aufzustehen, aber natürlich stand ich dann doch auf. Zur Essenszeit kam Mutter, um nachzusehen, ob mir etwas fehlte, und weil ich mir nicht so schnell eine Krankheit ausdenken konnte, zog ich mich an und ging hinunter. Bei Tisch wurde nicht viel gesprochen, Caroline strahlte, Mutter war still und nachdenklich, und Großmutter grinste und warf immer wieder verstohlene Blicke auf mich.
Als es Schlafenszeit war, fiel es Caroline schließlich doch noch ein, daß sie eine

Schwester hatte. „Nimm es dir bitte nicht zu sehr zu Herzen, Wheeze. Es bedeutet mir so viel.“

Ich schüttelte stumm den Kopf, denn ich traute meiner Stimme nicht. Was spielte es schon für eine Rolle, ob ich mir etwas zu Herzen nahm oder nicht? Was würde das ändern? Der Captain, von dem ich überzeugt gewesen war, er wäre anders, hatte wie alle anderen Caroline mir vorgezogen. Seit dem Tag unserer Geburt, Zwillinge wie Jakob und Esau, war die jüngere über der älteren gestanden. Hatte schon jemals jemand von Esau und Jakob, in dieser Reihenfolge, gesprochen?

„Jakob habe ich geliebt ...“ Plötzlich durchzuckte es mich. Wer sagte das? Ich konnte mich an die Stelle nicht erinnern. War es Isaak, der Vater der Zwillinge? Nein. Selbst in der Bibel stand zu lesen, daß Isaak Esau vorgezogen hatte. Vielleicht Rebekka, die Mutter. Mit ihrer Hilfe erschlich sich Jakob von seinem Bruder den Segen. Rebekka – ich haßte sie seit meiner Kindheit, aber irgendwie wußte ich, daß es nicht ihre Worte waren.

Ich stand auf, zog die Verdunkelungsblenden zu und drehte die Lampe zwischen unseren Betten auf.

„Wheeze?“ Caroline stützte sich auf den Ellbogen und blinzelte mich an.

„Ich muß etwas nachschauen.“ Ich nahm meine Bibel aus dem kleinen Regal, brachte sie zum Licht und suchte die Stelle, die Oma zitiert hatte. Der Brief des Paulus an die Römer, neuntes Kapitel, Vers dreizehn. Der Herr war der Sprecher.

Ich zitterte am ganzen Körper, als ich das Buch zuklappte und wieder unter die Decke schlüpfte. Es hatte also gar keinen Zweck, dagegen anzukämpfen oder es auch nur zu versuchen. Es war Gott selbst, der mich haßte. Grundlos haßte. „Also“, rieb es mir Vers achtzehn unter die Nase, „erbarmt er sich nun, wessen er will, und verstockt, welchen er will.“ Gott hatte sich dafür entschieden, mich zu hassen. Und wenn mein Herz verstockt war, so war auch das Sein Werk.

Meine Mutter haßte mich nicht. Ein Teil von mir beobachtete an den folgenden zwei Tagen, wie sie mich beobachtete. Sie wollte mit mir sprechen, das merkte ich, aber schon begann sich mein Herz zu verstocken, und ich wich ihr aus.

Aber Freitag nach dem Essen, während Caroline übte, folgte sie mir in mein Zimmer hinauf. „Ich muß mit dir reden, Louise.“

Ich grunzte etwas. Sie zuckte zusammen, tadelte mich aber nicht. „Ich habe über diese Geschichte lange nachgedacht“, begann sie.

„Was für eine Geschichte?“ Ich war entschlossen, grausam zu sein.

„Das Angebot – daß Caroline in Baltimore diese Schule besucht.“

Die linke Hand an meinem Mund, beobachtete ich sie kühl.

„Es ... es ... nun ja, es ist eine wunderbare Chance für sie, weißt du. Eine Chance, die wir, dein Vater und ich, ihr niemals – Louise?“

„Ja?“ Ich biß wütend in einen Niednagel* und riß die Haut so tief ein, daß es anfing zu bluten.

„Bitte hör mit deinem Finger auf.“

Ich ließ die Hand fallen. Was wollte sie von mir? Meine Erlaubnis? Meinen Segen?

„Ich ... ich habe mir überlegt – diese Schule in Baltimore können wir uns nie leisten, aber vielleicht Crisfield. Wir könnten uns etwas auf den Verdienst des kommenden Jahres leihen ...“

„Warum sollte Caroline nach Crisfield gehen, wenn sie die Gelegenheit hat ...“

„Nein, nicht Caroline, du. Ich dachte, wir könnten dich ...“

Sie haßte mich also. Wußte ich doch. Sie wollte mich loswerden. „Crisfield!“ stieß ich verächtlich hervor. „Lieber lasse ich mich zu Krabbenköder verarbeiten!“

„Oh!“ machte sie. Ich hatte sie aus der Fassung gebracht. „Ich dachte wirklich, du würdest vielleicht ...“

„Du hast dich eben geirrt.“

„Louise ...“

„Würdest du bitte gehen und mich allein lassen, Mutter?“ Wenn sie sich weigerte, würde das ein Zeichen sein – daß nicht nur sie, daß auch Gott mir zugetan war. Wenn sie im Zimmer blieb ... Sie stand auf, unentschlossen.

„Warum gehst du nicht?“

„Gut, Louise, wenn du es so haben willst.“ Sie zog leise die Tür hinter sich zu.

Wie immer kam Vater am Samstag heim. Er und Mutter verbrachten den Großteil des Nachmittags beim Captain. Ich weiß nicht, wie die Angelegenheit auf eine Weise geordnet wurde, die Vaters Stolz nicht verletzte, aber als sie zurückkamen, war alles abgemacht. Binnen zwei Wochen standen wir auf dem Pier, um uns von Caroline zu verabschieden, die nach Baltimore fuhr. Sie küßte uns alle, einschließlich des Captain und Call, der ein krebsrotes Gesicht bekam. Nur wenige Tage bevor Call zur Marine ging, kam sie zurück, um hier die Sommerferien zu verbringen, und zog vor der ganzen Insel wieder eine große Schau mit Geküsse und Umarmen ab. Danach zu urteilen, würde sie es in der großen Oper noch weit bringen.

[...]

Ich betete nicht mehr. Ich hatte sogar aufgehört, zur Kirche zu gehen. Zuerst dachte ich, meine Eltern würden mir Widerstand entgegensetzen, als ich an einem Sonntagmorgen einfach nicht rechtzeitig vom Krabbenhaus zurückkam. Beim Essen ging Großmutter auf mich los, aber zu meiner Überraschung ergriff Vater ganz ruhig meine Partei. Ich wäre alt genug, sagte er, um selbst zu entscheiden. Als sie düstere Prophezeiungen von ewiger Verdammnis ausstieß, sagte er ihr, daß es Gottes Sache sei, mich zu richten, nicht ihre. Es war gut von ihm gemeint, aber wie konnte er wissen, daß Gott mich schon vor meiner Geburt gerichtet und vor meinem ersten Atemzug ausgestoßen hatte. Die Kirche ging mir nicht ab, aber manchmal wünschte ich mir, ich könnte beten. Seltsamerweise hätte ich für Call beten wollen. Ich hatte solche Angst, er könnte tausend Meilen von daheim in einem fremden Meer sterben.

Mag sein, daß man an Mittwochabenden inbrünstig für mein Seelenheil betete – ich erfuhr nichts davon. Ich könnte mir vorstellen, daß die Leute ein wenig Angst vor mir hatten. Ich muß schon einen recht sonderbaren Anblick geboten haben in der Arbeitskleidung eines Mannes, meine Hände waren so rauh und vom Wetter gegerbt wie die Wände des Krabbenhauses, in dem ich arbeitete.

In der letzten Novemberwoche setzte der erste winterliche Nordwest die mit Eiern beladenen Sooks in Richtung Virginia in Bewegung, während die Jimmys tief unter dem Schlamm der Chesapeake Bay Unterschlupf fanden. Vater nahm sich ein paar Tage frei, um Wildenten zu schießen, dann installierte er wieder das Sortierbrett auf der *Portia Sue* und fuhr Austern pflücken. In diesem Herbst war eine Woche in der Schule genug für mich gewesen, und eine Woche allein auf den Austernbänken war genug für ihn. Wir redeten kaum darüber. Ich stand einfach eines Montags um zwei Uhr früh auf, zog mich so warm wie möglich an und nahm mir in einem Jutesack Wäsche zum Wechseln mit. Wir frühstückten zusammen, Mutter bediente uns. Niemand verlor auch nur ein Wort darüber, daß ich kein Mann war – vielleicht hatten sie es vergessen.

Sollte ich eine Nadel durch jenen so schwer zu fixierenden Punkt stecken, den man gemeinhin als „die schönsten Tage meines Lebens" bezeichnet, ich würde mich für diesen sonderbaren Winter mit meinem Vater auf der *Portia Sue* entscheiden. Ich war nicht glücklich in dem Sinn, wie die meisten Menschen das verstehen, aber ich war zum erstenmal in meinem Leben voll und ganz mit dem zufrieden, was eben dieses Leben mir gab. Dazu gehörten meine Entdeckungen – wer hätte geglaubt, daß Vater beim Austernpflücken sang? Mein stiller, bescheidener Vater, der in der Kirche kaum die Stimme erhob, stand da in seiner Ölhaut, die Zange in den Händen, an denen er Gummihandschuhe trug, und sang für die Austern. Es war ein wunderbarer Klang, tief und rein. Das methodistische Gesangbuch kannte er auswendig. „Die Krabben", erklärte er mir verlegen, „die sind nicht scharf auf Musik, aber die Austern schon. Nichts gefällt ihnen besser als ein hübsches Lied." Und dann brachte er den Austern der Chesapeake Bay ein Ständchen – mit den Kirchenliedern, die die Brüder Wesley geschrieben hatten, um Sünder zur Reue und zum Lob Gottes zu bewegen.

Sicher beruhte meine tiefe Zufriedenheit zum Teil auf meinem Zusammensein mit Vater, zum Teil aber auch auf der Tatsache, daß es nichts mehr zu kämpfen gab. Meine Schwester war fort, meine Großmutter eine flüchtige Sonntagserscheinung und Gott, wenn nicht tot, so doch ohne jede Bedeutung für mich.

Dafür hatte ich meiner Arbeit zu danken. Nie zuvor hatte ich eine Arbeit verrichtet, die jeden Atemzug, jeden Gedanken, die letzten Kraftreserven aus mir herausholte.

„Ich wünschte, du könntest am Abend noch ein wenig studieren", sagte Vater eines Abends, als wir bei unserer bescheidenen Mahlzeit in der Kajüte saßen. „Damit du nicht alles vergißt, was du gelernt hast, weißt du?"

Automatisch warfen wir beide einen Blick auf die Petroleumlampe, die mehr Gestank als Licht spendete. „Dazu bin ich zu müde", antwortete ich.

„Das kann ich mir denken."

[…]

Caroline, die mittlerweile an einer berühmten Musikschule in New York studiert, verliebt sich in Call, den früheren Spielkameraden Louises, der mittlerweile zum Mann herangewachsen ist. Sie beschließen zu heiraten. Zur Hochzeit, die in New York gefeiert wird, fährt Louise, die Calls Verlust als weitere, ihr durch Caroline zugefügte Niederlage empfindet, nicht mit. Während die Eltern weg sind, durchdenkt Louise ihre Lage.

Kapitel 18

Zwei Tage nach der Rückkehr meiner Eltern aus New York kam ich einem Streit mit Mutter so nahe wie nie zuvor. Kinder, die so erzogen werden wie ich auf Rass, stritten

nicht mit ihren Eltern. Es gab sogar ein Gebot zu diesem Thema, das fünfte. „Das einzige der Zehn Gebote, dem ein Versprechen beigefügt ist.“ Ich höre noch die näselnde Stimme des Predigers. „Ehre deinen Vater und deine Mutter; damit du lange lebest in dem Land, das der Herr, dein Gott, dir geben wird.“

Als Mutter aus der Fähre stieg, war etwas anders an ihr. Zuerst dachte ich, es wäre der Hut. Caroline hatte ihr einen neuen Hut zur Hochzeit gekauft. Es war ein blaßblauer Filzhut mit einer breiten, vorn schräg aufgebogenen Krempe. Er stand ihr wirklich großartig, denn er hatte die Farbe ihrer Augen, und die schräge Krempe vermittelte Mutters Zügen einen dramatischen Akzent, statt es nur einfach schmal erscheinen zu lassen. Ich konnte es ihr ansehen, wie schön sie sich dank des Hutes fühlte. Vater war so stolz neben ihr – er bewegte sich ein wenig steif in seinem Sonntagsanzug. Die Ärmel waren nie lang genug gewesen, um seine braunen Handgelenke zu bedecken, und seine großen wettergegerbten Hände ragten wie die Scheren eines prächtigen Jimmys hervor.

Sie schienen froh zu sein, mich zu sehen, aber ich merkte, daß sie noch nicht ganz bereit waren, die Zeit, die sie miteinander verbracht hatten, aus den Fingern zu lassen. Ich trug einen Koffer und blieb in der engen Straße ein wenig zurück. Hin und wieder drehte sich einer von den beiden nach mir um, lächelte mir zu und sagte etwas wie „Alles in Ordnung?“, aber sie gingen dichter nebeneinander, als es not tat. Alle paar Schritte berührten sie sich beim Gehen und tauschten ein liebevolles Lächeln aus. Meine Zähne klapperten, so fröstelte es mich.

Oma stand wartend auf der Schwelle. Die Eltern begrüßten sie mit freundlichen Klapsen. Sie schien es sofort zu spüren, was immer es war, was zwischen den beiden vorging. Wortlos hastete sie zu ihrem Schaukelstuhl, griff nach ihrer Bibel und blätterte ungestüm und ungeduldig, bis sie die Stelle, die sie suchte, gefunden hatte.

„‚Gib mir, mein Sohn, dein Herz, und laß deinen Augen meine Wege wohlgefallen. Denn die Hure ist eine tiefe Grube, und die fremde Frau ist ein enger Brunnen.‘“

Das Wort „Hure“ ließ Mutter zusammenzucken, aber sie faßte sich schnell und ging zum Schirmständer hinüber, wo sie sorgfältig die Nadeln aus ihrem Hut zog. Die Augen starr auf ihr Spiegelbild gerichtet, nahm sie den Hut ab, steckte die Nadeln in die Krempe zurück und glättete mit einer Hand ihr Haar. „So“, sagte sie und drehte sich nach einem letzten Blick in den Spiegel zu uns um. Ich war wütend. Warum wehrte sie sich nicht? Oma hatte kein Recht …

„Wir wollen uns umziehen“, sagte Vater und kletterte mit den Koffern die Treppe hinauf. Mutter nickte und folgte ihm.

In ihren Erwartungen getäuscht, stand Oma keuchend da; sie war zum Bersten voll mit Worten, für die ich nun das einzige Publikum darstellte. Und wie es schien, würde sie damit das Auslangen finden müssen. Sie funkelte mich böse an und begann dann, so schnell sie konnte, für sich zu lesen. Ich vermutete, sie suchte etwas, womit sie mich anschießen und so die gespannte Feder ihres Zornes abschnurren lassen konnte.

„Hier, Oma“, sagte ich mit honigsüßer Stimme, „laß mich dir helfen.“ Auf diesen Augenblick hatte ich mich schon seit Monaten vorbereitet. „Lies das, bitte. Die Sprüche Salomos, Kapitel fünfundzwanzig, Vers vierundzwanzig.“ Ich blätterte um und deutete mit dem Finger auf die Stelle, die ich mit Vergnügen auswendig gelernt hatte.

„„Besser im Winkel auf dem Dache sitzen'", deklamierte ich ehrfürchtig, „„als mit einem zänkischen Weibe zusammen in einem Hause.'" Ich lächelte, so süß ich konnte. Mit beiden Händen riß sie mir die Bibel aus den Händen, klappte sie zusammen und knallte sie mir mit solcher Wucht auf die Schläfe, daß ich mich beherrschen mußte, um nicht aufzuschreien. Aber gleichzeitig war ich auch froh, daß sie mich geschlagen hatte. Noch während sie dastand und über meine Überraschung und den momentanen Schmerz lachte, den sie mir zugefügt hatte, spürte ich eine Art Befriedigung. Ich verdiente die Strafe. Das wußte ich. Obwohl mir nicht ganz klar war, wofür ich sie verdiente.

Aber der Zwischenfall bewirkte keine Änderung in Omas Verhalten. Sie war Mutter jetzt ständig auf den Fersen, stand drei Schritte hinter ihr, wenn sie fegte oder schrubbte, und las ihr aus der Bibel vor. Vater zeigte mittlerweile nur geringe Lust, mit der *Portia Sue* wieder auszufahren. Er verbrachte mehrere kostbare Tage damit, fröhlich an seinem Motor herumzubasteln, und ließ wunderbares, fast warmes Austernwetter vorübergehen. Sah er denn nicht, wie dringend nötig ich es hatte, aus diesem furchtbaren Haus fortzukommen? Sah er denn nicht, daß es mich an den Rand des Wahnsinns brachte, mit Oma hier eingesperrt zu sein, die sich durch nichts und niemanden aufhalten ließ?

Und Mutter half mir nicht. Omas Haß verbitterte ihre Tage, aber Mutter, den Kopf ein wenig vorgeneigt, so als kämpfe sie gegen einen Sturm an, verfolgte stumm ihren täglichen Weg durch das Haus und murmelte nur hin und wieder ein Wort oder zwei, wenn eine Antwort unvermeidlich war. Mir wäre ihr Verhalten verständlicher gewesen, wenn sie geschrien oder geweint hätte, aber das tat sie nicht.

Sie machte mir jedoch den Vorschlag, ihr zu helfen, die Fenster zu putzen, eine Arbeit, die wir am Ende der Krabbensaison mit aller Gründlichkeit verrichtet hatten. Schon wollte ich protestieren, als ich ihr Gesicht sah und begriff, wie nötig sie es hatte, sich abzureagieren, auch wenn sie es nie aussprechen würde. Also holte ich zwei Eimer mit warmem Wasser und Ammoniak. Fast eine halbe Stunde lang schrubbten und wischten wir in beseligendem Schweigen. Durch das Verandafenster, wo ich arbeitete, sah ich Oma, die sich besorgt im Wohnzimmer umsah. Wegen ihrer Arthritis* wagte sie es nicht, das Haus zu verlassen, aber es konnte keinen Zweifel geben, daß unser eigenartiges Betragen sie gehörig verunsicherte. Als ich ihr abgehärmtes Gesicht sah, überkamen mich die widersprüchlichsten Gefühle. Zuerst eine Art perverser Stolz, daß meine sanftmütige Mutter die alte Frau übers Ohr gehauen hatte, wenn auch nur für einen Nachmittag. Dann eine Art quälendes Schuldgefühl, weil mir das Unbehagen meiner Großmutter solche Freude machte. All diese Gefühle schlugen in Erbitterung um – wachsende Erbitterung darüber, daß meine kluge, sanfte, schöne Mutter so ungerecht drangsaliert wurde, ein Groll, der sich, weiß der Himmel wieso, zur Wut gegen meine Mutter steigerte, daß sie es sich gefallen ließ, so behandelt zu werden.

Ich trug Eimer und Stuhl auf die Seite hinüber, wo sie, auf ihrem Stuhl stehend, putzte und leise vor sich hin summte. „Ich versteh's einfach nicht", platzte ich ungewollt heraus. „Was, Louise?"

„Du warst gebildet. Du hast ein College besucht. Du warst hübsch. Warum in aller Welt bist du hierhergekommen?"

Sie hatte eine Art, sich durch die Fragen ihrer Töchter nie überraschen zu lassen. Sie lächelte – aber nicht ich war der Anlaß, sondern eine Erinnerung, die in die Vergangenheit zurückreichte. „Ach, ich weiß nicht“, antwortete sie. „Ich war eine kleine Romantikerin. Ich wollte weg aus einer, wie mir schien, sehr konventionellen Kleinstadt und meine Flügel ausbreiten.“ Sie lachte. „Eigentlich wollte ich nach Frankreich.“

„Nach Frankreich?“ Mag sein, ich konnte sie nicht überraschen; *mich* zu überraschen schaffte sie leicht.

„Paris, um genau zu sein.“ Sie schüttelte den Kopf, während sie ihren Lappen über dem Eimer auswrang, der neben ihr auf dem Stuhl stand. „Da siehst du, wie konventionell *ich* war. Die zu meiner Zeit am College waren, die wollten alle nach Paris gehen und einen Roman schreiben.“

„Du wolltest nach Paris gehen und einen Roman schreiben?“

„Eigentlich Gedichte. Im College waren ein paar Verse von mir gedruckt worden.“

„Man hat Verse von dir gedruckt?“

„Glaub mir, es war nicht so großartig, wie es klingt. Aber wie auch immer: Papa wollte nichts von Paris wissen. Ich hatte nicht das Herz, ihm zu trotzen. Meine Mutter war eben gestorben.“ Sie fügte den letzten Satz an, als erklärte er ihren Verzicht auf Paris.

„Du gingst nach Rass statt nach Paris?“

„Es schien mir so romantisch …“ Sie fing wieder an zu putzen. „Eine einsame Insel, die eine Lehrkraft braucht …“ Sie lachte über sich selbst. „Als ich herkam, fühlte ich mich wie eine dieser Pionierfrauen. Außerdem …“ Sie drehte sich um, sah mich an und lächelte über meine Verständnislosigkeit. „Ich hatte so eine Vorstellung, daß ich mich hier finden würde, als Dichterin natürlich. Aber es war nicht nur das.“

Der Zorn kam zurück. Eigentlich hatte ich gar keinen Grund, zornig zu sein, aber mein Körper war voll davon, so wie damals, als ich mein Zimmer noch mit Caroline geteilt hatte. „Und hast du dich hier auf dieser kleinen Insel gefunden?“ Aus meiner Frage sprach bissiger Spott.

Sie ging über meinen Ton hinweg. „Ich fand sehr bald“ – während sie sprach, kratzte sie etwas mit dem Fingernagel weg –, „ich fand sehr bald heraus, daß hier nicht viel zu finden war.“

Ich explodierte. Mir war, als hätte sie *mich* beleidigt, indem sie so abschätzig von sich selbst sprach. „Warum? Warum hast du dich weggeworfen?“ Ich schleuderte meinen Lappen in den Eimer, und das graue Ammoniakwasser spritzte über meine Beine. Dann sprang ich vom Stuhl herunter und wrang den Lappen aus, als ob ich jemandem den Hals umdrehte. „Du hattest alle Chancen und hast sie weggeworfen für *das*“, und mit dem ausgewrungenen Lappen deutete ich auf Oma, die hinter dem Fenster stand und uns verdrießlich beobachtete.

„Bitte, Louise.“

Ich drehte mich um, denn ich wollte ihre Gesichter nicht sehen. Ein tiefes Schluchzen stieg aus meinem Innersten auf. Mit der Faust hämmerte ich gegen die Hauswand, um meinen Tränen Einhalt zu gebieten. „Du lieber Gott im Himmel“, stieß ich hervor, „wie konntest du dein Leben nur so wegwerfen.“

Sie stieg von ihrem Stuhl herunter und kam auf mich zu. Ich lehnte an der Bretterwand, geschüttelt von Tränen des Zornes, des Kummers – wer weiß, um wen oder was. Sie hielt ihre Arme halb ausgestreckt, so als ob sie mich umarmen wollte, es aber nicht wagte. Ich sprang zur Seite. Fürchtete ich, ihre Berührung könnte mich vergiften? Mich anstecken mit der Schwäche, die ich in ihr wahrnahm? „Du hättest alles tun, alles sein können!"

„Aber ich bin, was ich sein wollte", antwortete sie und senkte die Arme. „Ich habe meine Wahl getroffen. Niemand hat mich gezwungen, zu werden, was ich bin."

„Das ist doch erbärmlich!"

„In dem, was ich aus meinem Leben gemacht habe, sehe ich keinen Grund, mich zu schämen."

„Aber versuch nicht, aus mir einen Menschen wie dich zu formen."

Sie lächelte. „Das kann ich dir versprechen."

„Ich werde hier nicht verfaulen wie Oma. Ich werde von hier fortgehen und etwas tun." Ich erwartete, daß sie mich unterbrechen würde, aber sie stand ganz ruhig da. „Du wirst mich nicht aufhalten!"

„Ich denke gar nicht daran, dich aufzuhalten", sagte sie. „Ich habe Caroline nicht aufgehalten, und ich werde ganz sicher auch dich nicht aufhalten."

„Ach, Caroline. Caroline ist anders. Es ist immer alles für Caroline gelaufen. Caroline, die Zarte, die Talentierte, die Schöne. Wir müssen ja alle unser Leben dafür opfern, die Welt an ihrer Größe teilhaben zu lassen!"

Sah ich sie zusammenzucken, wenn auch kaum merkbar? „Was sollen wir für dich tun, Louise?"

„Laßt mich gehen. Laßt mich von hier fortgehen!"

„Natürlich kannst du fortgehen. Du hast diesen Wunsch noch nie geäußert."

Und ach, du Heilige, sie hatte recht. Ich hatte soviel davon geträumt, aber in Wirklichkeit immer Angst gehabt, fortzugehen. Ich hing an ihnen, an Rass, ja sogar an meiner Großmutter. Ich fürchtete, mich kalt und allein in einem verlassenen Körbchen wiederzufinden, wenn ich meine Finger nur ein ganz klein wenig lockerte. „Ich habe mich für diese Insel entschieden", sagte sie. „Ich entschied mich dafür, meine eigene Familie zu verlassen und mir irgendwo anders ein eigenes Leben einzurichten. Ganz gewiß würde ich dir eine solche Entscheidung nicht verweigern. Aber, Louise" – wenn schon nicht ihre Arme, so hielten mich doch ihre Augen fest –, „du wirst uns fehlen, deinem Vater und mir."

Ich wollte ihr so gern glauben. „Werde ich das wirklich?" fragte ich. „So sehr, wie euch Caroline fehlt?"

„Mehr", antwortete sie, hob sich auf die Zehen und fuhr mir ganz zart mit den Fingerspitzen über das Haar.

Ich bestand auf keiner näheren Erklärung. Zu dankbar war ich für dieses eine Wort, das mir endlich erlaubte, die Insel zu verlassen und etwas für meine eigene Seele zu tun, sie abzutrennen von dem langen, langen Schatten meiner Zwillingsschwester.

Katherine Patersons Roman „Aber Jakob habe ich geliebt“ wurde 1981 mit der „Newbery Medal“, dem bedeutendsten Jugendbuchpreis der USA, ausgezeichnet. Ein Jahr später erhielt die deutsche Übersetzung in der Bundesrepublik den „Preis der Leseratten“. Wie eine solche Preisverleihung zustande kommt, erklärt der folgende Text:

Preis der Leseratten

Gestiftet von der Redaktion „Schüler-Express“ im Zweiten Deutschen Fernsehen (ZDF)

Bestimmungen

1. Preisverteilung

Der SCHÜLER-EXPRESS (Redaktion Kinder und Jugend im ZDF) zeichnet jedes Jahr, einmal im Frühjahr und einmal im Herbst, mehrere (höchstens 5) Kinder- und Jugendbücher mit dem

PREIS DER LESERATTEN

aus.

Als entscheidende Vorbereitung für die Jurierung ist es notwendig, daß die Frühjahrs- und Herbstproduktion von Kinder- und Jugendliteratur von Mitarbeitern der Redaktion durchgesehen und gelesen wird und eine Auswahl von jeweils vierzig Büchern getroffen wird. Diese Arbeit wird sowohl von Kindern als auch von Erwachsenen geleistet, wobei sowohl aus pädagogischen als auch aus arbeitsrechtlichen Gründen die erwachsenen Leser den Hauptanteil der Arbeit übernehmen.

Die Kinder und Jugendlichen, die an dieser Vorauswahl beteiligt sind, müssen nicht identisch mit den Jurymitgliedern sein (z. B. können auch von Zuschauern Vorschläge eingereicht werden). Nach den vorliegenden Bewertungsbögen werden die eingegangenen Bücher, sofern sie nicht von vornherein völlig ungeeignet erscheinen (z. B. wegen der angesprochenen Altersgruppe), beurteilt und gegebenenfalls für die Jurierung vorgeschlagen. Außerdem kann ein Buch auch für eine Buchliste vorgeschlagen werden, zum Beispiel für die Liste der Deutschen Lesegesellschaft.

Die Bücher, die in die engere Auswahl gekommen sind, werden umgehend den Jurymitgliedern zugeleitet. Organisatorisch muß gewährleistet werden, daß die Kinder ausreichend Zeit haben, alle Bücher gegenzulesen, die von einem oder mehreren Jurymitgliedern für den Preis vorgeschlagen werden. Jedes der etwa vierzig Bücher sollte aber wenigstens von vier Mitgliedern der Jury gelesen werden. Die Jury wird für eine Wahlperiode verpflichtet. Es sollte sich um Kinder handeln, die aufgeweckt sind und gerne Bücher lesen und außerdem in der Lage sind, in einem Zeitraum von sechs Monaten bis zu dreißig Bücher zu beurteilen.

2. Jurierung

a) Vorjury
Die Vorjury besteht aus Mitgliedern der Redaktion SCHÜLER-EXPRESS sowie weiteren erwachsenen und jugendlichen Mitarbeitern, die aus den neuerscheinenden Büchern der deutschen Kinder- und Jugendliteratur für das Lesealter der etwa Zehn- bis Fünfzehnjährigen eine Vorauswahl von höchstens 40 Büchern trifft.

b) Hauptjury
Die Hauptjury besteht aus sieben von der Redaktion SCHÜLER-EXPRESS ausgewählten Schülerinnen und Schülern verschiedener Schularten (wie Hauptschule, Realschule und Gymnasium) im Alter von 10 bis 16 Jahren. Diese Jurymitglieder können auch Mitglieder der Vorjury sein.
Jedes von der Vorjury vorgeschlagene Buch wird mindestens von vier der sieben jugendlichen Jurymitglieder gelesen.

c) Abstimmung
Die endgültige Abstimmung der stimmberechtigten Jurymitglieder findet unter Ausschluß der Erwachsenen statt. Die einfache Mehrheit entscheidet.

3. Preiskriterien

Die Juroren wählen die Bücher nach folgenden Gesichtspunkten für den PREIS DER LESERATTEN aus:

a) ob diese Bücher fesseln und/oder Vergnügen bereiten,
b) ob in den Büchern die Inhalte klar und anschaulich vermittelt werden,
c) ob diese Bücher sprachlich und graphisch ansprechen und überzeugen.

4. Preisverleihung

Der PREIS DER LESERATTEN wird jeweils im Frühjahr und im Herbst im SCHÜLER-EXPRESS verkündet.
„Die Leseratten" werden an die Autoren (Illustratoren) und Verleger vergeben. Bei dieser Gelegenheit werden die preisgekrönten Bücher in der Sendung vorgestellt, und die Auszeichnung wird von Jurymitgliedern begründet.

Informationen: **Zweites Deutsches Fernsehen (ZDF)**
Redaktion Kinder und Jugend „Schülerexpress"
Postfach 4040, 6500 Mainz 1
Tel. 0 61 31/70 23 06

Schüler-Express „Preis der Leseratten“

Bewertungsbogen

Autor: Katherine Paterson

Titel: Aber Jakob habe ich geliebt

Verlag: Ueberreuter

erschienen: 1981

Preis: 18,50 DM

Inhalt: Das Mädchen Sara Louise lebt auf der Insel Rass, auf der nie etwas los ist. Sie leidet unter der Bevorzugung ihrer Schwester Caroline. Als der Captain, der auf der Insel in einem alten Haus lebt, Caroline das Musikstudium ermöglicht, bricht Sara Louise beinahe zusammen. Dann geht sie als Krankenschwester auf das Festland.

Bewertung: Das Buch gefällt mir. Deshalb bewerte ich es mit „gut“.
Ich meine aber, es ist mehr für Mädchen als für Jungen geeignet.

Empfehlung: Ich kann das Buch empfehlen.

Name: Ralf A.

Beruf: / Schule: Schüler

Buch erhalten am: 1.3.82

Buch zurück am: 12.3.82

Schüler-Express „Preis der Leseratten“

Bewertungsbogen

Autor: Katherine Paterson

Titel: Aber Jakob habe ich geliebt

Verlag: Ueberreuter

erschienen: 1981

Preis: 18,50 DM

Inhalt: Sara Louise lebt mit ihrer Mutter, Oma, Schwester und ihrem Vater auf der kleinen Insel Rass.
Da ihre Schwester wegen ihrer Begabung für Musik bevorzugt wird, fühlt sie sich nie richtig gut.
Als ihre Schwester eines Tages auch noch ihren besten Freund heiratet, ist für sie alles aus.
Sie zieht weg und wird Krankenpflegerin.

Bewertung: Ich habe mich eigentlich während des ganzen Buches gefragt, was wohl das Ziel der Autorin sei. Außer dem Sturm war gar nichts Spannendes da, was einen interessiert hätte. Es ist ziemlich langweilig geschrieben.
Ich fand es komisch, daß auf der Insel Rass kaum etwas vom Weltkrieg zu hören war, der ja zu dieser Zeit auf Hochtouren lief. Ich finde, daß die Autorin es nicht so gut fertigbrachte, die ewige Verzweiflung von „Wheeze“ zu schildern.

Empfehlung: Ich finde es nicht so gut.

Name: Hermann S.

Beruf: / Schule: Schüler

Buch erhalten am: 1. März 1982

Buch zurück am: 12. März 1982

KLUB DER JUGEND FÜR JUGENDBUCHKRITIK GEGRÜNDET

Rezension einmal anders

Bücher selber beurteilen, Lesestoff nicht vorgeschrieben bekommen

In den renommierten Gremien zur Kinder- und Jugendbuchbeurteilung treffen einander Erwachsene der verschiedenen Altersstufen, die meist schon viele Jahre der Erfahrung auf dem Gebiet der Jugendbucharbeit hinter sich haben. Auch in den Jurys für die einzelnen Preise sieht es ähnlich aus. Die, die es eigentlich angeht, die jungen Leser, sind in all den vielen Kommissionen nicht vertreten. Aber nicht nur die Einstufung durch die Erwachsenen, sondern auch die Art, wie die Bücher besprochen werden, differiert oft sehr stark von dem, was sie den jungen Lesern interessant machen und nahebringen sollte. Aus diesen Überlegungen heraus lud das Internationale Institut für Jugendliteratur und Leseforschung in Wien anläßlich der Woche „Literatur für junge Leser", die seit dem „Jahr des Kindes" in jedem Frühling im Wiener Künstlerhaus stattfindet, Kinder und Jugendliche ein, selbst Bücher zu beurteilen.

Erstmals trafen sich eine Gruppe junger Menschen, die alle an Büchern sehr interessiert waren, und berieten zusammen mit Vertretern der JuBuCrew (Arbeitsgemeinschaft Jugendbuch) aus Göttingen, die das Institut zu diesem Anlaß nach Wien geholt hatte, über die Gründung eines eigenen Klubs für Jugendbuchkritik.

KJuJuK
c/o Internationales Institut für
Jugendliteratur und Leseforschung
Mayerhofgasse 6
A-1040 Wien

Erst am Ende der Beratungen, die in der Gründung des KJuJuK (Klub der Jugend für Jugendbuchkritik) gipfelten, wurden Erwachsene „zugelassen", um zu hören, wie sich die jungen Menschen ihre Tätigkeit vorstellen.

Mitglieder des KJuJuK

Der KJuJuK stellte sich folgende Ziele:

- Bücher selbst beurteilen und Lesestoff nicht vorgeschrieben bekommen;
- wertvolle Bücher der Jugend näherbringen (möglicherweise können Gleichaltrige eher zum Lesen verlocken als Erwachsene);
- mit ihren Buchbesprechungen Kinder, Lehrer, Verleger und Autoren ansprechen;
- ein besonders gutes Buch zum „Jugendbuch des Monats" prämieren;
- Kontakte mit den Medien (Fernsehen, Rundfunk, Zeitungen usw.) bekommen;
- eine Auskunftsstelle für Schülerzeitschriften sein.

Das Patronat übernahm das Internationale Institut für Jugendliteratur, das ja auch den Impuls zur Gründung gegeben hatte und als Kontaktstelle und Kommunikationszentrum fungiert.

Seither trifft sich diese Gruppe regelmäßig jeden Montagabend im Institut, wo sie völlig selbständig über die von den Verlagen eingereichten Bücher berät. Bei diesen wöchentlichen Zusammenkünften geht es oft sehr „heiß" zu, wenn über die verschiedenen Bücher diskutiert wird.

Die Verlage haben sehr spontan reagiert, und viele von ihnen senden bereits regelmäßig ihre Neuerscheinungen. Die Rezensionen der Gruppe werden im Internationalen Institut für Jugendliteratur und Lese-

forschung gesammelt, in Kopien den Verlagen zugesandt und zum Teil in der Zeitschrift „Jugend und Buch" abgedruckt.
Aber auch den direkten Kontakt mit Autoren will der KJuJuK nicht vernachlässigen. Anläßlich eines Wien-Besuches nahm der Autor Hans-Georg Noack als Gast an der Zusammenkunft der Gruppe teil und diskutierte mit ihr. Auch junge Autoren, die erst am Anfang ihrer Arbeit stehen, suchen das Gespräch mit den Kindern. Günther Zäuner, ein völlig unbekannter österreichischer Autor, der ein Manuskript eingereicht hatte, das das letzte Kriegsjahr in Wien aus der Sicht eines Jungen schildert, folgte der Einladung und setzte sich mit den Argumenten der Gruppe ausführlich auseinander. Für beide Seiten brachte dieses Gespräch wertvolle Impulse.
Für die nächsten Monate sind weitere Autorenbesuche geplant, u. a. werden sich die preisgekrönten Autoren Lene Mayer-Skumanz und Ernst A. Ekker mit den Mitgliedern des KJuJuK zusammensetzen.
Darüber hinaus gibt es bereits Reaktionen von seiten einiger österreichischer Buchhändler, die die Empfehlungen des KJuJuK als willkommene Unterstützung ihrer Kundenwerbung betrachten.
Auch an anderen Aktivitäten, die vom Internationalen Institut für Jugendliteratur gesetzt werden, nimmt der KJuJuK regen Anteil. So war die Gruppe auch bei „Lesen im Park", einem der Pionierprojekte des Instituts, vertreten, das in einem der größten Wiener Parks eine Art „Lesen im Grünen" während der Ferien veranstaltete (direkt auf dem Spielplatz wurde eine kleine Bücherstube eingerichtet, in der Kinder — und ihre Eltern bzw. andere Begleitpersonen — in Büchern schmökern konnten).
Von Anfang an interessierte sich auch das Fernsehen für die neue Art der Buchpräsentation, wie sie der KJuJuK bringt. Das TV-Familienmagazin „Wir", das eine breite Öffentlichkeit anspricht, brachte am 4. Oktober 1982 im Rahmen einer neuen Serie Buchempfehlungen des KJuJuK und gab den jungen Menschen Gelegenheit, die ersten vier „Jugendbücher des Monats" zu präsentieren: für Juni — Gianni Rodari, „2mal Lamberto"; für Juli — Renate Welsh, „... und schicke ihn hinaus in die Wüste"; für August — Anna Gollner, „Christine"; für September — Käthe Recheis, „Der weiße Wolf". [...] **Lucie Binder**
Aus: Börsenblatt für den Deutschen Buchhandel vom 27. 10. 1982

Wer arbeitet mit Buchbesprechungen?

Bibliothekare, die für Bestandsaufbau und Literaturvermittlung in Kinder- und Jugendbibliotheken/-abteilungen zuständig sind, kennen den Markt. Sie kennen die Verlage, Autoren, Illustratoren, sie kennen gefragte Themen und die Interessen ihrer Benutzer. Sie sichten die Produktionen der Verlage mit Hilfe von bibliothekarischen Besprechungsorganen, Prospektmaterial und Ansichtsexemplaren. Um den Gesamtüberblick zu vertiefen und frühzeitig neue Tendenzen zu erspüren, sind Kinder- und Jugendbibliothekare auf die Lektüre der Fachzeitschriften zur Kinder- und Jugendliteratur/Medien angewiesen.
Eine ähnliche, vielleicht sogar noch weiterreichendere Funktion hat die Teilnahme an Tagungen zur Kinder- und Jugendliteratur, zur Kinder- und Jugendbibliotheksarbeit. Dabei wird vieles weiterdiskutiert, man lernt Verleger, Lektoren, Autoren, Wissenschaftler und Kritiker kennen, man tauscht mit Kollegen Informationen aus ...
Während die regelmäßig erscheinenden bibliothekarischen Besprechungsorgane mit systematischen Zuordnungen und Anschaffungsvorschlägen Grundlage jeder systematischen und inhaltlichen Ankaufspolitik der Bibliothekare sind, bieten die mehr oder weniger regelmäßig erscheinenden Besprechungen einzelner Bücher in den großen Tages- und Wochenzeitungen eine interessante, zusätzliche Informationsquelle für die Beratung des Lesers. Man interessiert sich für die oft unterschiedlichen Meinungen der Rezensenten.
Das Nachlesen von Inhalten und Kommentaren zu neuen Büchern vertieft das Wis-

sen und ist insofern eine willkommene Hilfe für Buchempfehlungsgespräche in der Bibliothek, wenn es darum geht, möglichst viele Bücher inhaltlich zu kennen. Die Lektüre von Kinder- und Jugendbuchbesprechungen ist für Bibliothekare auch deshalb wichtig, weil sie von Eltern und Lehrern immer wieder darauf angesprochen werden. Oft nimmt man sich aufgrund einer Besprechung vor, dem Buch besondere Aufmerksamkeit zu schenken, es gerade diesem oder jenem Kind besonders zu empfehlen.

Das Lesen der Kinder- und Jugendbuchseiten der großen Tages- und Wochenzeitungen gibt Bibliothekaren in erster Linie Arbeitshilfen und Diskussionsanstöße, ist jedoch auch immer wieder Ansatz zu kritischer Auseinandersetzung mit der Kinderliteraturkritik-„Szene" insgesamt. Von den einzelnen Besprechungen — egal in welcher der großen Zeitungen — geht für Bibliothekare keine Autorität aus.

Die Besprechungen bewegen sich, von den wirklich lobenswerten Ausnahmen abgesehen, zu sehr an der Oberfläche. Sie sind oft jasagerisch, zu nachsichtig, der Einfachheit halber oder aus Platzmangel zu kurz, um tatsächlich vor einem gewissen Hintergrund Positives oder Negatives aussagen zu können. Anders gesagt: Kinder- und Jugendbibliothekare wissen, daß viele der Rezensenten ihr Gewerbe als Zubrot betreiben, daß sie Verleger oder Autoren gut kennen und ihnen mit dieser oder jener Besprechung einen Gefallen tun oder ihnen „eins auswischen" möchten ..., daß mancher Autor/Rezensent nur diesen oder jenen Kollegen in diesem oder jenem Verlag besprechen kann, ohne gleich „befangen" zu sein ... Bibliothekare wissen um die Dinge hinter den Kulisssen, die ja nur menschlich sind, jedoch der Literatur und letztendlich Kindern und Jugendlichen wenig nützen. [...] **Lioba Betten**

Aus: Börsenblatt für den Deutschen Buchhandel vom 27. 10. 1982

Preisgekrönter Jugendroman

Nöte des Erwachsenwerdens

Auch dieser Jugendroman der vielfach preisgekrönten amerikanischen Autorin wurde mit dem höchsten Jugendbuchpreis der USA, der „Newbery-Medal" 1981, ausgezeichnet.

Katherine Paterson: „Aber Jacob habe ich geliebt"; Ueberreuter-Verlag, Heidelberg 1981; 214 S.; 18,50 DM

schreibt einfühlsam über die Ängste und Nöte der 14jährigen Louise, die, solange sie denken kann, im Schatten ihrer schönen, begabten, von Gott und der Welt geliebten Zwillingsschwester Caroline steht. Eine passive Sehnsucht erfüllt das Mädchen, das bereits zum Lebensunterhalt der Familie beiträgt, während die Schwester Musikunterricht bekommt. Bekümmert, eingeengt auf der kleinen Insel in der Chesapeake-Bay, auf der ihre Eltern als Krabbenfänger und Fischer leben, hängt sie ihren vagen Träumen nach, für die in dem harten Tagesablauf nur wenig Platz ist. Ganz subtil erfaßt die Autorin das Elend des Mädchens zwischen Aufbegehren und Sichzurückziehen, die Not der Pubertät, die soviel Verwirrung mit sich bringt und in Louises Fall noch durch die überragende Schwester besonders schwer wird. Der weite Weg bis zu Louises Aufbruch ins Leben, zur Selbstfindung, ist hart, streckenweise bedrückend düster, steht stellvertretend für die Unsicherheiten, denen jeder Heranwachsende ausgesetzt ist. Neben dieser sehr sensiblen Pubertätsgeschichte vermittelt die Autorin ein lebendiges Bild vom Leben auf den Inseln in der Chesapeake-Bay.

Der spannungsarme, ganz auf die innere Dramatik der Selbstfindung des Mädchens Louise abgestimmte Roman sollte nicht nur jugendlichen Lesern vorbehalten sein, er weiß auch erwachsene Leser zu fesseln.

ULRIKE MÜLLER-HÜCKSTÄDT

Aus: Kieler Nachrichten vom 23. 12. 1981

Schweizerische Arbeitsgemeinschaft für das Jugendbuch

Buchbesprechung

1. Bibliographische Angaben

Name und Vorname des Autors: Paterson, Katherine

Haupttitel: Aber Jakob habe ich geliebt

Untertitel: -

Sammlung/Reihe: -

Übersetzung: Aus dem Amerikanischen

übersetzt von Hans Erik Hausner

Illustration: illustriert von -

Verlag, Ort, Erscheinungsjahr: Verlag Ueberreuter, Wien und Heidelberg 1981

Umfang: 214 Seiten

Einbandart: geb./Pp./kart. gebunden

Preis: Fr. 18.5o

2. Besprechung

"Nun war ich fähig, meine eigene Seele von dem langen Schatten meiner Zwillingsschwester abzutrennen." Ungemein differenziert ist das Problem der Zwillingsschwester dargestellt. Die "Erst"-Geborene, robust, scheinbar wenig begabt, alltäglich; die Zweite, von klein auf zart, hilfsbedürftig, musisch begabt, mehr aber noch fähig, sich selbst stets zum Mittelpunkt zu machen und die Schwester - oft unbewußt - an die Wand zu spielen. Die Analyse dieses geschwisterlichen Spannungsfeldes der Haß-Liebe, der Verzweiflung einerseits und der Rücksichtslosigkeit andererseits, ist meisterhaft gelungen. Bedrückend ebenso die Analyse der Haltung der Umwelt, die - ahnungslos - das "Spiel" mitspielt. Ebenso bemerkenswert ist die Echtheit der Schilderung des Menschen in seiner Landschaft. Und ebenfalls bemerkenswert ist die Analyse der Wirkung einer christlichen Verkündigung, die den strafenden und rächenden Gott in den Mittelpunkt stellt und Kinder mit Höllenvorstellungen quält.

Name des Rezensenten: Erina Marfurt-Pagani

3. Empfehlungsgrad

Sehr empfohlen X Empfohlen Mit Vorbehalt empfohlen Abgelehnt

4. Zuteilung (gemäss Unterlagen in der Dokumentationsmappe)

Kinderbücher: Stoffkreis

K ab M ab KM ab

Jugendbücher: Belletristik, Stoffkreis Geschwisterbeziehungen

K ab M ab 14 J. KM ab 14 J.

Sachjugendbücher: Dezimalklassifikation

K ab M ab KM ab

Luzern, den 1o.Mai 1982 Unterschrift:

ÖSTERREICHISCHE
STUDIEN- und BERATUNGSSTELLE
für KINDER- und JUGENDLITERATUR

GUTACHTEN Nr. 3829

Verfasser	PATERSON, Katherine
Titel (Untertitel)	Aber Jakob habe ich geliebt
	Deutsch von Hans Erik Hausner
Illustrator	-
Original-titel	Jakob have I loved
Übersetzt aus	dem Amerikanischen von
Verlags-ort	Wien und Heidelberg — Erscheinungs-jahr 1981 — Seiten-zahl 214
Verlags-name	Ueberreuter
Einband-art	Leinen gebunden — Format 8° — Preis S 149.-
1 Stück am 1. September 19 81	- Fototafeln / Farbtafeln — Preisgekrönt ☐ Wien ☐ Österreich ☐ Deutschland ☒ International

THEMA + INHALT

Sara Louise schildert die entscheidenden Jahre ihrer Jugend auf der einsamen Insel Rass vor der amerikanischen Ostküste während des Zweiten Weltkriegs. Die Tochter eines Krabben- und Austernfischers und einer ehemaligen Lehrerin, immer schon im Schatten ihrer Zwillingsschwester stehend, erträgt es kaum, daß diese Gesang studieren darf und dann auch noch ihren (Louise's) Jugendfreund heiratet.
Louise selber hat ihre erste Verliebtheit zu einem etwas rätselhaften, viel älteren "Captain" überstanden, dem Vater jahrelang "wie ein Mann" bei seiner Arbeit geholfen und dennoch die Schule absolviert; sie hat die zänkische Großmutter ertragen und ihre Mutter bemitleidet, ehe sie endlich weiß, was sie will: Medizin studieren! Der Platzmangel an der Universität läßt sie - vorläufig - eine Hebammenausbildung machen. In einem einsamen Gebirgstal findet sie dann ihren Platz, an dem sie dringend gebraucht wird, und den Mann, den sie heiratet: einen Witwer mit drei Kindern.

Beurteilung: Sehr empfehlenswert für Jugendliche ab 13-14 J.

Die unwürdige Greisin

Literaturverfilmung

Bertolt Brechts Kalendergeschichte „Die unwürdige Greisin“ in der Verfilmung von René Allio.

Bertolt Brecht

Die unwürdige Greisin

Bertolt Brecht

Meine Großmutter war zweiundsiebzig Jahre alt, als mein Großvater starb. Er hatte eine kleine Lithographenanstalt* in einem badischen Städtchen und arbeitete darin mit zwei, drei Gehilfen bis zu seinem Tod. Meine Großmutter besorgte ohne Magd den Haushalt, betreute das alte, wacklige Haus und kochte für die Mannsleute und Kinder.

Sie war eine kleine, magere Frau mit lebhaften Eidechsenaugen, aber langsamer Sprechweise. Mit recht kärglichen Mitteln hatte sie fünf Kinder großgezogen — von den sieben, die sie geboren hatte. Davon war sie mit den Jahren kleiner geworden.

Von den Kindern gingen die zwei Mädchen nach Amerika, und zwei Söhne zogen ebenfalls weg. Nur der Jüngste, der eine schwache Gesundheit hatte, blieb im Städtchen. Er wurde Buchdrucker und legte sich eine viel zu große Familie zu.

So war sie allein im Haus, als mein Großvater gestorben war.

Die Kinder schrieben sich Briefe über das Problem, was mit ihr zu geschehen hätte. Einer konnte ihr bei sich ein Heim anbieten, und der Buchdrucker wollte mit den Seinen zu ihr ins Haus ziehen. Aber die Greisin verhielt sich abweisend zu den Vorschlägen und wollte nur von jedem ihrer Kinder, das dazu imstande war, eine kleine geldliche Unterstützung annehmen. Die Lithographenanstalt, längst veraltet, brachte fast nichts beim Verkauf, und es waren auch Schulden da.

Die Kinder schrieben ihr, sie könne doch nicht ganz allein leben, aber als sie darauf überhaupt nicht einging, gaben sie nach und schickten ihr monatlich ein bißchen Geld. Schließlich, dachten sie, war ja der Buchdrucker im Städtchen geblieben.

Der Buchdrucker übernahm es auch, seinen Geschwistern mitunter über die Mutter zu berichten. Seine Briefe an meinen Vater und was dieser bei einem Besuch und nach dem Begräbnis meiner Großmutter zwei Jahre später erfuhr, geben mir ein Bild von dem, was in diesen zwei Jahren geschah.

Es scheint, daß der Buchdrucker von Anfang an enttäuscht war, daß meine Großmutter sich weigerte, ihn in das ziemlich große und nun leerstehende Haus aufzunehmen. Er wohnte mit vier Kindern in drei Zimmern. Aber die Greisin hielt überhaupt nur eine sehr lose Verbindung mit ihm aufrecht. Sie lud die Kinder jeden Sonntagnachmittag zum Kaffee, das war eigentlich alles.

Sie besuchte ihren Sohn ein- oder zweimal in einem Vierteljahr und half der Schwiegertochter beim Beereneinkochen. Die junge Frau entnahm einigen ihrer Äußerungen, daß es ihr in der kleinen Wohnung des Buchdruckers zu eng war. Die-

Bertolt Brechts Großeltern

ser konnte sich nicht enthalten, in seinem Bericht darüber ein Ausrufezeichen anzubringen.

Auf eine schriftliche Anfrage meines Vaters, was die alte Frau denn jetzt so mache, antwortete er ziemlich kurz, sie besuche das Kino.

Man muß verstehen, daß das nichts Gewöhnliches war, jedenfalls nicht in den Augen ihrer Kinder. Das Kino war vor dreißig Jahren noch nicht, was es heute ist. Es handelte sich um elende, schlecht gelüftete Lokale, oft in alten Kegelbahnen eingerichtet, mit schreienden Plakaten vor dem Eingang, auf denen Morde und Tragödien der Leidenschaft angezeigt waren. Eigentlich gingen nur Halbwüchsige hin oder, des Dunkels wegen, Liebespaare. Eine einzelne alte Frau mußte dort sicher auffallen.

Und so war noch eine andere Seite dieses Kinobesuchs zu bedenken. Der Eintritt war gewiß billig, da aber das Vergnügen ungefähr unter den Schleckereien rangierte, bedeutete es „hinausgeworfenes Geld". Und Geld hinauszuwerfen war nicht respektabel.

Dazu kam, daß meine Großmutter nicht nur mit ihrem Sohn am Ort keinen regelmäßigen Verkehr pflegte, sondern auch sonst niemanden von ihren Bekannten besuchte oder einlud. Sie ging niemals zu den Kaffeegesellschaften des Städtchens. Dafür besuchte sie häufig die Werkstatt eines Flickschusters in einem armen und sogar etwas verrufenen Gäßchen, in der, besonders nachmittags, allerlei nicht besonders respektable Existenzen herumsaßen, stellungslose Kellnerinnen und Handwerksburschen. Der Flickschuster war ein Mann in mittleren Jahren, der in der ganzen Welt herumgekommen war, ohne es zu etwas gebracht zu haben. Es hieß auch, daß er trank. Er war jedenfalls kein Verkehr für meine Großmutter.

Der Buchdrucker deutete in einem Brief an, daß er seine Mutter darauf hingewiesen, aber einen recht kühlen Bescheid bekommen habe.

„Er hat etwas gesehen", war ihre Antwort, und das Gespräch war damit zu Ende.

Es war nicht leicht, mit meiner Großmutter über Dinge zu reden, die sie nicht bereden wollte.

Etwa ein halbes Jahr nach dem Tod des Großvaters schrieb der Buchdrucker meinem Vater, daß die Mutter jetzt jeden zweiten Tag im Gasthof esse.

Was für eine Nachricht!

Großmutter, die zeit ihres Lebens für ein Dutzend Menschen gekocht und immer nur die Reste aufgegessen hatte, aß jetzt im Gasthof! Was war in sie gefahren?

Bald darauf führte meinen Vater eine Geschäftsreise in die Nähe, und er besuchte seine Mutter.

Er traf sie im Begriffe, auszugehen. Sie nahm den Hut wieder ab und setzte ihm ein Glas Rotwein mit Zwieback vor. Sie schien ganz ausgeglichener Stimmung zu sein, weder besonders aufgekratzt noch besonders schweigsam. Sie erkundigte sich nach uns, allerdings nicht sehr eingehend, und wollte hauptsächlich wissen, ob es für die Kinder auch Kirschen gäbe. Da war sie ganz wie immer. Die Stube war natürlich peinlich sauber, und sie sah gesund aus.

Das einzige, was auf ihr neues Leben hindeutete, war, daß sie nicht mit meinem Vater auf den Gottesacker gehen wollte, das Grab ihres Mannes zu besuchen. „Du kannst allein hingehen", sagte sie beiläufig, „es ist das dritte von links in der elften Reihe. Ich muß noch wohin."

Der Buchdrucker erklärte nachher, daß sie wahrscheinlich zu ihrem Flickschuster mußte. Er klagte sehr.

„Ich sitze hier in diesen Löchern mit den Meinen und habe nur noch fünf Stunden Arbeit und schlecht bezahlte, dazu macht mir mein Asthma wieder zu schaffen, und das Haus in der Hauptstraße steht leer."

Mein Vater hatte im Gasthof ein Zimmer genommen, aber erwartet, daß er zum Wohnen doch von seiner Mutter eingeladen werden würde, wenigstens pro forma, aber sie sprach nicht davon. Und sogar als das Haus voll gewesen war, hatte sie immer etwas dagegen gehabt, daß er nicht bei ihnen wohnte und dazu das Geld für das Hotel ausgab!

Aber sie schien mit ihrem Familienleben abgeschlossen zu haben und neue Wege zu gehen, jetzt, wo ihr Leben sich neigte. Mein Vater, der eine gute Portion Humor besaß, fand sie „ganz munter" und sagte meinem Onkel, er solle die alte Frau machen lassen, was sie wolle.

Aber was wollte sie?

Das nächste, was berichtet wurde, war, daß sie eine Bregg bestellt hatte und nach einem Ausflugsort gefahren war, an einem gewöhnlichen Donnerstag. Eine Bregg war ein großes, hochrädriges Pferdegefährt mit Plätzen für ganze Familien. Einige wenige Male, wenn wir Enkelkinder zu Besuch gekommen waren, hatte Großvater die Bregg gemietet. Großmutter war immer zu Hause geblieben. Sie hatte es mit einer wegwerfenden Handbewegung abgelehnt, mitzukommen.

Und nach der Bregg kam die Reise nach K., einer größeren Stadt, etwa zwei Eisenbahnstunden entfernt. Dort war ein Pferderennen, und zu dem Pferderennen fuhr meine Großmutter.

Der Buchdrucker war jetzt durch und durch alarmiert. Er wollte einen Arzt hinzugezogen haben. Mein Vater schüttelte den Kopf, als er den Brief las, lehnte aber die Hinzuziehung eines Arztes ab.

Nach K. war meine Großmutter nicht allein gefahren. Sie hatte ein junges Mädchen mitgenommen, eine halb Schwachsinnige, wie der Buchdrucker schrieb, das Küchenmädchen des Gasthofs, in dem die Greisin jeden zweiten Tag speiste.

Dieser „Krüppel" spielte von jetzt an eine Rolle.

Meine Großmutter schien einen Narren an ihr gefressen zu haben. Sie nahm sie mit ins Kino und zum Flickschuster, der sich übrigens als Sozialdemokrat* herausgestellt hatte, und es ging das Gerücht, daß die beiden Frauen bei einem Glas Rotwein in der Küche Karten spielten.

„Sie hat dem Krüppel jetzt einen Hut gekauft mit Rosen drauf", schrieb der Buchdrucker verzweifelt. „Und unsere Anna hat kein Kommunionskleid!"

Die Briefe meines Onkels wurden ganz hysterisch, handelten nur von der „unwürdigen Aufführung unserer lieben Mutter" und gaben sonst nichts mehr her. Das Weitere habe ich von meinem Vater.

Der Gastwirt hatte ihm mit Augenzwinkern zugeraunt: „Frau B. amüsiert sich ja jetzt, wie man hört."

In Wirklichkeit lebte meine Großmutter auch diese letzten Jahre keinesfalls üppig. Wenn sie nicht im Gasthof aß, nahm sie meist nur ein wenig Eierspeise zu sich, etwas Kaffee und vor allem ihren geliebten Zwieback. Dafür leistete sie sich einen billigen Rotwein, von dem sie zu allen Mahlzeiten ein kleines Glas trank. Das Haus hielt sie sehr rein, und nicht nur die Schlafstube und die Küche, die sie benutzte. Jedoch nahm sie darauf ohne Wissen ihrer Kinder eine Hypothek* auf. Es kam niemals heraus, was sie mit dem Geld machte. Sie scheint es dem Flickschuster gegeben zu haben. Er zog nach ihrem Tod in eine andere Stadt und soll dort ein größeres Geschäft für Maßschuhe eröffnet haben.

Genau betrachtet lebte sie hintereinander zwei Leben. Das eine, erste, als Tochter, als Frau und als Mutter und das zweite einfach als Frau B., eine alleinstehende Person ohne Verpflichtungen und mit bescheidenen, aber ausreichenden Mitteln. Das erste Leben dauerte etwa sechs Jahrzehnte, das zweite nicht mehr als zwei Jahre.

Mein Vater brachte in Erfahrung, daß sie im letzten halben Jahr sich gewisse Freiheiten gestattete, die normale Leute gar nicht kennen. So konnte sie im Sommer früh um drei Uhr aufstehen und durch die leeren Straßen des Städtchens spazieren, das sie so für sich ganz allein hatte. Und den Pfarrer, der sie besuchen kam, um der alten Frau in ihrer Vereinsamung Gesellschaft zu leisten, lud sie, wie allgemein behauptet wurde, ins Kino ein!

Sie war keineswegs vereinsamt. Bei dem Flickschuster verkehrten anscheinend lauter lustige Leute, und es wurde viel erzählt. Sie hatte dort immer eine Flasche ihres eigenen Rotweins stehen, und daraus trank sie ihr Gläschen, während die anderen erzählten und über die würdigen Autoritäten der Stadt loszogen. Dieser Rotwein blieb für sie reserviert, jedoch brachte sie mitunter der Gesellschaft stärkere Getränke mit.

Sie starb ganz unvermittelt, an einem Herbstnachmittag in ihrem Schlafzimmer, aber nicht im Bett, sondern auf dem Holzstuhl am Fenster. Sie hatte den „Krüppel" für den Abend ins Kino eingeladen, und so war das Mädchen bei ihr, als sie starb. Sie war vierundsiebzig Jahre alt.

Ich habe eine Fotografie von ihr gesehen, die sie auf dem Totenbett zeigt und die für die Kinder angefertigt worden war.

Man sieht ein winziges Gesichtchen mit vielen Falten und einen schmallippigen, aber breiten Mund. Viel Kleines, aber nichts Kleinliches. Sie hatte die langen Jahre der Knechtschaft und die kurzen Jahre der Freiheit ausgekostet und das Brot des Lebens aufgezehrt bis auf den letzten Brosamen.

1

2

3

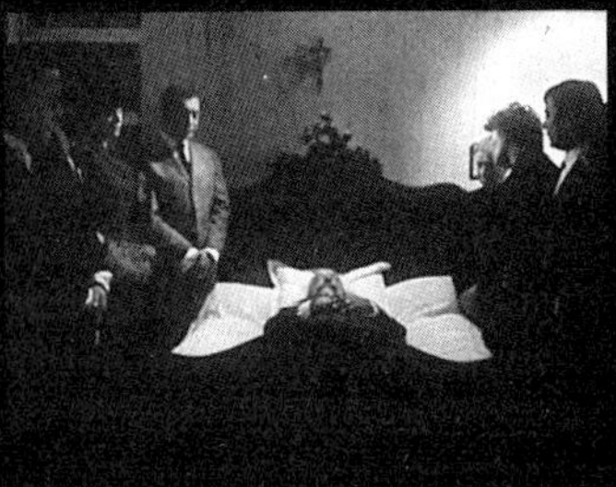
4

5

6

Die unwürdige Greisin. Ein Film von René Allio nach der gleichnamigen Kalendergeschichte von Bertolt Brecht

Nacherzählung der Filmhandlung[1]

Der Film erzählt die Geschichte von Berthe Bertini. Berthe ist eine siebzig Jahre alte Frau, verheiratet mit einem Buchdrucker, Mutter von vier Kindern, die alle außerhalb des elterlichen Hauses leben. Sie wohnt in L'Estaque, einem Vorort von Marseille, in einem geräumigen Haus über der Druckerei ihres Mannes. Während sie ihr Leben lang für die Kinder und für den Haushalt zuständig gewesen ist, hat ihr Mann bis vor kurzem täglich an seiner Druckmaschine gestanden. Seit einem halben Jahr muß der Betrieb jedoch von dem alten Gehilfen geführt werden. Monsieur Bertini liegt todkrank im Bett, von seiner Frau aufopfernd gepflegt.

Die Geschichte beginnt im April. Monsieur Bertinis Zustand ist wieder einmal sehr kritisch. Berthe steht am Krankenbett [Bild 1]. Kein Lebenszeichen ist zu erkennen. Sie nimmt den Zettel mit der Telefonnummer des Arztes, schließt die Läden, hastet hinunter zur Druckerei – der Gehilfe muß sie am Krankenbett ablösen, während sie in der kleinen Gaststätte an der Ecke den Arzt zu erreichen versucht.
Ernest, der Wirt, streitet gerade unten, im Hinterhof, mit einem Mädchen, das bei ihm ein Zimmer bewohnt. Er wirft ihr ihren leichten Lebenswandel vor. Auf Berthes Rufen kommt Ernest sofort herauf und öffnet den Schrank, in dem das Telefon steht. Der Arzt meldet sich nicht. Rosalie – so heißt das Mädchen – ist plötzlich da und bietet ihre Hilfe an: sie will den Doktor holen [2]. Ernest wird Berthes Sohn Albert alarmieren, der am anderen Ende der Stadt wohnt. Um diese Zeit kann er ihn am Telefon in Charlots Kneipe erreichen. Albert hat ein kleines Transportunternehmen, mit einem einzigen Lastwagen, ohne Büro; seine Telefonate erledigt er deshalb in seiner Stammkneipe.
Eine Stunde später. Pierre, Alberts Sohn, ist mit dem Lastwagen in L'Estaque angekommen. Nur zögernd betritt er das großelterliche Haus. Im Gang kommt ihm die Großmutter entgegen: „Dein Großvater ist tot."

Am übernächsten Tag. Die Trauerfamilie hat sich um Berthe versammelt: Rose, die älteste Tochter; Gaston, der älteste Sohn, mit seiner Frau Simone und dem Sohn Charles; Albert mit seiner Frau, mit Pierre und dem kleinen Lucien. Auch der Druckereigehilfe gehört dazu. Gaston wünscht, den toten Vater zu sehen [3]. Alle folgen ihm die Treppe hinauf. Der Tote liegt im abgedunkelten Schlafzimmer auf dem Bett, im guten Anzug. Gleichmäßig rechts und links verteilt, stehen die Angehörigen [4].
Später geht Albert allein in das Zimmer zum toten Vater. Mit den Händen und dem Kinn am hochgeschwungenen Fußende des Bettes aufgestützt, starrt er vor sich hin [5].
Während der kleine Lucien in der Stube unten zu Bett gebracht wird, macht Albert seiner Mutter Vorwürfe: Gaston und Simone

(1) Der Film (FWU-Fassung, 56 min., 16 mm/sw) ist im Verleih der Landes-, Kreis- und Stadtbildstellen erhältlich.

haben die Geschäftsbücher durchgesehen. Wie Albert von Simone erfahren hat, ist die Druckerei völlig verschuldet. Die Eltern haben nie etwas davon gesagt. Berthe entgegnet ruhig, daß die Schulden beglichen werden können, wenn die Druckerei verkauft wird. Sie reagiert unwirsch auf Alberts Abneigung, die „Sachen des Vaters“ wegzugeben [6]. Simone stellt sich dazu. Sie spricht aus, worum es Albert geht: Er will das Geschäft weiterführen. Ihrer Meinung nach ist er dazu aber nicht in der Lage.
Zur gleichen Zeit. Gaston sitzt still neben dem Toten, wie dieser mit gefalteten Händen.

Abends sitzen die Männer um den Tisch in der Küche. Sie lassen sich von Mutter Berthe bedienen [7]. Jedem bringt sie ein Spiegelei [8], auf Alberts Verlangen Essig, auf Pierres Verlangen Brot. Simone kritisiert die Männer, weil sie „Mama“ nicht daran gehindert haben, daß sie in der Küche während des Essens gleichzeitig die Wäsche kocht [9].
Albert starrt beim Essen vor sich hin. Berthe schaut ihn durchdringend an.
Es klingelt an der Haustür: Verspätet kommt Robert, der jüngste Sohn. Berthe hat auf ihn gewartet. Er wird von allen besonders herzlich begrüßt.
Am Ende des Tages steht Berthe allein am Totenbett, mit unbewegtem Gesicht [10].

„Ihr werdet die alte Frau doch nicht alleinlassen! Das wird Albert nicht tun!“ Das ist Ernests Meinung am nächsten Morgen. An der Theke steht Pierre. Er achtet allerdings weniger auf Ernests Worte als auf die nebenan telefonierende Rosalie. Während sie mit einem „Casanova“ spricht und von dessen „schickem Auto“ schwärmt, sieht sie immer wieder herausfordernd zu Pierre herüber.

Am nächsten Tag. Es ist der Tag der Beerdigung. Feierlich angezogen, sind alle Bertinis in der engen Küche versammelt. Um den Tisch herum sitzend, trinken sie eine Tasse schwarzen Kaffee. Heute muß Alberts Frau die Männer bedienen.
Niemand sagt etwas. Da beginnt Berthe: „Hab' schönen Dank, Gaston, und du auch, meine Rose. Aber ich werde nicht zu euch ziehen. Es ist mir lieber, ich lebe allein. Es ist mir lieber, ich bleibe in diesem Haus. Wenn ihr meint, daß das Geschäft verkauft werden soll, dann wär's das beste, wenn ich das für euch mach'. Euer Vater und ich, wir haben auch schon mal daran gedacht. Wir hatten auch schon einen Käufer.“ Simone schaut triumphierend zu Albert hinüber: „Das ist ja großartig, Mama. Dann brauchst du ja nur noch unsere Vollmacht.“
Robert fragt seine Mutter, wovon sie leben will, wenn die Schulden bezahlt sind. Sie weiß Rat: „Wenn mir jeder von euch so ein klein bißchen was gibt, es muß ja nicht viel sein, Hauptsache, es ist regelmäßig ...“ [11].
Völliges Schweigen. Simones Mundwinkel zucken. Albert zieht an seiner Zigarette. Robert lächelt zufrieden.

Nach der Beerdigung [12]. Gaston ist den anderen vorausgeeilt und gibt der Verkäuferin am Blumenstand einen großen Geldschein: „Also, alle zwei Wochen in die große blaue Emaillevase mit der Aufschrift ‚Dein Dich liebender Sohn‘“.

7

8

9

10

11

12

Albert führt die Mutter zu seinem Lastwagen. „Komm, ich bring' dich nach Hause, du fährst mit mir." Da schaltet sich Gaston ein: „Aber Albert! Komm, meine Liebste, in meinem Wagen sitzt du doch viel bequemer." Berthe sieht Albert, der sich nicht gewehrt hat, mit einem kurzen vorwurfsvollen Blick an.

Mai. Berthe ist seit einem Monat allein im Haus. Sie muß für niemanden sorgen. In aller Ruhe kümmert sie sich um ihr tägliches Brot, hält die paar Teller und Tassen, die sie braucht, sauber, ist anscheinend ganz auf sich selber konzentriert [13].
Was sie an Lebensmitteln braucht, kauft sie wie immer in dem Laden um die Ecke. Allerdings nimmt sie heute nicht den üblichen Tafelwein, sondern den Rosé ganz oben im Regal. Und statt der alten Julienne zuzuhören [14], die längere Zeit im Krankenhaus gewesen ist und über ihre Leidenszeit dort jammern will, wendet sie sich ein paar jungen Leuten zu, die gerade vorbeikommen, und beobachtet munter, wie sie über ihren Kopf hinweg mit einer Melone Ball spielen [15]. Und sie folgt den jungen Leuten neugierig in eine kleine Seitengasse, zum Kino. Sie geht nicht hinein, betrachtet aber genau die aushängenden Fotos [16].
Auf dem Rückweg bleibt sie vor dem Restaurant stehen, in dem Rosalie arbeitet, und wirft einen prüfenden Blick auf die große Preistafel, die auf dem Bürgersteig aufgebaut ist. Dann schaut sie durchs geöffnete Fenster hinein: Rosalie schäkert mit einem jungen Gast. Als sie Berthe sieht, kommt sie sofort heraus. Auf der anderen Straßenseite plaudert Ernest mit den Nachbarn. Rosalie hat sich bei der alten Dame eingehängt und begleitet sie. Ernest macht die Nachbarn auf das ungleiche Paar aufmerksam.

Sommer. Berthe im Stadtzentrum von Marseille, mitten im größten Menschengewimmel [17]. Sie trägt immer noch ihre einfache schwarze Kleidung. Nun hat sie aber dazu ein schickes schwarzes Hütchen auf; eine Handtasche hängt locker über der rechten Schulter. Nichts von all dem, was um sie herum geschieht, entgeht ihren Augen. Im Kaufhaus, durch das sie schlendert, schaut sie sich sämtliche Artikel genau an, prüft alles eigenhändig, setzt dazu die Brille auf. Besonders ein elektrischer Entsafter, den ihr ein Verkäufer vorführt, fasziniert sie [18]. „Diese Geräte sind schon seit langem im Handel, Madame." – „Aber ich wohne weit draußen", entgegnet sie.

Drei Monate nach dem Begräbnis. Berthe ist zum ersten Mal bei Albert zu Besuch. „Mit dir haben wir nicht mehr gerechnet, Mama!" Albert und Pierre sind gerade aufgeregt zu Hause eingetroffen, um schnell etwas zu essen. Noch zwei Aufträge für das Fuhrunternehmen sind heute zu erledigen. Berthe hat auf den Sohn gewartet. Jetzt aber, wo er da ist und sich die Hände wäscht, will sie plötzlich schon wieder aufbrechen; Pierre kann sie ja im Lastwagen mitnehmen, er muß sowieso nach L'Estaque fahren. „Aber Mama, machst du Witze?" – „Nein, bei Pierre im Lastwagen ist es bequemer als im vollen Omnibus." – „Weshalb bist du denn überhaupt gekommen?" [19]. „Ich wollte euch sehen, und ich habe euch gesehen." Dann gibt sie zu, daß es ihr in Alberts enger Hochhauswohnung nicht gefällt. Albert läßt seine Wut an dem kleinen Lucien aus und schreit ihn an. Die Großmutter küßt ihn zum Abschied besonders herzlich.

Vor dem Weggehen spricht Albert die Mutter noch auf die monatliche Zahlung an. Diesen Monat geht es ihm geschäftlich besonders schlecht. Er macht eine Pause. Sie sagt nichts. Sie schaut nur auf den Geldbeutel, den er hervorgeholt hat. Schließlich gibt er ihr die Hälfte des Geldes. Die andere Hälfte verspricht er für die Zeit nach dem Fünfzehnten. Von seinen Geschwistern hat sie das Geld bekommen: „Du mußt dir keine Sorgen um mich machen.“

Berthe ist mit Pierre abgefahren, Albert sitzt mit seiner Frau und Lucien beim Abendessen. „Ich wollt's dir gar nicht sagen. Ich weiß es von Ernest: Seit einem Monat ißt sie jeden Tag im Restaurant! – Eine Frau, die ihr Leben lang selber gekocht hat, beinahe für zehn Personen, und immer nur die Reste gegessen hat, die genau wußte, was Geld bedeutet!“ Albert wird immer heftiger: „Und auf einmal sieht sie auf mich herunter! Ich sitze mit meiner Familie hier in diesem ekelhaften Loch, schufte wie ein Kuli, bloß um sie mitzuernähren, und dabei steht das Haus in L'Estaque praktisch leer ...“ Schweigend hört seine Frau zu.

Berthe hat sich von Pierre im Stadtzentrum absetzen lassen. Sie will nun doch mit dem Bus nach L'Estaque hinausfahren, schlendert aber erst einmal durch die Geschäftsstraßen. Wieder sucht sie das Kaufhaus auf. Diesmal bleibt sie in der Parfümerieabteilung stehen, beobachtet, wie eine feine Dame sich von der Verkäuferin ein Parfüm auf den Handrücken sprühen läßt und sachverständig daran riecht – „Kann ich auch?“ „Wie bitte?“ Berthe hält ihren Handrücken hin [20]. „Danke.“ Sie lächelt glücklich.
Die Rolltreppe hinauf, die Rolltreppe hinunter [21], immer die Handtasche unter den Arm geklemmt. Wieder die Rolltreppe hinauf, noch weiter hinauf – und wieder hinunter, rauf, runter ... Sie landet in der Hutabteilung und bewundert ein junges Mädchen bei der Anprobe vor dem Spiegel, staunt über die herumliegenden Perücken.
In einer Seitenstraße bleibt Berthe auffällig lang vor einem Haus mit dem Schild „Notar“ stehen, sieht sich die Kunstbildbände in einem Schaufenster an, sitzt völlig entspannt auf einer Parkbank, leistet sich in einem Straßencafé einen riesigen Eisbecher mit viel Sahne. Sie genießt [22].
Für die Rückfahrt nach Hause nimmt sie nun doch nicht den Bus, sondern eine offene Droschke [23]. Sie fährt am Güterbahnhof vorbei, wo Pierre mittlerweile im Schweiße seines Angesichts Kisten auflädt. Pierres erstaunter Blick über die Straße begegnet ihrem verschmitzten Lächeln.

Oktober. Albert kommt aus der Telefonzelle neben der Theke bei Charlot und reißt Pierre mit sich in ein Nebenzimmer. Die neuesten Nachrichten von Ernest haben ihn gänzlich aus der Fassung gebracht: Berthe geht jetzt abends immer mit Rosalie aus, mit diesem Mädchen, das in dem Restaurant Kellnerin gewesen ist, wo Berthe seit sechs Monaten „ein Vermögen ausgibt“. Albert schreit den Sohn an: „Die Kleine hat sogar ihre Arbeit hingeschmissen, die beiden wollen sich öfters sehen, sie hängen wie Kletten aneinander. Der Alte ist noch keine sechs Monate tot, und deine Großmutter muß mit ihr ins Kino laufen – und das nur, um ins Kino zu rennen. Ein Vergnügen nach dem anderen! ... Geh' ich vielleicht aus? Pierre, du, als ihr Enkel, mußt mit ihr reden, ihr sagen, was wir von

19

20

21

22

23

24

ihrem Benehmen halten. Aber mach's nett! Ich könnte das nicht so, und mich mag sie auch nicht so, daß sie auf mich hören würde. Aber auf diesen Mr. Alphonse, auf den hört sie! Dauernd hocken sie bei ihm. Wenn man diese Type kennt! Du gehst jetzt gleich zu ihr, auf der Stelle!" „Nein!" Vater und Sohn kommen ins Handgemenge miteinander, Charlot muß eingreifen [24].

Rosalie ist bei Berthe zu Besuch. Berthe spielt Friseuse. Im Schlafzimmer kämmt sie Rosalie und probiert an ihr eine neue Frisur aus: kurze Zöpfchen. Beide können sich dabei vor Lachen kaum halten [25].
Später. Die beiden Frauen kommen auf die Gasse herunter. Von gegenüber, aus Ernests Gaststätte, werden sie von Pierre beobachtet. Ernest sagt ihm, daß er sein Zögern nicht versteht. „Schließlich sind das deine Kröten, die sie da verfressen, du Trottel. Dein Vater hat's begriffen. Aber: Bringt dich diese Rosalie am Ende durcheinander?" Pierre gibt sich einen Ruck, verläßt das Lokal und folgt den beiden Frauen in einem gewissen Abstand.
Sie gehen die Vorortgäßchen hinunter, bis sie bei der kleinen Schuhmacherwerkstatt von Alphonse ankommen. Alphonse ist vielleicht an die fünfzig. Groß, mit feiner Metallbrille, hemdsärmelig und in einer langen Lederschürze steht er in der Tür und verabschiedet gerade zwei Kundinnen mit ausgebreiteten Armen. Mit weltmännischer Geste begrüßt er die Ankommenden: „Salut, meine Freundinnen! Madame Berthe, die Unbeschwerte, und Rosalie, so schön wie nie!" [26]. Lachend lassen sie sich von ihm in die Werkstatt führen. Während Alphonse den Laden „dicht macht", staunt Berthe über die vielen Illustriertenbilder und Fotos an den Wänden: Bilder aus dem Algerienkrieg, aus Indochina, Bilder von schönen Frauen …
Sie treten ins Hinterzimmer ein. Dort sind schon „alle" versammelt: zwei ältere und zwei jüngere Männer. Die beiden Frauen werden herzlich gegrüßt. Einer der jüngeren hat offensichtlich eine besonders enge Beziehung zu Rosalie. Man ist zu einem Fernsehabend zusammengekommen. Dazu gibt's zuerst Kaffee, dann den schottischen Whisky, den Berthe zur allgemeinen Begeisterung mitgebracht hat [27].
Berthe interessiert sich sehr für die alte Handmühle an der Wand, mit der Alphonse den Kaffee mahlt. „Die Mühle ist aber alt, Alphonse." – „Das ist ein Andenken, Berthe. Man hängt nicht an Dingen, weil sie irgendwie aussehen, bißchen länger, bißchen dicker, schwarz oder weiß, Stromlinie oder nicht. Für mich bleibt eine Kaffeemühle eine Kaffeemühle." – „Aber es ist keine elektrische!" Alphonse lacht, Berthe ist mit seiner Reaktion nicht ganz zufrieden.
Pierre sieht von draußen zum Fenster herein und lauscht, unbemerkt [28]. Als im Fernsehen der Film von der „Tochter des Drachenkönigs" beginnt, hält er es mit dem Spionieren nicht mehr aus, läuft zur nächsten Gaststätte und verlangt einen Whisky; doch den gibt es dort nicht.

Februar. Albert diktiert seiner Frau einen Brief an Gaston [29]: „Was unsere Mutter betrifft, so weißt Du ja alles über ihre Verschwendungssucht und ihren Umgang. Der Winter war hart für mich, deshalb kann ich Dir noch nicht das versprochene Geld zurückzahlen. Ich arbeite jetzt allein in meinem Betrieb."

Mai. Berthe hat einen Altwarenhändler kommen lassen. Er wundert sich, aber sie will alles loswerden, was alt ist. Auf seine Zweifel hin zeigt sie ihm die Vollmacht, die sie von ihren Kindern bekommen hat. Dann kramt sie alles hervor und verkauft es: das alte Geschirr, die Kupferpfannen, ein Tischchen, einen Garderobenständer, einen Läufer, zwei Bilder, einen Werkzeugkasten, von den Familienfotos die Rahmen, von der Kleidung des Verstorbenen einen Hut, einen Stock ... [30].

Berthe kommt vom Notar. Außer ihrer Handtasche trägt sie eine große Tasche, in der sie wohl ihre geschäftlichen Papiere aufbewahrt. Im Straßencafé um die Ecke wird sie von Rosalie und Alphonse mit Spannung erwartet. Rosalie strahlt, Alphonse sagt „Ah!", als sie sich zu ihnen ans Tischchen setzt. Die Sache ist also klar. Das Ereignis kann mit einem großen Eis gefeiert werden – „mit viel Crème chantille" [31].
Ein paar Tage später. Berthe und Rosalie sind bei einem Autohändler. Berthe fragt Rosalie: „Wirst du denn auch fahren können?" „Klar!" Die beiden wollen einen gebrauchten 2 CV kaufen. Aber „da quietscht was", „die Leiste ist verbogen", „was ist das für ein Geruch", „gehen die Lampen auch, Rosalie, sieh nach", „wir möchten gern den Motor sehen" [32], „der ist aber klein": Berthe bringt den Verkäufer ordentlich ins Schwitzen. Doch nach allen Beanstandungen ist sie zufrieden, vor allem mit den zurückklappbaren Vordersitzen – „hopp, und schon ist's ein Bett". Sie zahlt bar, handelt aber den Preis runter: „Monsieur, ich habe nie in meinem Leben einen Fisch gekauft, ohne mir seine Kiemen anzusehen."

Pierre kommt mit seinem kleinen Bruder zu Besuch. Berthe freut sich. Sie wundert sich, daß Pierre und Rosalie sich mittlerweile kennen. „Komm, setz dich! Wie geht's dir? Komm doch mit uns, wir haben nämlich jetzt ein Auto. Heute gibt's unsere erste Fahrt, wir fahren ans Meer." Pierre soll steuern, Rosalie soll ihm dabei zusehen und noch etwas besser fahren lernen.
In einem Café im Hafengebiet. Berthe plaudert munter aus, was sie von ihren Söhnen hält: Gaston ist schon immer ein „Schulmeister" gewesen, stets ernst und fleißig, an Reichtum orientiert, seine Frau Simone ist „eine richtige Denkmaschine". – „Und Albert?" – Der ist immer noch stolzer als Gaston gewesen, aber dabei weich, ewig ungeschickt, immer irgendwo verletzt. Du wirst sehen, er läßt sich unterkriegen."
Der 2 CV hält neben der Küstenstraße. Berthe steigt aus [33] und blickt aufs Meer, auf die der Küste vorgelagerte Felseninsel. Aber Pierre hat nur gehalten, um Rosalie ans Steuer zu lassen. Es geht weiter: „Achtung, langsam kuppeln."
Etwas später, an einer anderen Stelle der Küste. Es ist dunkel geworden. „Hübsch, diese vielen kleinen Lichter. Pierre, zeig mir, wo mein Haus ist!" Berthe sieht glücklich aus [34]. Im Mondlicht steht sie zwischen den beiden jungen Leuten, sie hat sich bei ihnen untergehakt. „Da, da ist es, nein, weiter links." – „Das ist aber weit!" Auf der anderen Seite der Bucht, in der Ferne, sind die Lichter von L'Estaque zu erkennen. „Ich möchte jetzt nach Hause. Fahrt über den Hafen. Ich mag den Hafen. Ihr beiden könnt ja nachher weiter spazierenfahren. Es war sehr schön."

Überraschend kommt Gaston zu Besuch. Pierre ist mit dabei. „Tja,

37

38

39

40

41

42

Geschäfte hier in der Gegend, da bin ich direkt hierher ... Laß dich ansehen!" – „Na, und?" Gaston schaut die Mutter prüfend an, antwortet aber nicht. Also fragt Berthe: „Und Simone? Charles? Rose?" Sie erfährt nur erfreuliche Dinge.
„Tja, wie man hört, hast du neue Freunde. Wer ist dieser Schuster? Ist er so interessant?" [35]. – „Er hat viel gesehen." – „Und deine kleine Freundin?" – „Hör zu, Gaston, ich freue mich zu hören, daß es Simone und Charles gutgeht. Daß du gekommen bist. Du solltest öfters mal zu Rose gehen, sie ist allein. Was mich betrifft: ich muß jetzt fort." Damit steht sie auf und nimmt den Hut. „Ich möchte nicht wegfahren, ohne am Grab meines Vaters gewesen zu sein. Da hab' ich mir gedacht, du kommst mit." – „Du kannst allein hingehen, es ist leicht zu finden, es ist das dritte Grab von links in der siebten Reihe."
Gaston und Pierre gehen den Weg zwischen den Gräbern hinunter. „Alles in allem wirkt sie gar nicht unglücklich. Ich finde sie ganz munter." Pierre meint, daß die Großmutter „bloß glücklich" ist. Gaston hält das für die „Seligkeit der Armen im Geiste", aber Pierre protestiert: „Sie ist ganz und gar nicht verrückt. Sie – sie hat sich bloß geändert." [36].
Gaston besucht auch Albert. Der regt sich auf: „Schließlich ist das ganze Geld, das sie rausschmeißt, unser Geld. Du, Gaston, kannst das leichter hinnehmen." Doch Gaston entgegnet, daß auch für ihn ein Franc ein Franc ist. Es gibt ja auch so etwas wie Lebensstil und Lebensstandard!

Mitten in der Nacht. Berthe steht auf, sieht zum Fenster hinaus, zum Mond hinauf. Sie zieht sich einen leichten Mantel über und verläßt das Haus. Sie geht hinunter zum Hafen. An einer Böschung läßt sie sich nieder [37]. Ihre Haare fliegen im Wind. Mit wachen Sinnen nimmt sie alles in sich auf: den Wellenschlag in der Nähe, das Geflimmer in der Ferne, das Wasser mit den Spiegelbildern der Lichter, die langsame Bewegung der zwei Kähne da vorne in der Bucht. Sie lächelt [38].

August. Für Albert hat sich die schlechte geschäftliche Lage noch immer nicht geändert, und der Ärger über die Mutter ist der gleiche geblieben. Für Ernest, der mit Albert mal wieder telefoniert, ist die ganze Geschichte mit Berthe eher zum Lachen, ebenso für die Gäste aus der Nachbarschaft, die Ernest in seiner Gaststätte zuhören. „Ein Arzt soll zu ihr gehen? Ein Arzt? Was willst du dem sagen? Durcheinander wirkt sie überhaupt nicht, sie macht sich ein paar nette Tage, sie amüsiert sich. Und keiner kann ihr sagen, daß sie das nicht darf." [39].
Ernest hat offensichtlich von der bevorstehenden Abreise Berthes berichtet. Jetzt steht er mit zehn anderen Neugierigen [40] auf dem Bürgersteig und ist Zuschauer, wie Berthe in den 2 CV einsteigt, wie Rosalie und Alphonse Koffer um Koffer im Wagen verstauen [41], und wie dann die Fahrt losgeht, mit offenem Verdeck.

Ende August. Albert. Mit seiner Frau in der Küche stehend, wortlos an ihr vorbeiblickend. Allein bei Charlot sitzend, ruhelos, müde, mit einer Zigarette im Mundwinkel [42].
Zur gleichen Zeit: Strahlend, lachend kommen Rosalie und Alphonse mit Berthe aus einem Schuhgeschäft an der Quaipromenade von Toulon. Alphonse sieht besonders zufrieden aus. Er gibt

Berthe einen kräftigen Kuß [43]. Der Ladenbesitzer verabschiedet die drei: „Ja, also, Madame, wenn Sie durchaus meinen, daß mein Geschäft einen Geschäftsführer haben muß, und wenn Sie für die Aufwendungen persönlich aufkommen – allerdings, Schuhe in Selbstbedienung, und das hier …" Alphonse legt die Arme um die Schultern der beiden Frauen und zieht mit ihnen ausgelassen hinüber zur Quaimauer.

Albert bei Charlot an der Theke. Heute hat er an Gaston einen Brief geschrieben: „Meine Frau meint, ich hätte mich mit meiner Mutter ganz krank gemacht. Aber das wäre ja albern. Diesmal kann ich Dir über sie nichts schreiben, sie ist mit ihren Freunden verreist und keiner weiß, wo sie sind. Kein Brief, keine Karte. Sie scheinen Ferien zu machen. Wenn ich in den Zeitungen von all diesen Unfällen lese, habe ich Angst, daß sie eines Tages für ihr unwürdiges Benehmen bestraft werden könnte. Ich mach' mir Sorgen."
Charlot versucht, Albert die trüben Gedanken zu verscheuchen. Da läutet das Telefon neben der Theke: Ernest! „Sie sind gestern zurückgekommen. Es geht ihr glänzend!"

September. Alphonse, der Schuster, ist nach Toulon gezogen. Berthe und Rosalie haben ihn wehmütig verabschiedet. Sie sind auf dem Weg nach Hause. Rosalies Frage: „Was machen wir heute abend?" Berthes kaum hörbares „Hm." Dann doch ein Entschluß: „Wir gehen ins Kino." [44].

Abends. Pierre spielt mit seiner Gitarre in einer Band. Er singt, dann hören sie die Tonbandaufnahme ab. Das Telefon klingelt. Pierre geht hin. Rosalie ist am Apparat. Es dauert lang, bis er verstanden hat. „Wann? Sie ist … Hallo, hallo!" Rosalie hat eingehängt [45].

Wenig später. Albert und Pierre sind mit dem Lastwagen nach L'Estaque gekommen. Ernest hat sie empfangen. Während die beiden anderen zum Zimmer hinaufgehen [46], in dem die Tote auf dem Bett liegt, bleibt Pierre unten in der Küche [47]. Er kann hören, was Ernest berichtet: „Es ist oben im Zimmer passiert. Sie wollten ins Kino. Du kannst dir Rosalies Gesicht vorstellen. Auf einmal hat mich dieses Luder gebraucht. Du brauchst sie nicht zu suchen, sie ist abgehauen. Natürlich mit dem Auto. Genau wie Alphonse, der hat sich schon vorher verzogen. Der soll sich in Toulon einen ganz neuen Schuhladen gekauft haben. Wovon, das muß ich doch ja wohl nicht fragen. Bloß, Beweise wirst du garantiert keine finden. Ich laß' mir nicht ausreden: Sie hat ihm alles vermacht, und kein Gesetz der Welt hätte das verhindern können."
Pierre findet in der Küche zwei in Papier gewickelte Filmröllchen; außen auf dem Papier steht „Für Pierre", innen „Rosalie".

Einige Tage später. Pierre ist wieder zur Probe gekommen. Die anderen spielen schon. Er setzt sich abseits, nimmt die entwickelten Fotos aus der Tasche des Jacketts und betrachtet sie, langsam, eins nach dem anderen: Berthe in Toulon am Quai, am Strand; im Schatten eines Baumes, glücklich winkend; in der Altstadt; Arm in Arm mit Rosalie; Alphonse verabschiedend; zwischen Büschen und Bäumen unbeschwert die Arme ausbreitend, offenbar tanzend; den Hut in die untergehende Sonne werfend [48].

1 Der Beginn der Kalendergeschichte und des Films

Meine Großmutter war zweiundsiebzig Jahre alt, als mein Großvater starb. Er hatte eine kleine Lithographenanstalt* in einem badischen Städtchen und arbeitete darin mit zwei, drei Gehilfen bis zu seinem Tod. Meine Großmutter besorgte ohne Magd den Haushalt, betreute das alte, wacklige Haus und kochte für die Mannsleute und Kinder.

Sie war eine kleine, magere Frau mit lebhaften Eidechsenaugen, aber langsamer Sprechweise. Mit recht kärglichen Mitteln hatte sie fünf Kinder großgezogen – von den sieben, die sie geboren hatte. Davon war sie mit den Jahren kleiner geworden.

Von den Kindern gingen die zwei Mädchen nach Amerika, und zwei Söhne zogen ebenfalls weg. Nur der Jüngste, der eine schwache Gesundheit hatte, blieb im Städtchen. Er wurde Buchdrucker und legte sich eine viel zu große Familie zu.

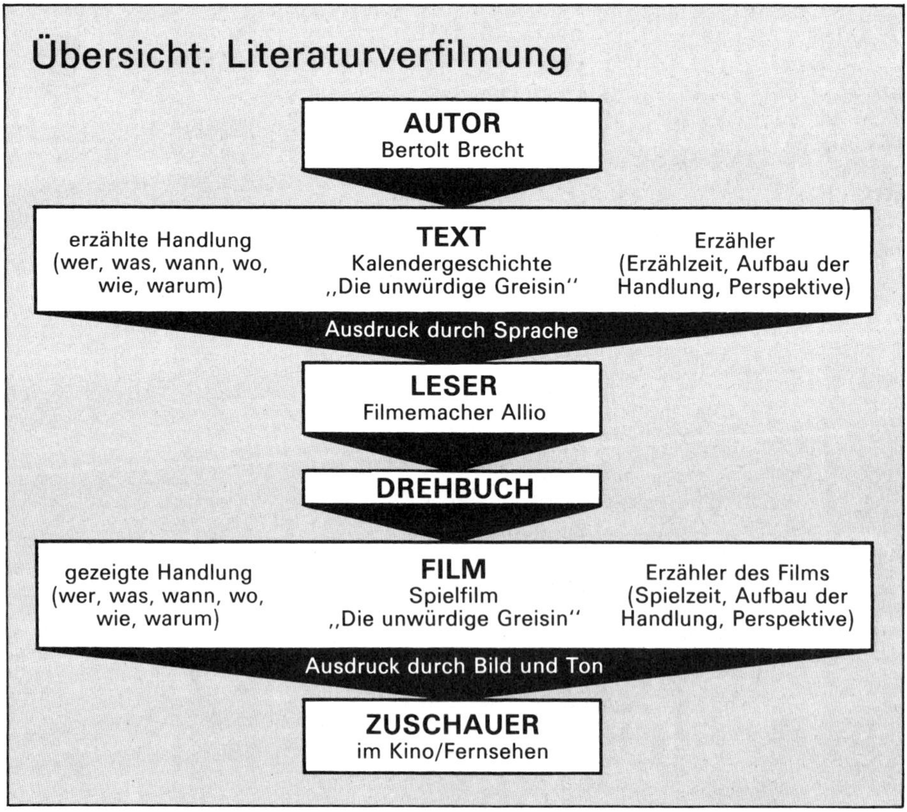

René Allios
Film
„Die unwürdige Greisin"

Filmbild (Auswahl)	Filmton

Der Filmzuschauer hört ein Chanson des französischen Sängers Jean Ferrat, das frei übersetzt folgenden Wortlaut hat:

Man heiratet früh mit 20
Und man wartet nicht lange,
Um sich 3 oder 4 Kinder anzuschaffen,
Die einen rund um die Uhr beschäftigen
Mit dem Einkaufen und dem Geschirrspülen,
Mit dem Putzen und dem Kochen;
Die Welt kann den Bach hinuntergehen,
Man hat keine Zeit, daran zu denken.

Refrain:
Soll man darüber weinen oder lachen?
Ist sie zu beneiden, oder zu bedauern?
Ich vermag es nicht zu sagen,
Man sieht nicht den Lauf der Zeit.

Ein Duft von einem dampfenden Kaffee,
Das macht ihre Welt aus,
Die spielenden Kinder, der rauchende Mann,
Die Tage laufen rückwärts,
Kaum sieht man die Kinder auf die Welt kommen,
Schon muß man sie mit einem Kuß verabschieden;
Und in den Fenstern
hängt die Erinnerung an die Jugend.

Refrain:
Soll man darüber ...

Ihre Sonntage bestanden nur aus einem
Frisch gebügelten Anzug, aus ein paar
Blumen oder Zweigen, die das
Eßzimmer schmückten.
Und ihr ganzes Leben besteht nur noch
Aus Millionen sinnentleerter Schritte,
Gefangen zwischen Tisch und Schrank
Wie zwischen Hammer und Amboß

Refrain:
Soll man darüber ...

2 Ausschnitte aus der Kalendergeschichte und dem Film

Die neue Situation der Greisin

Kalendergeschichte:

Die Kinder schrieben sich Briefe über das Problem, was mit ihr zu geschehen hätte. Einer konnte ihr bei sich ein Heim anbieten, und der Buchdrucker wollte mit den Seinen zu ihr ins Haus ziehen. Aber die Greisin verhielt sich abweisend zu den Vorschlägen und wollte nur von jedem ihrer Kinder, das dazu imstande war, eine kleine geldliche Unterstützung annehmen. Die Lithographenanstalt, längst veraltet, brachte fast nichts beim Verkauf, und es waren auch Schulden da.

Die Kinder schrieben ihr, sie könne doch nicht ganz allein leben, aber als sie darauf überhaupt nicht einging, gaben sie nach und schickten ihr monatlich ein bißchen Geld. Schließlich, dachten sie, war ja der Buchdrucker im Städtchen geblieben.

Film:

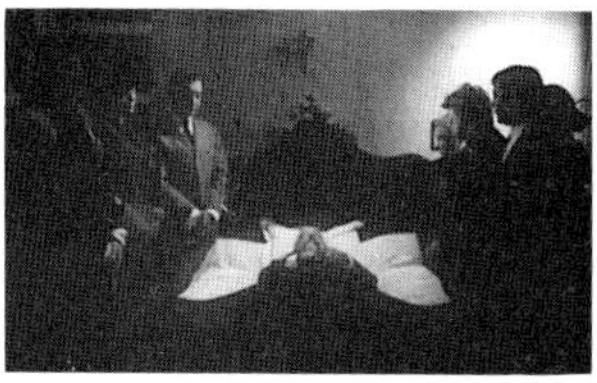

Bild 1: Die Familie am Bett des toten Vaters

Bild 2: Albert hofft, das Haus erben zu können

Bild 3: Mutter Berthe denkt über ihre Zukunft nach

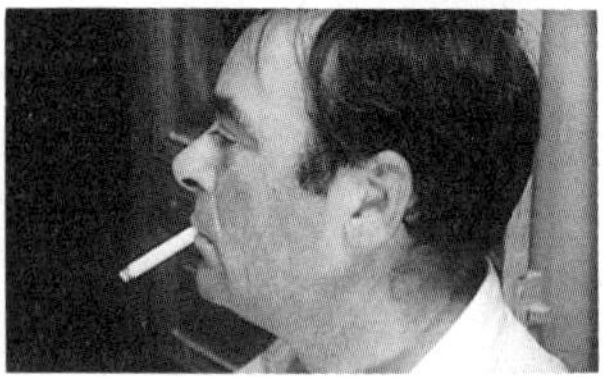

Bild 4–8: Kameraschwenk: Der Familienrat tagt: Der Kontakt der Familienmitglieder untereinander wird ins Bild gesetzt. Was soll mit Mutter Berthe geschehen? Berthe wendet sich an ihre Tochter Rose und Sohn Gaston: „Hab schönen Dank, Gaston, und du auch, meine Rose. Aber ich werde nicht zu euch ziehen. Es ist mir lieber, ich lebe allein." Gestik und Mimik zeigen die Beziehungen der Familienmitglieder untereinander.

Bild 9 (rechts): Sohn Robert: „Wovon willst du leben, meine kleine Berthe?" Berthe: „Wenn mir jeder von euch so ein klein bißchen was gibt . . ."

Ein neues Leben?

Kalendergeschichte:
So war sie allein im Haus, als mein Großvater gestorben war.
[...]
In Wirklichkeit lebte meine Großmutter auch diese letzten Jahre keinesfalls üppig. Wenn sie nicht im Gasthof aß, nahm sie meist nur ein wenig Eierspeise zu sich, etwas Kaffee und vor allem ihren geliebten Zwieback. Dafür leistete sie sich einen billigen Rotwein, von dem sie zu allen Mahlzeiten ein kleines Glas trank.
Film:

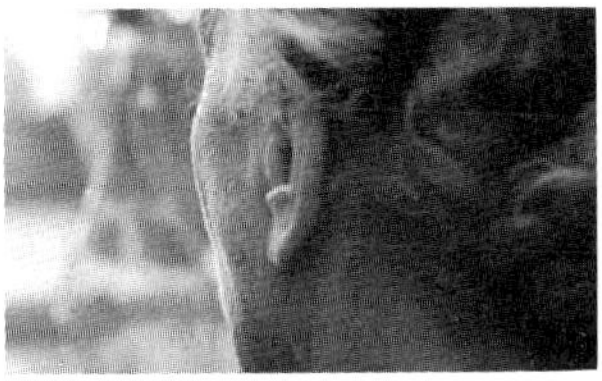  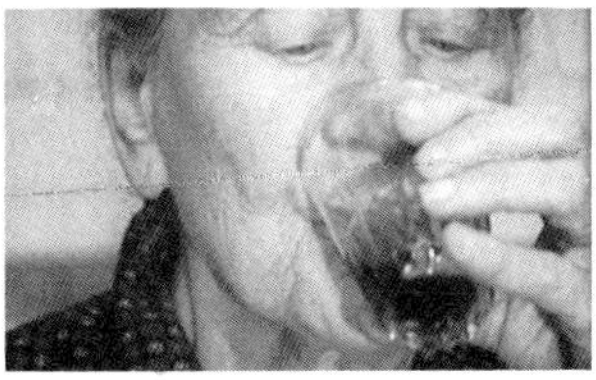

Auf neuen Wegen

Kalendergeschichte:
Der Buchdrucker übernahm es auch, seinen Geschwistern mitunter über die Mutter zu berichten. Seine Briefe an meinen Vater und was dieser bei einem Besuch und nach dem Begräbnis meiner Großmutter zwei Jahre später erfuhr, geben mir ein Bild von dem, was in diesen zwei Jahren geschah.
Es scheint, daß der Buchdrucker von Anfang an enttäuscht war, daß meine Großmutter sich weigerte, ihn in das ziemlich große und nun leerstehende Haus aufzunehmen. Er wohnte mit vier Kindern in drei Zimmern. Aber die Greisin hielt überhaupt nur eine sehr lose Verbindung mit ihm aufrecht. Sie lud die Kinder jeden Sonntagnachmittag zum Kaffee, das war eigentlich alles.
Sie besuchte ihren Sohn ein- oder zweimal in einem Vierteljahr und half der Schwiegertochter beim Beereneinkochen. Die junge Frau entnahm einigen ihrer Äußerungen, daß es ihr in der kleinen Wohnung des Buchdruckers zu eng war. Dieser konnte sich nicht enthalten, in seinem Bericht darüber ein Ausrufezeichen anzubringen.
Auf eine schriftliche Anfrage meines Vaters, was die alte Frau denn jetzt so mache, antwortete er ziemlich kurz, sie besuche das Kino. Man muß verstehen, daß das nichts Gewöhnliches war, jedenfalls nicht in den Augen ihrer Kinder. Das Kino war vor dreißig Jahren noch nicht, was es heute ist. Es handelte sich um elende, schlecht gelüftete Lokale, oft in alten Kegelbahnen eingerichtet, mit schreienden Plakaten vor dem Eingang, auf denen Morde und Tragödien der Leidenschaft angezeigt waren. Eigentlich gingen nur Halbwüchsige hin oder, des Dunkels wegen, Liebespaare. Eine einzelne alte Frau mußte dort sicher auffallen. Und so war noch eine andere Seite dieses Kinobesuchs zu bedenken. Der Eintritt war gewiß billig, da aber das Vergnügen ungefähr unter den Schleckereien rangierte, bedeutete es „hinausgeworfenes Geld“. Und Geld hinauszuwerfen war nicht respektabel.

Film:

Erkundungen im heimatlichen Vorort L'Estaque: Berthe läßt die alte Julienne stehen . . . wendet sich der Jugend zu . . . und folgt den jungen Leuten, die zu einem Kino gehen.

Ausflug in die City von Marseille: Berthe schwimmt im Menschenstrom mit . . ., interessiert sich für die Wühltische vor einem großen Kaufhaus . . . und staunt über das Angebot in der Haushaltswarenabteilung.

Besuch beim Sohn Albert: ,,Mit dir haben wir nicht mehr gerechnet, Mama!'' . . . doch Berthe will nur kurz bleiben. Albert ist enttäuscht: ,,Dir ist es wohl zu eng in unserer kleinen Wohnung?'' Berthe: ,,Ein bißchen eng ist es schon . . .''

Albert macht sich Luft: Nach Berthes Abschied, Albert zu seiner Frau: ,,Ich sitze mit meiner Familie hier in diesem ekelhaften Loch. . ., schufte wie ein Kuli, bloß um sie mitzuernähren. . . und dabei steht das Haus in L'Estaque praktisch leer!''

Entdeckungsreise durchs Kaufhaus: Berthe ist von Albert aus in die Stadt gegangen: Im Kaufhaus läßt sie sich eine Parfümprobe auf die Hand sprühen . . . fährt ausgiebig Rolltreppe . . . und beobachtet ein hübsches Mädchen in der Hutabteilung . . .

Neuartige Genüsse: Nach dem Kaufhausbummel ein Mußestündchen im Park auf einer Bank. . ., dann im Straßencafé ein großes Eis mit Sahne. . . und für die Heimfahrt eine bequeme Pferdedroschke.

Familie und neue Freunde

Kalendergeschichte:

Dazu kam, daß meine Großmutter nicht nur mit ihrem Sohn am Ort keinen regelmäßigen Verkehr pflegte, sondern auch sonst niemanden von ihren Bekannten besuchte oder einlud. Sie ging niemals zu den Kaffeegesellschaften des Städtchens. Dafür besuchte sie häufig die Werkstatt eines Flickschusters in einem armen und sogar etwas verrufenen Gäßchen, in der, besonders nachmittags, allerlei nicht besonders respektable Existenzen herumsaßen, stellungslose Kellnerinnen und Handwerksburschen. Der Flickschuster war ein Mann in mittleren Jahren, der in der ganzen Welt herumgekommen war, ohne es zu etwas gebracht zu haben. Es hieß auch, daß er trank. Er war jedenfalls kein Verkehr für meine Großmutter.

Der Buchdrucker deutete in einem Brief an, daß er seine Mutter darauf hingewiesen, aber einen recht kühlen Bescheid bekommen habe. „Er hat etwas gesehen", war ihre Antwort, und das Gespräch war damit zu Ende. Es war nicht leicht, mit meiner Großmutter über Dinge zu reden, die sie nicht bereden wollte.

Etwa ein halbes Jahr nach dem Tod des Großvaters schrieb der Buchdrucker meinem Vater, daß die Mutter jetzt jeden zweiten Tag im Gasthof esse.

Was für eine Nachricht!

Großmutter, die zeit ihres Lebens für ein Dutzend Menschen gekocht und immer nur die Reste aufgegessen hatte, aß jetzt im Gasthof!

Was war in sie gefahren?

Film:

Albert hat seinen Sohn Pierre beauftragt, Berthe nachzuspionieren. Pierre folgt Berthe und Rosalie, als sie das Haus verlassen. . . Die beiden gehen zum Flickschuster Alphonse, der sie herzlich begrüßt. . . Als Albert dies erfährt, diktiert er seiner Frau einen Brief an Gaston, in dem er sich über das „unwürdige Benehmen" der Mutter beschwert.

3 Der Schluß der Kalendergeschichte und des Films

Kalendergeschichte:

Genau betrachtet lebte sie hintereinander zwei Leben. Das eine, erste, als Tochter, als Frau und als Mutter und das zweite einfach als Frau B., eine alleinstehende Person ohne Verpflichtungen und mit bescheidenen, aber ausreichenden Mitteln. Das erste Leben dauerte etwa sechs Jahrzehnte, das zweite nicht mehr als zwei Jahre. [...] Sie hatte die langen Jahre der Knechtschaft und die kurzen Jahre der Freiheit ausgekostet und das Brot des Lebens aufgezehrt bis auf den letzten Brosamen.

Film:

Berthe ist tot. Als Pierre das Haus der toten Großmutter betritt, findet er in der Küche zwei in Papier gewickelte Filmröllchen; außen auf dem Papier steht „Für Pierre", innen „Rosalie".
Einige Tage später. Pierre ist bei der Probe seiner Musikgruppe. Während die Band die Melodie des Chansons von Jean Ferrat übt, das zu Beginn des Films schon zu hören war (siehe S. 201), setzt sich Pierre abseits und betrachtet die mittlerweile entwickelten Fotos. Sie zeigen seine Großmutter Berthe in ihren letzten Lebensmonaten:
Berthe mit Rosalie im Urlaub, zusammen mit dem lebenslustigen Flickschuster Alphonse, Berthe mit jugendlichem Schwung auf einem Ausflug, Berthe glücklich winkend, den Hut in die Sonne werfend.
Während diese Fotos in Großaufnahme gezeigt werden, hört man gleichzeitig einen Sprecher, der die obigen Schlußworte aus Brechts Kalendergeschichte rezitiert.

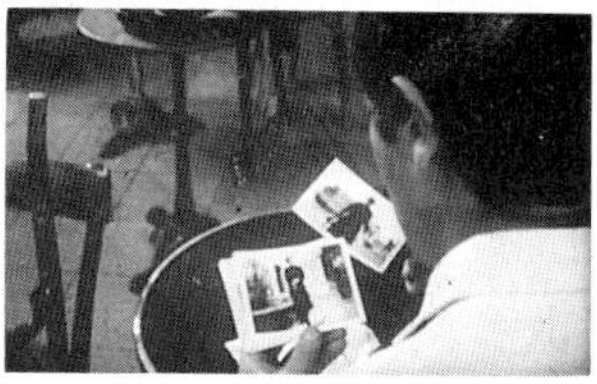

Wort- und Sacherklärungen

Seite

8 **solenner Minnedienst:** feierliches Liebeswerben
8 **Foulard:** leichtes Seidentuch, Halstuch
11 **alabastern:** so weiß wie (Alabaster-)Gips
13 **Fatum:** Schicksal, Vorsehung, Weltordnung
14 **Inquisitoren:** Untersuchungsrichter, die über die Einhaltung von Glauben und Sitte wachen. Ursprünglich Bezeichnung für katholische Oberpriester, die Ungläubige und Ketzer verfolgten
14 **Katechismus:** Lehrbuch, in Frage- und Antwortform verfaßt (besonders für den kirchlichen Bereich). Hier ist das Wort im Sinne von „Kartei" verwendet
15 **Larven:** Gesichtsmasken
15 **Cœurdame:** Herzdame, Herzensbrecherin
15 **Rokoko:** Kunststil, entstanden zwischen ca. 1720 und 1780. Rokokomöbel sind zierlich und verspielt
15 **Quadrille:** beliebter Tanz im 19. Jahrhundert, wird von je vier Paaren im Viereck getanzt
15 **Galopp:** im 19. Jahrhundert beliebter schneller Rundtanz im ¾Takt
15 **Napoleon III.:** französischer Kaiser von 1852 bis 1870, der eine prächtige Hofhaltung liebte. Die **schöne Eugenie** wurde 1853 seine Frau
15 **Scharaden:** (frz.) Rätsel, bei denen das Lösungswort in Einzelsilben zerlegt wird, die dann mit Worten umschrieben oder pantomimisch dargestellt werden
15 **Honoratioren:** angesehene, wohlhabende Bürger der Stadt
19 **Quarta:** alte Bezeichnung für die 3. Klasse eines Gymnasiums; entspricht der heutigen Klasse 7
19 **Jarde:** berlinerisch für Garde. Die Garde war in Preußen die Elitetruppe
19 **Train:** Truppe, die im Krieg den Nachschub organisieren mußte. Für den Train wurden Soldaten ausgesucht, die körperlich für den Kampf an der Front nicht tauglich schienen
20 **Bleyleanzug:** blauer Strickanzug für Kinder; von der Bekleidungsfirma Bleyle; aus robustem Material; meist mit kurzen Hosen, Latz und Matrosenkragen. In der ersten Hälfte unseres Jahrhunderts beliebte Kinderbekleidung
21 **Flottenverein:** 1898 gegründeter, militärisch orientierter Verein, der sich zum Ziel gesetzt hatte, der Welt Deutschlands Größe durch den Aufbau einer mächtigen Kriegsflotte zu demonstrieren. Hatte 1914 ca. 1,1 Mill. Mitglieder
22 **dispensieren:** befreien, beurlauben
23 **Mazzen:** Matzen (hebräisch), runde Brotfladen aus Weizenmehl
23 **Trimester:** früher waren die Schuljahre in drei Trimester statt in zwei Halbjahre unterteilt. 1 Trimester = 3 Monate
24 **renitent:** widerspenstig, widersetzlich
24 **Asket:** enthaltsam, selbstgenügsam lebender Mensch. Luise Rinser will hier andeuten, daß sie vom Essen her nicht verwöhnt war
25 **Patronat:** Schirmherrschaft, Fürsorge, Schutz
25 **lethargisch:** (griech.) träge, schläfrig
25 **Hannibal:** karthagischer Feldherr und Staatsmann (247 v. Chr. – 183 v. Chr.). Führte Krieg gegen Rom. Floh 195 v. Chr. vor den Römern nach Kleinasien, wo er sich 183 v. Chr. aus Furcht vor Auslieferung vergiftete
26 **Metropole:** Hauptstadt, Zentrum eines Staates
27 **Kontor:** Büro eines Geschäftsmannes. Peter Weiss' Vater war Textilfabrikant
27 **frivol:** leichtfertig, schamlos
28 **obszön:** unanständig
28 **Passe:** Schulterpolsterung an Kleidern und Blusen
28 **„wäre die Farm bloß ein Erfolg gewesen":** Marthas Eltern sind von England nach Rhodesien ausgewandert, in der Hoffnung, dort reich und angesehen zu werden. Aber alle Versuche mißlangen, worunter besonders die ehrgeizige Mutter, die vom Aufstieg der Familie in die gehobene Gesellschaft träumt, leidet

Seite

29 **Snobismus:** Vornehmtuerei
29 **„Benzinkanisterschrank":** Der Kleiderschrank von Marthas Eltern besteht aus aufgeschnittenen, übereinandergestapelten Benzinkanistern. Dies zeigt deutlich die Armut und die schlechte Lage der Familie
29 **Diabetes:** Zuckerkrankheit
32 **Sechser:** Sechs Pfennig, Geldmünze in den dreißiger Jahren, in denen die Geschichte spielt
35 **Pfaffen und Laien:** Pfarrer und einfache Christen
38 **Luna:** (lat.) dichterischer Ausdruck für Mond
42 **Triften verkarsten:** Viehweiden verkümmern durch falsche Nutzung (z. B. Skipiste) oder Vernachlässigung
45 **Platane:** Laubbaum, der in der Stadt gerne als natürliches Sonnendach in Straßen genutzt wird
46 **Utopia:** (griech.: Nirgendwo) Der englische Staatsmann Thomas Morus (1478–1535) hat in seiner Schrift „Utopia" aus der Kritik der bestehenden Zustände eine zukünftige Gesellschaft entworfen. Kunert verwendet in seinem Gedicht den Begriff „Utopia" in ironischer Wendung
47 **Skabiose:** Grindkraut, blühendes 20–50 cm hohes Sommergewächs
49 **Duden:** Lexikon, das nach seinem Begründer Konrad Duden (1829–1911) benannt ist
49 **Mensa:** Speisesaal für Studenten
50 **Kartaune:** schweres Vorderladergeschütz des 16./17. Jahrhunderts
52 **Ymuiden:** Stadtteil von Amsterdam
52 **Invasion:** Einmarsch (Amsterdam ist von deutschen Truppen besetzt; Anne wartet auf den Einmarsch der alliierten Truppen, der ihr und anderen Juden ermöglichen würde, aus ihrem Versteck zu kommen)
52 **Kommuniqué:** amtliche Mitteilung über die Ergebnisse einer Konferenz, Tagung etc.
53 **D-day:** Domesday (engl.) = Gerichtstag. Losungswort der alliierten Truppen für die geplante Befreiung Westeuropas von der Besetzung durch Hitlerdeutschland
53 **Pim, v. Daan:** Annes holländische Nachbarn
54 **Guernica:** 1937 zerstörte die hitlerdeutsche „Legion Condor", die den faschistischen General Franco bei seinem Putsch gegen die demokratisch gewählte spanische Regierung unterstützte, den baskischen Wallfahrtsort Guernica durch einen Luftangriff total. Diese Aktion hatte für Hitler und seine Militärs den Sinn, die systematische Bombardierung einer Stadt mit neuentwickelten Spreng- und Brandbomben zu erproben. Picasso malte sein Bild „Guernica" noch im selben Jahr, um die Welt auf dieses unmenschliche Verbrechen aufmerksam zu machen
54 **Hiroshima:** Am 6. August 1945 warf ein amerikanisches Bombenflugzeug die erste Atombombe über der japanischen Küstenstadt Hiroshima ab, was 78 000 Tote, 38 000 Verwundete und 14 000 Vermißte zur Folge hatte (Zahlen nach Fischer Lexikon). Die militärische Notwendigkeit dieser Aktion ist umstritten; wahrscheinlich ging es den USA in erster Linie um die praktische Erprobung der neuen Waffe und die Demonstration ihrer Stärke als Weltmacht
56 **Napalm:** Brandbombe, die sich beim Aufschlag von selbst entzündet und praktisch nicht löschbar ist. Die brennende Masse haftet überall und entwickelt eine Temperatur von mehr als 2000 °C. Von den USA massiv im Vietnamkrieg eingesetzt; hierauf bezieht sich Günter Grass in seinem Gedicht. Neuerdings auch von der UdSSR im Afghanistankrieg verwendet
56 **Raster:** Netz von Farbpunkten, in das eine Fotografie für die Wiedergabe in Büchern und Zeit-

Seite

schriften aufgelöst wird. Je dichter das Netz (der Raster) ist, und je feiner die Punkte, desto besser ist die Bildqualität. Zeitungsbilder haben aus drucktechnischen und Kostengründen meist sehr grobe Raster, so daß die Farbpunkte oft mit bloßem Auge sichtbar sind

60 **Siebenarmiger Leuchter:** Im Juden- und Christentum ein Symbol des Glaubens

63 **Il tempo, Messagero:** (italienisch: Zeit, Kurier) auflagenstarke italienische Zeitungen

63 **„molto bessa wiar owei vino, geia?"** Kauderwelsch aus bayerisch und italienisch: viel besser wie alleweil Wein, gell?

71 **„Der internationale Teil des Flensburger Bahnhofs war mit Stacheldraht umzäunt":** Hierdurch sollte der Schmuggel und Schwarzhandel, der im verarmten Nachkriegsdeutschland blühte, unter Kontrolle gebracht werden

72 **Quisling-Sympathisanten:** Norweger, die mit der faschistischen Partei des Norwegers Quisling sympathisierten, der mit Hitlers Hilfe zwischen 1940 und 1945 im von deutschen Truppen besetzten Norwegen die Regierung an sich riß. Er wurde 1945 wegen Zusammenarbeit mit dem Feind zum Tode verurteilt

76 **Sarma:** Türkische Krautwickel

78 **Menderes:** Adnan Menderes (1899–1961), türkischer Politiker, Mitbegründer der Demokratischen Partei, 1950–1960 türkischer Ministerpräsident; wurde 1960 durch einen Militärputsch entmachtet und zum Tode verurteilt

80 **„in Galizien mit den Deutschen gekämpft":** Die Türkei war im Ersten Weltkrieg (1914–1918) Verbündeter des Deutschen Reiches. Galizien, eine Landschaft an der heutigen südpolnisch-sowjetrussischen Grenze, war im Ersten Weltkrieg stark umkämpft

81 **Airan:** Türkisches Joghurtgetränk

84 **Schweiz:** Der schweizerische Schriftsteller Max Frisch hat diesen Text anläßlich einer Volksbefragung zum „Ausländerproblem" in der Schweiz geschrieben

84 **Ideologie:** hier: durchdachte Weltanschauung

84 **Reflex:** hier: spontane, wenig durchdachte Reaktion

86 **Infanteriegewehr:** Gewehr des Fußsoldaten

86 **Sewastopol:** sowjetrussische Hafenstadt auf der im Schwarzen Meer gelegenen Halbinsel Krim. Im Zweiten Weltkrieg (1939–1945) von deutschen und sowjetischen Truppen hart umkämpft

86 **Panjewagen:** Wagen für die mittelgroßen osteuropäischen Panjepferde

88 **Aserbeidschan:** historische Landschaft an der sowjetrussisch-iranischen Grenze, südlich des Kaukasus-Gebirges

89 **Ikonen:** in der russisch-orthodoxen Kirche verbreitete, auf Holz gemalte Heiligenbilder

89 **domoi:** (russisch) nach Hause

90 **Partisanen:** bewaffnete Widerstandskämpfer, die in ihrer vom Feind besetzten Heimat kämpfen

90 **Trockendock:** schleusenähnliche Vorrichtung zum Bau und zur Reparatur von Schiffen. Durch Herauspumpen des Wassers wird das Schiff trokken auf den Boden des Docks gesetzt. Nach Beendigung der Arbeit wird das Dock wieder geflutet, so daß das Schiff aus dem Dock hinausschwimmen kann. Vor Erfindung des Trockendocks mußte das Schiff auf einer schrägen Ebene ins Wasser rutschen, was nicht ungefährlich war

90 **Toulon:** franz. Hafenstadt am Mittelmeer

90 **Seearsenal:** Geräte- und Waffenlager der Marine

90 **Galeerensträfling:** Bis ins 19. Jahrhundert wurden in Frankreich Schwerverbrecher als Rudersklaven auf Kriegsschiffe verbannt

93 **brüsk:** schroff, barsch, rücksichtslos

95 **Kaskaden:** Wasserfälle, Sturzfluten

95 **Kordon:** Postenkette, Reihe

98 **Krieg:** Der 2. Weltkrieg (1939–1945)

98 **Trümmerfrauen:** Frauen, deren Arbeit es im Krieg und danach war, aus den zerstörten Häusern die wiederverwendbaren Baumaterialien zu bergen

Seite

98 **Elektroapparatewerke J. W. Stalin in Berlin-Treptow:** Die Benennung nach dem Sowjetführer Stalin (1879–1953) zeigt, daß die Fabrik im sowjetisch besetzten Sektors Berlins liegt

98 **konvertieren:** von einem Glauben zum anderen überwechseln

99 **grüne Grenze:** In den ersten Jahren nach dem Kriegsende 1945 war die Grenze zwischen der sowjetischen Besatzungszone und den anderen Zonen noch nicht mit Stacheldraht befestigt; man konnte deshalb noch relativ einfach die Zonengrenze ohne Genehmigung irgendwo im Grünen überschreiten

99 **Genehmigung für eine Reise in die amerikanische Zone:** Um rechtmäßig von einer Besatzungszone in eine andere gehen zu dürfen, mußte man unter Angabe von Gründen einen „Passierschein" beantragen. Der Wohnort des Sohnes in Freising/Oberbayern lag in der amerikanischen Zone

100 **Buntmetall:** Sammelbezeichnung für farbige Metalle, wie Kupfer, Blei, Zink, Zinn, Nickel usw. Da Metall in der Nachkriegszeit für den Wiederaufbau besonders wichtig war, wurde der Schmuggel dieser Metalle streng verfolgt

100 **Leibesvisitation:** Durchsuchung der Kleidung

100 **Schieber:** Schwarzhändler, die durch Verschieben von Waren in Gegenden, wo diese knapp waren, große Gewinne machten

103 **Nîmes:** franz. Stadt in Südfrankreich

103 **Hugenotten:** franz. Protestanten. Wurden im 16. Jahrhundert vom franz. Staat blutig verfolgt, da der Katholizismus offizielle Staatsreligion war

103 **Harnisch:** Ritterrüstung

105 **Brünne:** Panzer- oder Kettenhemd der Ritter

105 **Ringe:** Die Bauchpartie der Ritter war durch Eisenringe geschützt

105 **Otacher:** Odoaker, germanischer Fürst, der 476 durch einen Putsch zum weströmischen König wurde. Seinerseits 489 von dem Ostgotenkönig Theoderich (Dietrich von Bern) besiegt

105 **Dietrich von Bern:** wahrscheinlich auf den Ostgotenkönig Theoderich d. Gr. (453–526), der in Ravenna (Oberitalien) regierte, zurückgehende Sagengestalt

105 **Degen:** Ritter, Gefolgsleute, Kampfgefährten

105 **Versippter:** Verwandter (der Sippe zugehörig)

105 **Baugen:** Spiralförmig gewundene Armreifen

106 **der Hunnen Herr:** Die aus Ostasien stammenden Hunnen gründeten unter ihrem König Attila (Etzel) im 5. Jahrhundert in der Donauebene ein Reich. Der Sage nach sollen Dietrich von Bern und Hildebrand, aus ihrer Heimat vertrieben, eine Zeitlang Gefolgsmannen Attilas gewesen sein (vgl. Nibelungensage)

105 **Ger:** germanischer Wurfspieß

106 **Wendelmeer:** (Vandalenmeer), Mittelmeer

106 **Eschenschäfte:** Lanzen aus hartem Eschenholz

106 **lindenen:** Schilde aus Lindenholz

106 **lützel:** wenig, klein

106 **zerwirkt:** zerhauen

107 **Ödipus:** Auf dem Hause König Ödipus von Theben lag ein Fluch. Ödipus hatte unwissentlich seinen Vater erschlagen und seine Mutter geheiratet

107 **Theben:** antike griechische Stadt nordwestlich von Athen

107 **Argos:** antike griechische Stadt auf der peloponnesischen Halbinsel

108 **Hades:** Hölle, Unterwelt

108 **Seher:** Wahrsager; hatte im antiken Griechenland eine priesterähnliche Stellung

109 **Schnitt:** Gewinn; Mutter Courage will sich ein Teil vom Kriegsgewinn abschneiden

109 **Marketender:** fahrender Händler, der früher mit den Kriegstruppen zog und den Soldaten Nahrungsmittel und Gebrauchsgüter verkaufte

110 **„Ich dien nicht die Katholischen":** Der Dreißigjährige Krieg war am Anfang ein Glaubenskrieg, in dem Katholiken und Protestanten gegeneinander

Seite

kämpften. Die Stadt Halle, in deren Nähe die Szene spielt, ist eine evangelische Stadt; sie wird deshalb nun von den katholischen kaiserlichen Truppen angegriffen

116 **Gulliver, Brobdignag:** Der englische Schriftsteller Jonathan Swift (1667–1745) hat in seinem Roman „Gullivers Reisen" seinen Helden Gulliver u. a. in ein Land namens Brobdignag kommen lassen, das von Riesen bewohnt wird

116 **Eldorado:** sagenhaftes Goldland, das früher in Amerika vermutet wurde

116 **Menuett:** zierlicher französischer Tanz

116 **Otahiti:** Tahiti, Insel in der Südsee

118 **lunarisch:** Adjektiv zu Luna (Mond)

118 **inkognito:** unerkannt

119 **Projektil:** Geschoß

119 **Zenit:** Scheitelpunkt, höchster Punkt

119 **Tampa Town:** Stadt auf der nordamerikanischen Halbinsel Florida. Jules Verne hat seine Abschußrampe fast genau dort plaziert, wo 80 Jahre später tatsächlich das US-Mondfahrtzentrum Kap Kennedy errichtet wurde

120 **Chowder:** Eintopf aus Fisch, Speck, Kartoffeln und Milch

120 **Opossum:** Beutelratte

120 **Julep:** alkoholisches Eisgetränk

120 **Cribbage, Whist, Vingt-en-un, Rouge et noir, Monte, Faro:** Kartenspiele

121 **Phöbe:** Beiname der griechischen Mondgöttin Selene

121 **J. T. Maston:** Sekretär des Gun-Clubs

121 **Columbiade:** Die vom Gun-Club konstruierte Riesenkanone für den Abschuß des bemannten Mondgeschoßes

122 **Chronometer:** Zeitmesser, besonders genaue Uhr

123 **Logbuch:** Schiffstagebuch

123 **Meteore:** kleine Himmelskörper, die bei Eintritt in die Erdatmosphäre meist verglühen

124 **Seleniten:** Mondbewohner; selene (griechisch): Mond

125 **Asyl:** Obdachlosenheim

127 **parabolische Bahn:** die Stangen beschreiben die geometrische Figur einer Parabel

127 **phosphoreszierend:** auch bei relativer Dunkelheit leuchtend

128 **Paraboloid:** geometrische Figur

129 **„ausgedörrt und tot":** Wells beschreibt zu Beginn des Romanes, daß die Pflanzen auf dem Mond morgens bei Sonnenaufgang rasch aus dem Boden wachsen und am Mittag den ganzen Mond bedecken. Am Abend verwelken sie wieder, um schließlich in der eisig kalten Mondnacht zu Staub zu zerfallen

133 **Gold:** während der Gefangenschaft im Inneren des Mondes haben Cavor und Bedford entdeckt, daß alle metallischen Gegenstände der Mondbewohner aus Gold gemacht sind

139 **Secret Sercive Agent:** Geheimdienstmann

141 **Dekompression:** (Druckminderung) Der Mond hat keine Lufthülle (Atmosphäre) wie die Erde. Im Raumschiff herrscht aber irdischer Luftdruck. Deshalb muß vor dem Ausstieg in einer Schleuse eine Druckangleichung stattfinden.

144 **NASA:** (National Aeronautics and Space Administration) US-Behörde für die Raumfahrt

144 **Paraplü:** Regenschirm

149 **bürgerliche Konvention:** Übereinkunft der bürgerlichen Gesellschaft für ihr Zusammenleben; Summe der gültigen Normen, Sitten, Gebräuche, denen sich der einzelne Bürger in dieser Gesellschaft zu unterwerfen hat. So muß z. B. in der bürgerlichen Gesellschaft jeder Bürger bei seiner Geburt registriert werden und sich sodann später an seinem jeweiligen Wohnort beim Einwohnermeldeamt anmelden. Korf hat dies offensichtlich versäumt, weshalb er nun ein „geharnischt Formular" bekommt, über dessen Ton er sich ärgert

150 **Inflation:** Geldentwertung

150 **Leipzig, Kant, Gotisch, Börse, Büro:** Erich Kästner studierte 1919–1925 in Leipzig die Fächer Germanistik, Philosophie und Theatergeschichte; hierbei lernte er das Werk des Philosophen Immanuel Kant (1724–1804) und die gotische Sprache kennen. Nebenbei arbeitete er als Werkstudent in einem Büro als Geldbote

151 **renommieren:** angeben, prahlen

152 **Visage:** verächtlich für: Gesicht

152 **Mikroben:** mit bloßem Auge nicht sichtbare Kleinlebewesen

152 **Inzest:** Inzucht

153 **Bahnexpeditor:** Fuhrunternehmer für die Bahn

153 **Billardmager:** Valentin will hier vermutlich sagen, daß er beinahe mit dem Billardstock verwechselt worden wäre

153 **„da Wirt reibt an Ventilator auf":** (bayrisch) Der Wirt stellt einen Ventilator an

154 **Anatomie:** hier: Medizinisches Institut für die Lehre vom Körperbau

155 **Parterre:** Erdgeschoß

155 **Malheur:** Mißgeschick

156 **Pelikanol:** Klebstoff der Firma Pelikan

158 **Insel Rass:** die Insel Rass liegt an der nordamerikanischen Ostküste in der großen Chesapeake Bay, einer 300 km und bis zu 69 km breiten Bucht, die sich tief ins Landesinnere bis nach Baltimore, und mit einem Nebenarm bis zur US-Hauptstadt Washington erstreckt

158 **Pier:** Hafendamm, Landungsbrücke für Schiffe

158 **Krabben:** hier: große Krebsart mit starken Scheren (devils-crab), die in der Chesapeake-Bay in großen Mengen für den Verzehr gefangen werden. Im Frühjahr werfen sie ihren Panzer ab und bilden einen neuen, größeren; in diesem schalenlosen Zustand bekommen die Fischer mehr Geld für die Krabben, da diese so leichter weiterzuverarbeiten oder zu verzehren sind

158 **Köderkörbe:** Krabben sind Aasfresser; deshalb werden sie mittels Ködern aus altem Fisch in Drahtkörbe gelockt, aus denen sie nicht wieder fliehen können

160 **High School:** weiterführende Schule in den USA, die an die sechsklassige Elementary School (Grundschule) anschließt

161 **Peter Pan:** Märchenfigur des englischen Dichters J. M. Barrie; Peter Pan ist ein Junge, der nie alt wird, fliegen kann und dies für gute Zwecke einsetzt

161 **Wheeze:** Marie Louises Spitzname; wheeze bedeutet im englischen u. a.: gewitzt, trickreich

162 **Methodisten:** Angehörige der methodistischen Kirche, die im 18. Jahrhundert aus der anglikanischen Kirche hervorgegangen ist und von den Brüdern Wesley gegründet wurde. In den USA sehr verbreitet (ca. 13 Mio. Mitglieder). Der Methodismus zeichnet sich durch äußerst strenge Bibelfrömmigkeit und Sittenstrenge aus

162 **Sherry:** süßer, alkoholreicher Wein aus Spanien

164 **„Für Elise":** Klavierstück von Beethoven

164 **Frederic Chopin:** (1810–1849) berühmter polnischer Komponist

164 **Polonaise:** (frz.: polnischer Tanz) Musikform; Chopin schrieb zahlreiche Polonaisen für das Klavier

164 **Inspiration:** schöpferischer Einfall, erhellende Idee

165 **Budget:** hier: das für die Familie verfügbare Geld

168 **Zeder:** Nadelbaumart

172 **Niednagel:** loses Stück der Nagelhaut am Finger

176 **Arthritis:** chronische Gelenkentzündung

188 **Lithographenanstalt:** Druckerei, die im Steindruckverfahren arbeitet; wird heute nur noch für Kunstdrucke verwendet

190 **Sozialdemokrat:** Sozialdemokrat zu sein, bedeutete in jener Zeit, in der die Geschichte spielt (Anfang unseres Jahrhunderts), ebensoviel, wie wenn heute bei uns jemand verdächtigt wird, Kommunist zu sein

191 **Hypothek:** Geldanleihe, bei der das Haus dem Verleiher als Pfand überschrieben wird

Autoren- und Quellenverzeichnis

Aichinger, Ilse
(*1921 in Wien, lebt in Großgmain bei Salzburg)
Das Fenster-Theater 96
aus: Ilse Aichinger, Der Gefesselte. S. Fischer Verlag, Frankfurt 1958, S. 61–63

Andres, Stefan
(*1906 in Breitwies bei Trier, † 1970 in Rom)
Das Trockendock 90
aus: Stefan Andres, Die Verteidigung der Xanthippe. R. Piper Verlag, München 1961

Bender, Hans
(*1919 in Mühlhausen/Kraichgau, lebt in Köln)
Iljas Tauben 86
aus: Hans Bender, Mit dem Postschiff. Carl Hanser Verlag, München 1962, S. 139–146

Betten, Lioba
Wer arbeitet mit Buchbesprechungen 184
aus: Börsenblatt für den Deutschen Buchhandel vom 27. 10. 1982 mit Schwerpunktthema „Kinder- und Jugendbuch", S. 2447

Biermann, Wolf
(*1936 in Hamburg, lebt in Hamburg)
Größe des Menschen 48
aus: Wolf Biermann, Nachlaß I. Noten, Schriften, Beispiele. Kiepenheuer & Witsch, Köln 1977, S. 289

Binder, Lucie
Rezension einmal anders 183
aus: Börsenblatt für den Deutschen Buchhandel vom 27. 10. 1982 mit Schwerpunktthema „Kinder- und Jugendbuch", S. 2475

Bobrowski, Johannes
(*1917 in Tilsit, † 1965 in Berlin)
Das Wort Mensch 49
aus: Johannes Bobrowski, Wetterzeichen. Gedichte. Klaus Wagenbach Verlag, Berlin 1978, S. 78

Böll, Heinrich
(*1917 in Köln, lebt in Köln)
Anekdote zur Senkung der Arbeitsmoral 82
aus: Heinrich Böll, Werke, Band: Romane und Erzählungen 4, 1961–1970, S. 267–269. Kiepenheuer & Witsch Verlag, Köln o. J.

Boese, Angelika
Sprechen mit Gastarbeitern 63
aus: Johannes Weinberg, Deutsch für Deutsche. Dialekte, Sprachbarrieren, Sondersprachen. 2. Band zur Fernsehserie Deutsch für Deutsche. Fischer Taschenbuchverlag, Frankfurt/Main 1972. Der Text wurde zuerst als Glosse in „DIE ZEIT" veröffentlicht.

Bosc
Ein Vorurteil und sein Zusammenbruch
aus: Bosc, Alles, bloß das nicht. Diogenes Verlag AG, Zürich 1974. © Diogenes Verlag Zürich

Brecht, Bertolt
(*1898 in Augsburg, † 1956 in Berlin)
Der Pflaumenbaum 45
aus: Gesammelte Werke (werkausgabe edition suhrkamp). Suhrkamp Verlag, Frankfurt/Main 1967, Band 9, S. 647

Die Geschichte von der Mutter Courage 109
aus: ebenda. Gedichte 1947–1956, Kinderlieder 1956, S. 971

Das Opfer der stummen Kattrin 109
aus: ebenda. Band 4, Mutter Courage und ihre Kinder, 11. Bild, S. 1430–1436

Die zwei Ängste der stummen Kattrin 114
aus: Materialien zu Brechts „Mutter Courage und ihre Kinder", edition suhrkamp 50, Suhrkamp Verlag, Frankfurt/Main 1964, S. 68, 82–85

Die unwürdige Greisin 188
aus: werkausgabe, Band 11, S. 315–320

Bürger, Gottfried August
(*1747 in Molmerswende im Harz, † 1794 in Göttingen)
Des Freiherrn von Münchhausen wunderbare Reise nach dem Monde 116
aus: G. A. Bürger, Wunderbare Reisen zu Wasser und zu Lande, Feldzüge und Lustige Abenteuer des Freiherrn von Münchhausen. Insel Verlag, Frankfurt/Main 1976 (insel taschenbuch 207), S. 156–163

Busch, Wilhelm
(*1832 in Wiedensahl, † 1908 in Mechtershausen/Harz)
Einleitung 146
aus: Wilhelm Busch, Und die Moral von der Geschicht. Hrsg. von Rolf Hochhuth. Mohn Verlag, Gütersloh o. J., S. 909/910

Humor 147
aus: Karl Otto Conrady, Das große deutsche Gedichtbuch. Athenäum Verlag, Kronberg/Taunus 1977, S. 571

Der Begleiter 147
aus: Wilhelm Busch, Was beliebt ist auch erlaubt. Hrsg. von Rolf Hochhuth. Mohn Verlag, Gütersloh o. J., S. 590/591

Busta, Christine
(*1915 in Wien, lebt in Wien)
Wovon träumt der Astronaut auf der Erde 144
aus: Die Stadt der Kinder. Deutscher Taschenbuch Verlag, München 1978, dtv junior 7073, S. 208

Claudius, Matthias
(*1740 in Rheinfelden/Holstein, † 1815 in Hamburg)
Kriegslied 51
aus: Matthias Claudius, Werke. Sämtliche Werke des Wandsbecker Boten. Cottasche Verlagsbuchhandlung, Stuttgart 1965, S. 290

Dikmen, Sinasi
(*in der Türkei, lebt in Ulm)
Kein Geburtstag, keine Integration 75
aus: Wir werden das Knoblauchkind schon schaukeln, Express Edition, Berlin 1983 (gekürzt)

Domin, Hilde
(*1912 in Köln, lebt in Heidelberg)
Abel steh auf 59
aus: Hilde Domin, Ich will dich. Gedichte. Piper Verlag, München 1970

Drewitz, Ingeborg
(*1923 in Berlin, lebt in Berlin)
Du und ich 31
Mit freundlicher Genehmigung von Ingeborg Drewitz. © Ingeborg Drewitz 1983

Eichendorff, Joseph von
(*1788 auf Schloß Lubowitz bei Ratibor, † 1857 in Neisse)
In Danzig 1842 40
aus: Werke. Carl Hanser Verlag, München 1966, S. 425

Essinger, Helmut/Graf, Jochen
Heimkehr in die Fremde 63
aus: betrifft: erziehung, Februarheft 1982, Beltz Verlag Weinheim, S. 46/47

Fallaci, Oriana
Interview mit dem Astronauten Roger Chaffee 143
aus: Die mechanische Ente. Geschichten, Gedichte und Berichte von Menschen und ihren Erfindungen. Hrsg. von Rosemarie Wildermuth. Ellermann Verlag, München 1974, S. 201/202

Frank, Anne
(*1929 in Frankfurt am Main, † 1945 im KZ Bergen-Belsen)
Aus dem Tagebuch 52
aus: Das Tagebuch der Anne Frank. 12. Juni 1942 — 1. August 1944. Fischer Taschenbuch Verlag 1979, Ausschnitte: S. 146 f., 179, 181, 184, 190, 198. © Lambert Schneider Verlag Heidelberg

Frisch, Max
(*1911 in Zürich, lebt in der Schweiz)
Fremdenhaß 84
aus: Max Frisch, Gesammelte Werke in zeitlicher Folge. werkausgabe edition suhrkamp, Band 10, S. 386/387 (gekürzt), Suhrkamp Verlag, Frankfurt/Main 1976

Fritz, Walter Helmut
(*1929 in Karlsruhe, lebt in Karlsruhe)
Bäume 44
aus: Gesammelte Gedichte. Hoffmann und Campe, Hamburg 1979, S. 227
Kain 59
aus: ebenda, S. 133

Glaeser, Ernst
(*1902 in Butzbach, † 1963 in Mainz)
Die Turnstunde 19
aus: Jahrgang 1902. Roman. Athenäum Verlag, Kronberg/Taunus 1978, S. 3—7

Goethe, Johann Wolfgang von
(*1749 in Frankfurt/Main, † 1832 in Weimar)
Dämmrung 38
aus: Goethes Werke. Hrsg. von Erich Trunz. Christian Wegener Verlag, Hamburg 1960, Band I, S. 389

Gorion, Emanuel bin
(*1903 in Breslau)
Kain und Abel
aus: Emanuel bin Gorion, Die hundert schönsten Geschichten von der Liebe und vom Mut, vom Glauben und von der Heiterkeit. Walter Verlag, Freiburg 1967, S. 221

Gran-Olsson, Olav
(*1940 in Trondheim, Deutschlandkorrespondent der Norwegischen Rundfunk- und Fernsehanstalt)
Begegnungen mit Deutschland 71
aus: Der gefesselte Riese. Hrsg. von Jaura, Fürböck, Pond, Grigorians. Econ Verlag, Düsseldorf 1981, S. 256 f.

Grass, Günter
(*1927 in Danzig, lebt in Wewelsfleth/Schleswig-Holstein)
In Ohnmacht gefallen 56
aus: Günter Grass, Ausgefragt. Gedichte und Zeichnungen. Luchterhand Verlag, Neuwied/Berlin 1967, S. 58

Grimmelshausen, Hans Jakob Christoffel von
(*um 1622 in Gelnhausen/Hessen, † 1676 in Renchen/Baden)
Der aus Einbildung sterbende Soldat 102
aus: Deutsches Anekdotenbuch. Hrsg. von Paul Alverdes und Hermann Rinn. Deutscher Taschenbuch Verlag, München 1962, S. 132/133

Gryphius, Andreas
(*1616 in Glogau, † 1664 in Glogau)
An die Sterne 39
aus: Epochen der deutschen Lyrik. Hrsg. von Walther Killy. Bd. 4: Gedichte 1600—1700. Nach den Erstdrucken in zeitlicher Folge hrsg. von Christian Wagenknecht. Deutscher Taschenbuch Verlag, München 1976, S. 145
Tränen des Vaterlandes 50
aus: ebenda, S. 144/145

Härtling, Peter
(*1933 in Chemnitz, lebt in Walldorf/Hessen)
Nachgetragene Liebe 17
aus: Nachgetragene Liebe. Sammlung Luchterhand 357, S. 7—10. © Luchterhand Verlag, Darmstadt/Neuwied 1980

Häuptling Seattle
(lebte um die Mitte des 19. Jahrhunderts)
Wir sind ein Teil der Erde 42
aus: Wir sind ein Teil der Erde. Die Rede des Häuptlings Seattle vor dem Präsidenten der Vereinigten Staaten von Amerika im Jahr 1855. Walter Verlag, Olten und Freiburg im Breisgau 1983. Auszüge aus den Seiten 10/11 und 18—24.

Hannsmann, Margarete
(*1921 in Heidenheim, lebt in Stuttgart)
Landschaft 47
aus: Landkarten. Gedichte. Claasen Verlag, Düsseldorf 1980, S. 114/115

Heine, Heinrich
(*1797 in Düsseldorf, † 1856 in Paris)
Abenddämmerung 38
aus: Sämtliche Werke. Hrsg. von H. Kaufmann. Kindler Verlag, München 1964, Band 1

Hesse, Hermann
(*1877 in Calw, † 1962 in Montagnola bei Lugano)
Der Kavalier auf dem Eise 8
aus: Hermann Hesse, Calwer Tagebuch. Abgedruckt in: Marbacher Magazin der Deutschen Schillergesellschaft Marbach am Neckar, Sonderheft 12/1979, S. 22—24. © by Suhrkamp Verlag Frankfurt/Main 1979
Der kleine Mohr 10
aus: Marbacher Magazin 12/1979, S. 24—26. © by Suhrkamp Verlag Frankfurt/Main 1979

Kaschnitz, Marie Luise
(*1901 in Karlsruhe, † 1974 in Rom)
Juni 37
aus: Gedichte. Claasen Verlag, Hamburg 1947
Und immer war einer 49
aus: Gedichte. Claasen Verlag, Hamburg 1947
Hiroshima 54
aus: Gedichte. Hrsg. von Peter Huchel. Bibliothek Suhrkamp 436, S. 44. Suhrkamp Verlag, Frankfurt/Main 1975

Kästner, Erich
(*1899 in Dresden, † 1975 in München)
Kurzgefaßter Lebenslauf 150
aus: Erich Kästner, Gesang zwischen den Stühlen. Atrium Verlag, Zürich 1933. © Atrium Verlag Zürich.

neunzig Stunden und zwanzig Minuten. Übersetzt von William Matheson. Diogenes Verlag, Zürich 1976, Taschenbuchausgabe S. 280—290. Auch erhältlich als Klett Leseheft (mit Materialien) 26072

Walther von der Vogelweide
(*um 1170 vermutlich in Niederösterreich, † 1230 bei Würzburg)

Muget ir schouwen 35
aus: Die Gedichte Walthers von der Vogelweide. Hrsg. von C. V. Kraus. Walter de Gruyter-Verlag, Berlin 1950, S. 71/72. Strophe 1—3 von insgesamt 6 Strophen.

Wapnewski, Peter
(*1922 in Kiel, lebt in Karlsruhe)

Übertragung zu „Muget ir schouwen“ 35
aus: Walther von der Vogelweide, Gedichte. Mittelhochdeutscher Text und neuhochdeutsche Übertragung von Peter Wapnewski. Fischer Bücherei, Exempla classica 48, S. 59. S. Fischer Verlag, Frankfurt/Main 1962

Weiss, Peter
(*1916 in Nowawes bei Berlin, † 1982 in Stockholm)

Der Ernst des Lebens 25
aus: Abschied von den Eltern. Bibliothek Suhrkamp 700, S. 63—66. © Suhrkamp Verlag, Frankfurt/Main 1961

Wells, H[erbert] G[eorge]
(*1866 in London, † 1946 in London)

Die ersten Menschen auf dem Mond 124
aus: H. G. Wells, Die ersten Menschen auf dem Mond. Berechtigte Übersetzung von Werner von Grünau. Ullstein Buch Nr. 20253, Ullstein Verlag, Frankfurt, Berlin, Wien 1982, Ausschnitte S. 124—132, 170—177, 186—193. © Paul Zsolnay Verlag, Wien und Hamburg 1980

Zenetti, Lothar
(*1926, lebt in Frankfurt)

Das Wort Hoffnung 60
aus: Lothar Zenetti, Sieben Farben hat das Licht. Pfeiffer Verlag, München 1981, S. 11

Ungenannte Verfasser

Machet euch die Erde untertan 34
aus: Altes Testament, Schöpfungsgeschichte, 1. Mose 1, 26—31. Die heilige Schrift in der Übersetzung Martin Luthers. Württembergische Bibelanstalt, Stuttgart 1974, S. 3

Der Lenz 35
Unbekannter Verfasser aus dem 13. Jahrhundert. Aus: Das große Liederbuch. Hrsg. von Anne Diekmann und Willi Gohl. Diogenes Verlag, Zürich 1975, S. 54

Kain und Abel 56
aus: Altes Testament, 1. Mose 4, 2—12. In: Die heilige Schrift in der Übersetzung Martin Luthers. Württembergische Bibelanstalt, Stuttgart 1974, S. 8

Die Gastarbeiter kehren aus dem Urlaub zurück Oder: Wie kann man uns Deutsche so erniedrigen 67
aus: Zu Hause in der Fremde. Ein bundesdeutsches Ausländer-Lesebuch. Hrsg. von Christian Schaffernicht. Verlag Atelier im Bauernhaus, 2802 Fischerhude, 1981, S. 18—21. Ursprünglich erschienen „metall“, Zeitung der IG Metall, Nr. 17, 20 und 22/1980

Hildebrand und Hadubrand 105
aus: Lebensgut. Altdeutsches Lesebuch, Band VII. Ins Neuhochdeutsche übertragen von Hans Naumann. Verlag Moritz Diesterweg, Frankfurt 1954, S. 11—15

Antigone 107
aus: Sagen der Völker. Ein Hausbuch europäischer Götter- und Heldensagen. Hrsg. von M. Wischmann. Robert Bardtenschlager Verlag, Reutlingen o. J., S. 54—56

Ein Riesensprung für die Menschheit 141
aus: Rudolf Brock (Hrsg.), Menschen und Roboter auf dem Mond. Schwann Verlag, Düsseldorf 1969

Preis der Leseratten 179—181
Mit der freundlichen Erlaubnis der Redaktion „Schüler-Express“, Zweites Deutsches Fernsehen, 6500 Mainz 1, Postfach 4040

Nacherzählung des Filmes „Die unwürdige Greisin“
Originalbeitrag für „Lesezeichen“. Nacherzählt von Dieter Schrey. © Klett Verlag Stuttgart und Dieter Schrey 1983.

Verzeichnis der Textarten und Gattungsformen

Balladen und Erzählgedichte

Biblische Geschichten

Bildgeschichte

Briefe

Buchbesprechungen

Drama

Erzählungen

Film-Nacherzählung

Gedichte

Parabeln

Rede

Reiseberichte

Romanausschnitte

Sachtexte (siehe auch Zeitungsberichte, Reiseberichte, Interviews)

Sagen

Satirisches

Science fiction

Szenen und Sketche

Tagebuch

Zeitungstexte